建筑意匠与历史中国书系

族群、社群与乡村聚落营造
——以云南少数民族村落为例

王 冬 著

中国建筑工业出版社

图书在版编目（CIP）数据

族群、社群与乡村聚落营造——以云南少数民族村落为例/王冬
著.—北京：中国建筑工业出版社，2012.9
（建筑意匠与历史中国书系）
ISBN 978-7-112-14637-6

Ⅰ.①族… Ⅱ.①王… Ⅲ.①少数民族-村落-建设-研究-
云南省 Ⅳ.①K927.4

中国版本图书馆CIP数据核字（2012）第208079号

责任编辑：李 东
责任设计：赵明霞
责任校对：张 颖 赵 颖

建筑意匠与历史中国书系
族群、社群与乡村聚落营造
——以云南少数民族村落为例
王 冬 著
*
中国建筑工业出版社出版、发行（北京西郊百万庄）
各地新华书店、建筑书店经销
北京嘉泰利德公司制版
北京建筑工业印刷厂印刷
*
开本：787×960毫米 1/16 印张：21 字数：328千字
2013年4月第一版 2013年4月第一次印刷
定价：58.00元
ISBN 978-7-112-14637-6
　　（22694）

本书完成及出版得到国家自然科学基金项目资助

项目批准号：50768005；51168017

序 言

　　呈现在您面前的专著《族群、社群与乡村聚落营造 ———以云南少数民族村落为例》是一部值得您阅读,更值得您思索的文字。作为最早的一名读者,也作为了解作者写作背景的一名读者,非常高兴在这里写几句推荐的话语,姑且当做这部专著的序言。

(一)

　　这是一部关于中国传统民居的新作。据我所知专门撰写属于中国传统民居的学术专著,最早当推 20 世纪五六十年代的几部:一是南京工学院(现东南大学)刘敦桢教授的《徽州明代住宅》,二是由王其明、孙大章等先生撰写的《浙江民居》和王翠兰等先生撰写的《云南民居》。这几部专著不仅内容翔实,图文并茂,字里行间还看得出老一辈学者一丝不苟的治学精神和崇尚中华各民族建筑文化的深情厚谊。这之前,我们从梁思成、林徽因、刘致平等先辈的著作里,也不难发现他们都相当关注遍布中华大地的"民居"宝藏,只不过他们几位,在极其困难的条件下,只能抢救性地调查研究更为要紧的古城、宫殿、寺庙等大型中国建筑遗产罢了。

　　进入 20 世纪 80 年代,改革开放和思想解放带来中国传统民居调查研究的春天,继而一波又一波地引发学术上的交流和争论。尤其是快速城市化和现代化建设,促进了中国民居从学术研究走向实践,而且是从建筑单体到民居聚落,从发达地区到贫困地区,从保护到更新改造,乃至社会主义新农村建设以及城市现代建筑的创新等全方位多层次的实践。与此同时,关注民居及其聚落的,业已远远不止于建筑界的专家和学者;文物、旅游、环保、土地等相关的政府部门的领导和专家,开发商,特别是涉及自身最切身利益的民居主人——乡民和市民。可以这么说,时下的中国,没有哪一个学术领域,能像"民居"这样和社会发展,和国计民生如此纠结在一起。

总之，我们已经进入到中国民居学术研究空前繁荣的年代，同时也进入到民居研究非常纠结的年代。我想，每一位涉足这一领域的人既有机遇的欢欣，更有挑战的沉重。

想起了台湾龙应台先生一次很有启迪的讲话，讲到一个事物的人文价值，其一就是它能使你看到"你看不到"的东西；其二是它能让你仰望星空从而"走出迷宫"；其三就是知往鉴来，你不知道一个事物的前世今生，你很难对它有一个正确的价值判断。我在阅读和思考王冬教授这部专著期间，就时不时想起龙应台先生的这些见解。

（二）

芬兰建筑师沙里宁说过一句浅显却又非常深刻的话："让我看看你的城市，我就知道你的人民在追求什么。"当然，这句话不能简单搬用到时下的中国，但却非常适用于传统民居彼时的中国。在这里，我是想说王冬教授的这部书，不仅仅在解说民居的专业技术，更有意义的是，透过专业技术，它在叙述并试图回答"建筑是什么？""谁的建筑？""谁来建筑？"这些"原生态"的问题。

人类的建筑活动，从来就是一个群体的共同活动；为了人类的生存、生活和生产，建筑活动既是人类生存、生活和生产的出发点，也是庇护这些活动的终极目的。只不过，伴随生产力和生产关系的变化和发展，伴随人类的繁衍和社会的进步，这种群体活动的组合原则和组合方式是与时俱进不断变化和更新的。

云南是我国各民族数量最多的地区，除汉民族外还有25个少数民族，为全国之最；云南又是自然生态环境类型最多的地区，随着海拔依次增高，从南到北，从热带、亚热带，到温带、寒带，变化显著；因而云南是地形地貌、气候气象、山水环境都差异很大的地区。同时，历史和地理，民族和社会种种因素交织，使得云南域内各地各民族经济和社会发展阶段和发达程度也是不尽相同。时下更由于主客观的多重因素，云南的传统聚落，特别是营造模式，显然也呈现多元的状态。

王冬教授通过大量调查研究和长期积累，包括直接参加的聚落营造实践，以民族"族群"与聚落营造模式的互动关系，阐述了蒋高宸教授所提出的基于血缘族群的哈尼族"惹罗"营造模式，继而又推出了基于地缘族群的白族"元—本主"营造模式，以及基于业缘族群的纳西族"公本芝"营造模式。这些按照各民族的不同发展阶段，和不同的发达程度总结出来的系列化的云南少数民族村落的营造模式，由于作者从历史和地理的经纬交织中准确地定位，也由于是建立在深入的田野调查基础之上，读起来既生动又喻理，使人耳目一新，发人深省。

（三）

我在阅读王冬教授这部专著后，引发的进一步关注和受到启迪从而思考主要是：

（1）文字从头至尾作者虽然没有大声疾呼，却在表达或者是在回答"建筑是什么？"——它是国计民生，是人居环境，是乡民的福祉；正如作者书中一再强调乡村聚落营造要以"村民为本"，"村寨建设是村民自己的事"。

（2）从"血缘"到"地缘"再到"业缘"，这是一个历史过程，是历史发展的必然过程；"过程"之中的任何一部分的价值，脱离不了它的时空坐标；因此，评判其价值也绝不应该僵化。

（3）王冬教授还指出："村落共同体"作为"社群"的一种营造模式，势必还要逐步转化为能适应经济和社会进一步转型背景下的现代和未来的民族地区村落营造，从而产生新的组织形式和动力机制。我的思考是：不管现在是哪一种营造模式的村寨，当城市生活及生产的强大辐射波及这里（比如产业链，比如现代旅游开发，比如现代交通道路），这些模式连同其所在的村落，将极有可能带来跨越式的发展变化。

无论如何，王冬教授的这部专著，非常出色。专著的原型是他在清华大学建筑学院攻读博士学位的论文。记得当时所有的（包括匿名的）评审教授和博导，都给以很高的评价和评分。学术研究从来就不应该"前无古人后无来者"，学术专著的最高价值，不仅仅是回答了问题，更在于是在回答问题的基础上启迪了读者思索新的问题，从而能够开拓新的领域继续研究和创造。我想，这就是这部专著的出色之处，也是在我读后给予我的启迪中的最为重要的启迪。

一孔之见，诚请批评指正。

单德启

2012 年 5 月 28 日

自 序

在现代社会以前，村落的生产与生活是建立在以血缘或地缘为基础的"族群"社会上的，而现代社会则越来越社区化和向"社群"转化，农村现代化需要农民组织化程度尽快提高；对村落营造而言，这种历史的演变将意味着什么？当代乡村聚落与建筑的营造和历史上的传统方式将有何本质的不同？今天的营造又当传承历史上与乡野里建造模式中的哪些传统？因此，这些问题的提出与研究对于当代的农村建设是非常必要和迫切的。

因此，本书所涉及的课题，就是以西南地区、特别是云南少数民族村落为对象，以"族群"向"社群"的演变为其线索，在社会与技术两个层面上探索和研究乡村与建筑营造的规律及乡村人居环境建设之"道"。

全书主要内容由上篇和下篇组成。

上篇——从族群到社群的演变及村落传统建造模式分析。主要内容为以历史演变与社会功能的角度，分析云南民族地区族群演变与村落及建筑的传统建造模式之间相互塑造的关系，并以"族群"的角度对云南少数民族村落与建筑建造的模式类型进行解析，提出了这一地区基于血缘族群村落建造的"惹罗"模式、基于地缘族群村落建造的"元—本主"模式和基于业缘族群村落建造的"公本芝"模式。

下篇——族群向社群的演变与村落建造的当代转型。主要内容为结合云南民族地区的情况，分析新中国成立以来及转型期"族群"社会的式微、裂变和当代乡村社会"社群"组织的兴起；提出了"村落建造共同体"的概念及其机制，并在此基础上论述了乡村社会传统村落营造在当代的转变以及村落营造的建造逻辑、策略及其相关方法；同时，也研究了建筑师在村落营造中的定位、作用以及工作内容。

最后，本书在结语部分有两方面的总结：一是对族群的演变及其向社群的转型与乡村聚落建造模式之间的关系进行了抽象和提炼；二是提出了乡村地区村落营造学术研究的相关范式及问题。

目　录

第1章 引言

1.1 问题的提出

建立一个美好社会是人类的古老梦想，建造温馨舒适的家园更是人类永恒的追求。因此，聚落的营造，永远都因为人的存在而存在着。

城市和乡村，从来都是人类生活居住环境的两个构成方面：人类既要研究城市聚落的营造，也要研究乡村聚落的营造。

现阶段的中国，地域社会经济差异巨大，发展极不平衡。如果将长江视为一条各种社会历史发展形态的线索，那么，可以看到：长江的下游及长江三角洲地区已进入后工业时期，中游地区正在经历工业化时期或工业化初期，而长江上游的绝大部分地区则正处于农耕文明时期，有些地区甚至尚处在刀耕火种的原始农业阶段。在长江上游广袤的乡村地区，分布和聚居着西南众多的少数民族族群，由于历史和地理的原因，这些地区社会经济发展总体落后，村寨人居环境质量及条件总体较为低下。在未来建构和谐社会与社会主义新农村的整体势态中，这些地区的乡村及少数民族居住人口能否步入小康社会就成为社会发展大局中的关键之一，因此，少数民族贫困地区的村落人居环境的营造也就成为了一个非常现实的重要问题（图1—1、图1—2）。

村落的营造有技术的问题，但绝不仅只是技术的问题。农村中的历史问题、社会问题、制度问题、文化问题、民族地区的民族问题交织在一起，构成了一幅复杂的农村社会图景，这其中本质的、内在的规律将深刻影响村落人居环境及建筑的发展走向。因此，从社会整合和技术手段两个层面的结合上研究乡村聚落及建筑的营造就成为一个有意义的学术问题和科学问题。

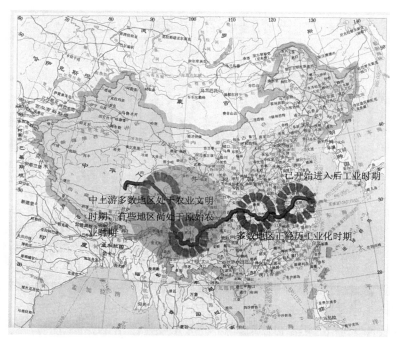

图1-1 中国地图——长江沿线地带文明形态示意图

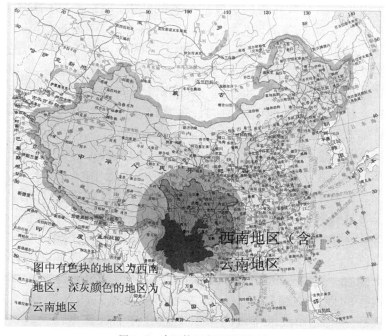

图1-2 中国的西南地区区位图

2

在现代社会以前，村落的生产与生活是建立在以血缘或地缘为基础的"族群"社会上的，而现代社会则越来越社区化和向"社群"转化，农村现代化需要农民组织化程度尽快提高，对村落营造而言，这种历史的演变将意味着什么？当代乡村聚落与建筑的营造与历史上的传统方式将有何本质的不同？因此，这些问题的提出与研究也是非常必要和迫切的。

因此，本课题就是以云南少数民族贫困村落为对象，以"族群"向"社群"的演变为其线索，在社会与技术两个层面上探索和研究乡村与建筑的营造的规律及乡村人居环境建设之"道"。

1.2 课题研究的背景与意义

1.2.1 社会经济发展现实方面

到目前为止，中国仍然是一个发展中国家，一个农业大国。在改革开放和从计划经济向市场经济的转型时期，在中国经济从1978年到2005年年均增长率达到9.4%之后，中国社会逐渐理性地发现在经济繁荣背后存在的许多问题，这些问题能否得到解决，直接影响到中国的和平崛起和中华民族的复兴。而在这些问题中，一个最重要的问题就是农村问题、农民问题和农业问题，即：三农问题。

20世纪中期新中国成立后，在国家相关政策与制度的影响和制约下，农村大约经历了两个发展阶段：一是尽其所有内力和消耗，在几十年的时间中，为国家工业化体系的建立作出了巨大的牺牲；二是20世纪80年代在实行家庭联产承包制和计划经济向市场经济转型的过程中，农村形成了小农经济的生产状态。这两个阶段后农村出现的社会经济发展整体落后与缓慢的状况使国家高层意识到解决三农问题的历史需要及历史机遇。胡锦涛在中共十六届四中全会上提出："工业反哺农业、城市支持农村，实现工业与农业、城市与农村协调发展"。在国家国民经济和社会发展第十一个五年规划建议中，建设社会主义新农村被认为是国家未来发展的重大历史任务。建议中提出要按照"生产发展、生活宽裕、乡风文明、村容整洁、管理民主"的要求，扎实稳步地推进新农村的建设。要统筹城乡社会经济发展，推进现代农业建设，全面深化农村改革，大力发展农村公共事业，千方百计增加农民收入。

而从国家整体情况来看，西部乡村、特别是西部的少数民族乡村整体社会经济发展显然落后于东部和中部，农民贫困、村庄衰败、封闭自守、生产力低下困扰着这里的乡村，这里的很多地区及村落面临的甚至是基本的生存问题、是解决贫困的问题。因此，西部及西南部的新农村建设更加任重而道远，而在具体工作的层面上，村落营造的理论及实践之探究的意义也就是不言而喻的。

1.2.2 城镇化与乡村复兴

中国的城镇化到底应该走什么样的道路？西南的城镇化又应该走什么样的道路？据有关方面统计，在未来中国人口达到 16 亿，城市化水平达到 60% ～ 70% 时，仍将有 30% ～ 40% 即 5 亿～ 6 亿的农民还会生活在乡村地区，未来的中国仍有巨大的乡村空间和农村聚落。而在中国的西部，由于社会经济发展整体的落后，其城镇化的程度在今天和未来都将大大落后于中部和东部地区（如：2008 年西部地区的城镇化率为 38.3%，比全国 2008 年年末的平均水平 45.7% 低了 7.4 个百分点），而与之相应的则是其乡村地区及农业产业的大量的和长期的存在。因此，城镇化并不意味着乡村的消失。相反，村落、乡镇、小城镇互为依托，在现代农业产业体系的支撑下进行提升和转换，使村落在当代得以复兴，使之成为富裕、繁荣、祥和的新乡村，这样，反而能使城镇化步入更加良性发展的轨道。对此，吴良镛先生曾这样说道："研究城市化过程，如果不把农村的发展放在一个重要位置，那就无从得到完全符合中国实际情况的一个结论。因为农村、农业的重要性不容忽视。"❶

从发达国家城市化的结果看，那里 90% 的小城镇生存了下来，同时，那里的乡村依然存在，在法国和意大利这样的国家，农业仍然是其主要产业之一。而对于当下的中国来讲，问题的关键在于三个过程能否同步完成，即：大中小城市有效地吸纳农村剩余的劳动力，小城镇成为城乡的纽带和乡域的中心并成为农民在城镇就业的第二条战线，农村现代化基本实现、社会经济良性发展并成为农民生活的美好家园。有学者将这一同步过程形象地称为"城市化、工业化、农业现代化三张牌一起出"（张红宇，2005）。

由上述可以看出，城镇化与乡村复兴是一个问题的两个方面。

---

❶ 吴良镛院士 2005 年 6 月 11 日在"三农问题与村镇建设高层研讨会"上的发言。

在这样的背景下，村落的规划、建设等营造行为的研究和探索就是一个时代赋予的命题。

1.2.3 建筑学理论与实践的拓延

如果从一个正式被命名的学科或学问的层面上看，古代的建筑学基本上可以被认为是皇家以及宫廷的贵族建筑学，而近代建筑学则愈来愈成为都市的建筑学和科学严谨的建筑学。乡村建筑、民间营造从来都难登大雅之堂，其中所含的内容甚至不能被称为建筑学的知识，相对于主流的建筑学，它们从来都是处于"边缘的"和"底层的"。然而，就像只注重"大传统"的传统历史学需要变革一样，经典的和传统的建筑学也是需要异质更新和新陈代谢的。正因为如此，乡土建筑、乡土聚落营造、民间和平民的建造才与其他一些"边缘知识"作为"小传统"一起逐渐进入到建筑学的领域内。

从另一角度看，在目前国内建筑理论及其研究中，对乡土建筑、传统民居、传统聚落的实态研究、历史生成与演变研究较多，而对乡土建筑的现代转换、传统民居的当代更新、乡村聚落的当代营造的研究却是明显不够的。

中国当代的建筑学，应包含"乡村建筑学"，没有这一内容的建筑学，至少是不完整的。在当前，在中国乡村发生巨变的历史关头，建筑学应在自己的学科范畴内回答乡村聚落与建筑营造的相关问题，应在理论与实践的层面上研究和关注为农村的平民及贫民建造的哲学和技术，应在挖掘民间及乡土建筑营造优秀传统与品质和理性对待生活方式之现代转变的基础上建构出新的"乡土建筑文化"。

因此，有理由这样认为，包括了乡村聚落与建筑营造内容的"乡村建筑学"，有可能是对传统的、主流的建筑学的一种拓展与延伸。

1.3 当代视野下的乡土聚落与民居营造的相关理论及实践

1.3.1 作为一般的乡土聚落与民居建筑的研究

1.3.1.1 国外的相关研究

从 20 世纪 60 年代以来，西方建筑学的一批学者开始从经典建筑、纪念性建筑、主流建筑史学的研究中转向对民间建筑、乡土建筑等"小传统"进行研究。这种研究的走向和视野实际上受到当时西方历史学、文化人类学等学科新的变化的深刻影响，这些影响主要来自于以下几个方面：

首先是来自于历史学方面的影响。

在19世纪中叶以后直到20世纪中期，西方历史学对"西欧文化中心论"的史学观念与方法进行反思，强调历史研究的全球观念，强调跳出欧洲、跳出西方，将研究的视线投射到所有的地区和所有的时代。这些研究如：斯宾格勒（Oswald Spengler）的《西方的没落》一书、汤恩比（Arnold J. Toynbee）的《历史研究》一书等。而著名的法国年鉴学派和美国的新历史主义学派则指出了正史研究的历史局限，强调对"小历史"的研究，强调从口传史料、田野调查、民间典籍和相关物质资料中去发现不同于正史的"边缘"的文明与文化轨迹。这些研究的代表如：弗南德·布罗代尔（Fernand Braudel）的"总体史"研究，格林布拉特（S.Greeblatt）、路易斯·蒙特洛斯（Louis Montrose）和海登·怀特（Hayden White）等人对边缘地区文化史、女权主义史、性史的研究等。

其二是来自于文化人类学方面的影响。文化人类学在近代与当代的发展主要包括四个方面的线索。

第一个线索是进化论学派的观点。进化论认为人类文化的演进是一种普遍地由低级向高级、由简单到复杂的过程。这样，人类的发展就被看成是一个相对有规律的、遵循同一线路前进的发展顺序。因而，世界各地虽有自己的"文化模式"或"文化特征"，但文化都有其共同性。该学派代表人物巴斯蒂安（Adolf Bastian）和英国社会学家斯宾塞（Herbert Spencer）的社会进化思想直接影响了英国学者泰勒、摩尔根和弗雷泽等人的学术思想并直接导致了进化论学派的产生。进化论的学术思想为相关研究中追寻诸地区之间的文化共性产生了直接的理论启迪：如摩尔根（Lewis Henry Morgan）关于氏族制度与部落的发现及研究、家庭史的研究及其学术思想就成为了恩格斯《家庭、私有制和国家的起源》一书重要的思想基础，也成为世界各地研究乡土社会时重要的理论基础。特别是摩尔根的《美洲土著的房屋和家庭生活》一书从房屋的建筑结构、布局和住房分配来研究美洲土著居民的社会生活、家庭及社会组织的进化，更是对研究地方性与乡土建筑具有重要的学术启发作用。

第二个线索是传播学派的相关观点。传播学派不仅认为各种民族文化是相互传播和相互交融的，也特别注意各个国家和地区文化现象的具体条件和分布规律，把文化的研究置于具体的地理环境的联系之中。该学派提出了"文化圈"（Cultural Circles）与"文化层"的理论，并认为传播是文化得以扩散并形成文化圈的主要原因。传播学理论的先驱是德国人类地理学家拉策尔（Friedrich Ratzal），其主要成员还有弗罗贝纽斯（Leo Frobenius）和格雷布内尔（Fritz Graebner）等人。

第三个线索是美国文化历史学派的相关观点。有"现代人类学之父"之称的美国人类学家和民族学家博厄斯（Franz Boas）及弟子们在 19 世纪末至 20 世纪 30 年代期间学术上的理论思想及研究群体，被人们称为"文化历史学派"。博厄斯既反对古典进化论"单线进化"、"心理一致"的观点，也不赞成传播学派中极端的观点。他主张研究各个民族的具体历史，认为每一种文化都有自己独特的历史和发展规律，即便是相似的文化现象实际上也都有其各自发展的历史线索；因此，只有具体的东西才是历史的和可靠的。所以，博厄斯强调对具体事实的描述和记录，提倡对特定民族的文化历史、事件特点和规律进行研究。在文化历史学派中，值得注意的还有以下的一些相关学者的研究：克鲁伯（Alfred Loues Kroeber）的"文化形貌理论"，威斯勒（C. Wissler）的"年代—区域"概念，本尼迪克特（Ruth Benedict）的"文化模式"理论，雷德菲尔德（Robert Redfield）的"大传统"（Great Tradition）和"小传统"（Little Tradition）的概念等。

第四个线索是社会学派与功能学派的相关观点。这两个学派理论的核心是将每一种文化都作为在功能上相互联系的系统，并力图找出作为整体人类社会的功能的一般法则；两个学派都主张对文化的本质、结构功能进行共时性的横向研究，并认为共时性的文化研究就是研究一种文化中各要素之间的关系及在整体系统中对于外界调适和内部整合两方面所具有的功能，只有找到了结构中各部分的功能，才可以了解和显现文化的意义。法国社会学派的主要代表人物是迪尔克姆（Emile Durkheim）和列维—布留尔（Lucien Levy Bruhl）等人。迪尔克姆提出了著名的"集体表象"（collective representation）或"集体意识"（collective conscience）的概念，列维—布留尔则关注于对原始人思维的研究。英国功能学派的最著名的代表人物是拉德克利夫—布朗（Alfred Reginald Radcliffe-Brown）和马林诺夫斯基（Bronislaw Malinowski）。前者在对文化现象功能的研究中，建立了"结构功能主义"的理论；后者的功能主义更具有二元性，他既强调文化与社会整体的关系，也强调文化与个人生理和心理的关系。

在以上的基础上，我们就可以比较清晰地看待国外有关乡土聚落与民居建筑研究的思想理论及其线索了。

20 世纪 60 年代，伯纳德·鲁道夫斯基（Bernard Rudolfsky）在纽约现代艺术博物馆举办了题为"没有建筑师的建筑"（Architecture without Architects）的主题展览并出版了同名著作，它们向人们展示了散见于全球各地民间乡土建筑的魅力，指出了"乡土建筑"是一个被长期忽略的领域，并向建筑师提出了尖锐的问题。这本著书已成为后来中外学者及建筑师研究乡土建筑必不可少的参考书。

建筑理论家保罗·奥利弗（Paul Oliver）在乡土建筑的研究上有着相当的广度与深度，并对乡土建筑的研究作出了重要的贡献。他在 20 世纪 60 年代撰写了《房屋符号与象征》（Shelter, Sign and Symbol）、《房屋与社会》（Shelter and Society）等著作，90 年代又编写了《世界乡土建筑百科全书》（Encyclopedia of Vernacular Architecture of the World）一书。《世界乡土建筑百科全书》共分为三卷，第一卷为基本论述部分，第二、三卷为对世界各地区的乡土建筑进行详尽介绍和分析的部分。其中第一卷提及了从多视角、多领域来研究乡土建筑并用较为科学的范式对乡土建筑的概念进行了界定，他认为目前人们通常将乡土建筑视为一种本土的、宗族的、民间的、乡民的和传统的建筑；这些认识虽然不错，但并不完整和科学。因此，他在《世界乡土建筑百科全书》中对乡土建筑作了这样的补充性的定义："人们的住居及其他的建筑物。它们通常由房主和社区来建造，与环境的文脉及适宜性的资源相关联，并使用传统的技术。所有类型的乡土建筑都因特定的需求而建，并同促生它们的文化背景下的价值、经济及其生活方式相适应"（保罗·奥利弗，1997）。而在 1999 年墨西哥的国际古迹遗址理事会大会上通过的《关于乡土建筑遗产的宪章》中，对乡土建筑也有类似的基本定义和有关性质的说明："乡土建筑是社区自己建造房屋的一种传统和自然的方式……它是一个社会的文化的基本表现，

是社会与它所处地区的关系的基本表现，同时也是世界文化多样性的表现。"❶

A·拉卜普特（Amos Rapopport）的《住屋形式与文化》（House Form and Culture）是一本名著，其中主要的论点"社会文化乃是影响住屋形式的主要因素，而其他因素（气候条件、构筑方法、可用材料、技术等）都是次要的和修改性的"的论点已为人们所熟知；然而，书中有关乡土建筑的研究则更有价值。其主要思想及理论大约如下：

（1）拉卜普特认为建筑可以分为两大类：壮丽设计传统的和民俗传统的。在民俗传统类型中，又可以分为"原始建筑"和"乡土建筑"，乡土建筑又可以分为"工业化之前的乡土建筑"和"现代的乡土建筑"。拉氏认为民俗传统"直接而不自觉地把文化——它的需求和价值、人民的欲望、梦想和情感转化为实质的形式。它是缩小的世界观，是展现在建筑和聚落上的人民的'理想'环境……它较诸壮丽设计传统要更密切地关系到大多数人的文化和真实的生活"。

（2）拉卜普特极有创建地对乡土建筑深层的、非表面的特征进行了总结和描述：其一是乡土风的设计过程是一个"模型加调整"的过程；其二为乡土建筑风格还在于它的"可加性"。

（3）通过分析建筑分化与发展的过程，拉氏认为"住居"是乡土建筑中最有意义和最普遍的类型，"住居"是一种"小传统"，其大众性较之其他仪式建筑和公共建筑所体现出的"大传统"更加具有普遍意义。❷

伊斯兰世界的乡土建筑在全球文明中独树一帜，在1985年阿卡汗奖专题研讨会论文集《引言：现代主义中的地区性》中，苏哈·奥兹坎（Suha Ozkan）除了对地区性进行论述外，还对乡土建筑进行了分析和阐述，他认为可以将乡土建筑分为两类，即：保守的乡土主义和新乡土主义。这两类对于乡土建筑的不同态度都给建筑形式及空间带来了新的、现代的表现方法。奥兹坎十分推崇保守的乡土主义的设计方法，认为这是一种尊重地方材料、技术并将建筑师的智慧融入其中的、富于创造性的方法（单军，2001）。

---

❶ 墨西哥国际古迹遗址理事会大会. 关于乡土建筑的宪章 [J]. 赵巍译. 时代建筑, 2000 (3)：24.

❷ 此部分均参见：拉卜普特. 住屋形式与文化 [M]. 台湾：境与象出版社，1979.

日本有关乡土建筑及民居的研究也较成系统和较为详尽，但有关乡土聚落研究的著述则更有启示意义，其中被翻译介绍到中国的著作主要是原广司的《世界聚落的教示100》和藤井明的《聚落探访》。两本书共同的特点：一是以松散的文体结构描述了建筑师对传统聚落内在秩序、构成及规律的深刻洞察；二是都将对聚落的考察放在当地特定的风土环境之中；三是书中世界各地聚落的横向并置给了读者无限想象和比较的空间。

在这些学术研究成果及著述中较为重要的还有《庇护所》、《山脉、村庄、舞蹈》、《建筑历史——场景与仪式》、《场所精神——走向建筑现象学》、《建筑的永恒之道》、《建筑模式语言》等。

另外，有一些学者也一直提倡和致力于将人类学、社会学与建筑学结合起来对乡土建筑进行研究。

比如，R·沃特森曾在他的《住屋——有关东南亚建筑人类学研究》（The Living House: An Anthropology of Architecture in South-East Asia）一书中谈道："对于人类学家而言，居住空间以及它的结构和日常使用，都能为研究整体文化及其思想提供一个'路径'"（R·沃特森，1990）。既然人类学学家认为能够通过遗存的建筑物质形态去分析社会文化踪迹，那就意味着也可以通过与住屋息息相关的社会文化去研究建筑的变迁及相关问题，这应该是使传统民居及聚落研究"活化"的重要方法。这里沃氏也认为："在过去的20年里，乡土建筑已变为一个由建筑学家和人类学家共同推进和积累的研究学科"（1990）。

又比如，E·吉东尼则在他的《原始建筑》（Primitive Architecture）一书中认为：对于乡土建筑研究而言，伯纳德·鲁道夫斯基的研究是"形式主义"的，而保罗·奥利弗的研究则相对重视地理环境与住屋的关系。而吉东尼认为这些研究都相对忽视了乡土建筑生态形式背后的历史与社会的因素；因此，他十分推崇拉卜普特有关住屋形式与文化的研究及其相关观点（E·吉东尼，1987）。

1.3.1.2 国内的相关研究

国内对乡土建筑、传统民居、乡村聚落进行有规模、较系统的研究发轫于20世纪50年代，几十年中，这些研究一直绵延不断，到20世纪80年代以后，其研究形成一个较为繁荣之势和相对的高潮，研究的深度和广度不断扩大延伸。据不完全统计，到2008年止，国内（含港台地区）就已公开出版相关专著1400余部，大陆已公开发表的相关中文论文就达4600余篇（陆元鼎，2008）。

在众多的研究中，以下一些学术研究走向及学术团体是较有代表性的：

孙大章先生长期对中国传统民居的研究以及近期的著作《中国传统民居》代表了国内当代研究的一种学术走向。这些研究关注民居作为独特的建筑文化体系与正统建筑的差异性和与外来文化的差异性，努力形成完善的学术框架及学术体系以及相应的学术文本；其研究一是重视对建筑空间、类型、形式、构造、结构进行精致的研究，二是以非常系统的研究来涵盖中国各地众多的民居类型。这些研究对于中国传统聚落与民居研究的整体性而言，其基础的建构性毋庸置疑。

以清华大学陈志华教授、楼庆西教授等为首的乡土建筑研究已坚持了几十年，进行了大量的调研工作并有着丰厚的理论研究成果，如：中国乡土建筑系列：新叶村、诸葛村，乡土中国系列：《楠溪江中游的古村落》等著作。"他们的工作设想是：①以乡土建筑研究来代替一向流行的民居研究；②为了整体地研究乡土建筑，应该以一个一个基本的"生活圈"为单元，而不是孤立地研究单栋的房屋；③把乡土建筑当做乡土文化的一部分，乡土建筑研究应该是乡土文化研究的一个篇章；④应该作动态的研究，一是社会、经济、文化、发展引起村落和房屋变化，二是材料、技术发展所引起的变化；⑤要采用比较的方法，只有通过比较才能认识到事物的特色"（王明贤，1997）。因此，他们的学术研究强调对乡土建筑的真实性的反映以及基础工作与基础资料的重要性，重视乡土地域的历史文化、社会网络及生活习俗等风土精神，强调对村落的整体研究，而不仅仅是在传统建筑上。

华南理工大学陆元鼎教授领导下的研究室和研究群体多年来一直从事传统民居建筑与聚落的基础性研究，并有着不少有学术价值的研究成果。他们的学术研究有如下特点：一是提出"采用民系的角度，并用人文、方言、自然条件相结合的方法进行研究"（陆元鼎，2005）。二是将研究视野有意识地放在东南及岭南地理圈上，深入研究地理圈中乡土建筑、聚落的自身发展规律以及与其他地理圈历史、社会、经济、文化在相互传播和渗透背景下的演变。三是努力将人类学、社会学等学科的理论借入到乡土建筑与聚落的研究中，其研究也呈现出了将乡土建筑、聚落的研究视野扩大到与族群发展演变、社会组织结构、家族关系、社会生产、宗教意识之间相互关系上的学术思想和研究趋势。

以阮仪三教授为首的同济大学历史文化名城保护研究中心对我国广大地区的历史文化名镇、名村从保护的角度进行了长期的、极有意义的研究。在学术研究中，积极探索和研究历史文化名镇、名村保护及发展的理论架构；在实践中，注重整合全社会的力量，呼吁和宣传历史文化名镇、名村保护的历史意义与当代意义，为一批正濒临破坏的历史文化名镇、名村的保护和可持续发展作出了有益的贡献。

清华大学建筑学院地区建筑与规划工作室在吴良镛先生"现代建筑地区化，乡土建筑现代化"思想精神的引领下，以单德启教授为首，长期致力于乡土聚落和乡土建筑在由传统走向现代过程中如何转变的课题的研究。20 世纪 80 年代末期至 90 年代初就在广西融水县进行了极有意义的苗族村寨与干阑民居的改造实验工作，近期又在安徽、浙江等地致力于现代乡土建筑与聚落的研究工作。其学术研究关注乡土聚落、乡土建筑的当代命运及未来发展，关注中国目前社会经济发展中城乡差别、城镇化、三农等问题与背景之下的"现代乡土"学科领域的研究，强调研究中"历史观"与"发展观"的辩证关系，并在理论建构与实验实践两方面进行了积极的探索。

另外，不少海外学者以更加宽广的学术视野对大陆乡土聚落、民居的研究值得国内学术界重视，如美国纽约州立大学著名人文地理学学者那仲良教授，他的《中国现存住宅》、《中国传统乡村建筑：一般民居的文化地理》（1986）、《中国的乡土建筑：住屋形式及文化》、《中国景观：村居地方观》等论著跨越了整个人文科学，其中民俗的、人文地理的、人类学的、社会学的角度对乡土建筑的研究使建筑学学者可以从中受惠无穷。又如台湾学者注重对农村传统聚落及族群向现代社区发展的研究（如夏铸九等学者），西南地区学者立足于少数民族文化基础上对乡土建筑与聚落的研究，西北地区学者基于环境生态角度对乡土建筑与聚落的研究，北方学者对华北农村聚落、军屯、窑堡等民居建筑的研究，南方学者对江南乡村聚落与民居带有系统与科学方法论的研究（如东南大学段进教授的《空间研究：世界文化遗产西递古村落空间解析》一书）等，都应引起我们的学术关注并值得在研究中借鉴。

1.3.2　对西南及云南少数民族聚落与民居建筑的相关研究

1.3.2.1　基础研究（20 世纪 30 ～ 70 年代）

早在 20 世纪 30 年代，随着抗战的烽火，刘敦桢、刘致平、梁思成等前辈建筑学家就来到西南的云南，对昆明、丽江、南华等地的传统建筑与民居进行了实地考察及相关研究，研究使得学界对边缘与民族地带传统住屋逐渐予以重视，其成果也为中外建筑学界所瞩目。这些成果体现在刘敦桢先生的《中国住宅概说》、刘致平先生的《中国居住建筑简史》和梁思成先生的《中国建筑史》中。这是云南少数民族聚落与建筑研究的起步，它就像一个起始点，其先驱作用与开创性意义不容置疑。

20 世纪 60 年代，在原云南省建筑工程厅的组织下，由王翠兰、赵琴、陈谋德、饶维纯、顾奇伟、石孝测等建筑师对云南少数民族建筑进行了较大规模的和艰苦的调查研究。此工作一直延续到 1992 年，其间相继出版了《云南民居》和《云南民居——续篇》两部专著，书中共对云南境内 16 个民族民居的源流、形成、发展、形式、类型、风格及如何适应自然条件、技术经济、风俗习惯等内容进行了研究和介绍。这两本书的特点及学术价值在于其第一手资料的真实性、唯一性、相对于中原汉式传统建筑研究的边缘性和各民族民居梳理的完整性。虽然这些研究的初衷是在建筑创作上的古为今用，但它们对云南少数民族聚落与建筑的学术研究却具有划时代的意义。

1.3.2.2　整体与深化的研究（20 世纪 80 年代至今）

20 世纪 80 年代初，朱良文先生开始对丽江古城及纳西民居进行调查研究，其研究成果最终形成了《丽江纳西族民居》一书。书中不但对纳西民居建筑的形制与类型、空间与使用、结构与构造、形式与风格等内容研究详细，而且也非常关注古城空间形态、街道、河流与建筑的相互依存关系，这在当时民居研究重单体而轻总体的情形下应是一个不小的进步。这一研究在云南开创了对某一民族聚落与民居建筑进行较系统之研究的先河。此后，朱良文先生又继续对云南傣族等民族的民居进行了持续研究，出版了《中国南部傣族的建筑与风情》一书，并在 20 世纪 90 年代中期及以后开始在西双版纳地区进行傣族新民居的实验性探索。

在 20 世纪 80 ～ 90 年代的历史时期内，有关云南少数民族聚落与地区建筑研究的相关理论论著还有斯心直先生的《西南民族建筑研究》、郭东风先生的《彝族建筑文化探源》等。其中，后者显现了这一时期接受了人类学、民族学、社会学等建筑学以外学科学术思想的青年学者对民族建筑文化及其演变尝试进行新探索的努力。书中试图以彝族建筑文化体系发生发展过程中活的史料为切入点，"运用人类学、民族学、民俗学、社会学的知识与方法去探讨远古居住原型及其衍生发展状况，以及居住环境形成的心理深层观念的奥秘"（郭东风，1996）。

《云南民族住屋文化》一书是蒋高宸先生集半生之呕心沥血之作。蒋先生在对民族地区聚落与建筑的研究中自觉地抛弃了"就建筑论建筑"、"只见物不见人"的传统而静态的研究方式，主动地探索跨学科的和融贯的研究方法。书中将对住屋文化的研究归结为：对人的居住行为和构筑行为的研究、对相关的环境因素的研究、对中间变量（居住需求和建筑意识）的研究三大方面。在对这三方面进行了相当的理论研究并在其理论线索的支撑下，全书较系统地考察了云南建筑的发展历程（起源、"原始地层"的出露和结构、本土建筑文化向中原汉式建筑文化的倾斜及多向互渗的变异）和促进建筑文化历史发展的机制（自然的馈赠与启迪、社会的介入与修正、人为的选择与调适）。在整体层面上和以系统的观点将传统住屋归为五大谱系：天幕谱系、板屋谱系、邛笼谱系、干阑谱系和合院谱系。对与后四种谱系相对应的木楞房、土掌房、竹楼、合院建筑四个云南民居体系的地理、民族、文化分布及形式类型特征进行了系统的比较和分析。❶

另外，蒋先生所著的或编著的《云南大理白族建筑》、《丽江——美丽的家园》、《建水古城的历史记忆》、《和顺乡》等几部专著都在不同地域聚落与建筑的研究中贯穿和体现了上述学术思想。可以说，这些著作继承了先行学者们的研究而将云南地域聚落与建筑的研究推向了整体化和系统化，表征了 20 世纪末云南学者对地域传统聚落与建筑研究的新走向及其水平。

杨大禹先生的《云南少数民族住屋——形式与文化研究》一书通过对云南少数民族地区聚落与建筑大量的调研及分析，展示了多样化的民族住屋形式及其文化意义，以云南地区为例论述了住屋形式的形成、发展及相关的背景条件和制约因素。

---

❶ 参见：蒋高宸. 云南民族住屋文化 [M]. 昆明：云南大学出版社，1997.

杨昌鸣先生的《东南亚与中国少数民族建筑文化探析》则主要从研究东南亚早期建筑与中国西南少数民族建筑之间的渊源关系入手，着重考察了东南亚建筑文化圈的文化背景及居住建筑的一般特征、聚居环境营构方法以及这一区域的宗教建筑基本特征等内容。这种"越出国界、区界作宏观大系统的考察"（杨昌鸣，2004）的研究方法能够更加清晰地看到在历史纵向与区域横向的相互交错中，西南少数民族建筑发展的各种源流及其演变。

高芸女士多年在海外求学，《中国云南的傣族民居》一书就主要出自于她在英国爱丁堡大学的博士论文之中。她的研究方法受到国外人类学、建筑学学者研究方法的影响，在书中对傣族民居的研究中，她将重点放在"傣族民居在历史发展中与傣族的政治、经济和文化构成的一整套体系间以及它的物理结构、社会功能和象征意义之间的有机结合"（高芸，2003）的方面。其研究对国内外傣族民居文化研究的沟通方面有着积极的意义。

徐思淑、周文华先生的论著《城镇的人居环境——云南城镇人居环境的传统经验与继承发展研究》则开启了云南少数民族城镇聚落与建筑研究另外的视野。这些视野表现在三个方面：一是既研究传统村镇聚落的历史经验，但又面向未来社会经济的可持续发展；二是在城镇的层面上进行研究，探讨城镇与自然地理、生态环境、营建之间的关系；三是重点研究山地城镇建造的传统经验及可操作的当代方法与模式。该书凸现了研究者致力于探索一套适应于本省民情的、有地方性的、与城镇各种物质空间环境相对应的规划设计理论与方法的学术思想和研究策略。

毛刚博士的博士论文《生态视野——西南高海拔山区聚落与建筑》论述了民族文化、宗教、生态环境、经济开发与西南少数民族聚落及建筑历史演变的关系，提出和分析了历史聚落的生态类型。从区域的角度提出了西南高海拔山区城镇聚落的发展模式及相关理论。论文还分析了从技术思想的角度研究地区建筑学的走向，并研究了相关的地域技术与技术思想。

此外，在云南少数民族聚落与地区建筑研究中，值得我们关注的还有以下相关研究的著书：

由蒋高宸先生组织编写并由云南大学出版社出版的云南少数民族聚落与建筑系列研究丛书，计有下列书目：《腾冲和顺——西南边地和谐的山水侨乡》、《会通百家，泽润千古——会泽古城》、《丽江束河村》、《峨山亚尼彝族村落》、《中甸藏族传统聚落》、《住屋文化谱系》、《永宁摩梭村落》、《官渡古镇》、《石宝山下的沙溪村》、《石屏郑营村》、《大理周城》、《滇越铁路沿线城镇与建筑》。

由季富政先生撰写的《中国羌族建筑》是一本从历史的角度出发而较为系统地研究古羌族聚落及建筑空间、类型、形式、建造技术的专著，其研究被罗哲文先生认为"填补了系统研究羌族建筑的空白"。❶"羌"乃西戎牧羊人也；❷古羌族与云南境内的藏、彝、白、纳西、哈尼、傈僳、拉祜、基诺、普米、景颇等藏缅语族在历史上有着重要的渊源关系，在聚落、建筑的空间和类型上也有许多相似之处，因此，羌族建筑的研究对云南也有着重要的意义。

周文华先生的《云南历史文化名城》一书则从系统整理与介绍云南省历史文化名城的角度为我们关照民族地区城镇聚落的发展、分布和形态特征提供了另外一个独特的视野。

由石克辉、胡雪松先生编著的《云南乡土建筑文化》一书汇集了31篇介绍云南乡土建筑及聚落的文章，这些文章内容丰富，既有较强的专业水准，也有着区别于其他系统学术理论专著的可读性。

由建筑学科以外的其他学科学者撰写的论著，如张增祺先生的《云南建筑史》、段炳昌等先生编写的《多彩凝重的交响乐章——云南民族建筑》、木丽春先生的《丽江古城史话》、赵勤先生的《喜洲白族民居建筑群》等。这些学者多有着扎实的历史学、人类学、民族学、民俗学、社会学等学科的学术功底和丰富的研究经历，他们的研究能强有力地拓宽和加深我们研究的视野和内涵。

1.3.3　基于社会学思想的乡村聚落建设与营造的相关研究

1.3.3.1　关于乡村建设与发展的社会学思想基础

乡村建造绝不仅仅是简单的技术问题，它应该是乡村社会复杂的政治、经济、文化与技术相结合的综合性问题。按照马克思的辩证唯物主义和唯物史观：社会的构造是一个整体，有其基址，亦有其上层，社会经济关系是其基址，观念的形态是其上层，上层与基址相互叠合而成此构造。而相形之下，建筑形态及建造技术则较为

---

❶ 参见：季富政. 中国羌族建筑 [M]. 成都：西南交通大学出版社，2000：主审序言.
❷ 详见：说文·羊部 [M].

表层。因此，乡村建造的研究及其理论的生成一定离不开政治、经济、社会研究的支撑，一定需要社会学及政治经济学的融入。

社会学的目的在于考察人类社会生活的结合及其组织。早在20世纪初李大钊就在《史学要论》中明确指出：社会学是把人类社会的生活横起来研究的学问。社会学早期先贤李达则精辟地将社会学定义为："社会学者，研究社会历程及其理法，并推知其进行之方向，明示改造方针之科学也。"

在社会学领域，中外学者一直在关注乡村社会。早在19世纪末，美国学者就开始研究农村社会学的相关问题，芝加哥大学的 C·R·亨德尔于 1894 年开设了 "美国乡村生活的社会环境" 课程，20 世纪初美国学者就有关于 "农村生活运动" 的研究。而美国学者高尔宾（C.T.Galpin）于 1915 年发表的《一个农业社区的社会解剖》则被认为开启了农村社会学学科之先河（韩明谟，2001）。1935 年美国出版了《农村社会学》的学术刊物，并于 1937 年成立了农村社会学会。此后，其研究不断发展并扩展到欧洲发达国家。而在第三世界国家以及前苏联和东欧国家对农村社会学的研究都极其重视。

中国的社会研究源远流长，但对农村社会的现代研究发轫于20 世纪初期，成长于 30 ～ 40 年代，重建于 80 年代。早在 1924 年，顾夏先生就出版了中国第一部农村社会学的专著《农村社会学》。初期的研究还包括有陈翰笙、顾复、杨开道、言心哲等人注重中国农村的实际与实用性的研究，如杨开道先生的《农村社会学》、言心哲先生的《农村社会学概论》、冯和法的《农村社会学大纲》等。另外，注重农村社会调查研究的有 1925 年沪江大学美籍教授库尔普（D.H.Kulp）在对广东潮州凤凰村进行全面调查基础上写成的专著《华南农村生活》以及金陵大学美籍教授卜凯（J.L.Buck）的著作《中国农场经济》。而值得提及的是 20 世纪 30 年代以梁漱溟、晏阳初等人为代表的乡村建设运动。晏阳初创建的中华平民教育促进会在河北定县进行了实验工作，梁漱溟则领导乡村建设研究院在山东邹平实验区进行了实验工作。他们都试图通过乡村改良和重建来解决中国的整个社会问题，因此，他们的实验研究具有划时代的意义。20 世纪 30 年代末至 40 年代，吴景超、吴文藻、李安宅、费孝通、林耀华等人为社会学的中国化作出了重要贡献。如：吴文藻运用社区调查和功能学派的方法对中国进行社区研究，费孝通的《江村经济》、《云南三村》、《生育制度》、《乡土中国》

等著作则揭示了中国乡土社会的特性及基层社会的形态。

20世纪80年代，中国的社会学得以重建，而其中对农村社会的研究显现出百家争鸣的局面。随着中国社会的发展变化和农村改革的进程，农村社会学获得了长足的发展，我国学者在小城镇研究、乡村城市化研究、农村组织研究、农村贫困研究、农村产业结构、农村社会保障研究等领域取得了丰富和重要的成果。而针对当前的"三农问题"，最有影响力的学术思想大约有以下几种：一是以林毅夫为代表的"公共投入与拉动内需"说；二是以温铁军为代表的"农民合作"说；三是立足于农业稳定发展和农民持续增收的政策部门的观点；四是以华中师范大学中国农村问题研究中心徐勇、贺雪峰为代表的"农民福利"说（一是应提高农村公共品供给水平和公共设施建设的力度；二是通过农村文化建设，为农民提供非物质方面的福利）。

有关乡村社会学和农村社区发展的理论和思想是极其丰富的，就总体而言，这些学术思想有这样几个明显的特征：一是研究农村社会要从农村的"整体出发"，即把社会视为一个整体，把农村社会看做是一个各种社会关系结合的生活的共同体，强调社会多因素的综合分析，以更全面、深入地探索农村社会诸多方面的状况。其次，将研究农村社会这一复杂的整体的切入点放在人们的社会关系和社会行为上，因为，"人与人总是以一定的社会关系结合起来并表现出一定的社会行为的"（韩明谟，2001）。其三是注重研究农村社会的结构，即它是怎样组合起来的，它的功能是什么，它的组成要素以及在农村社会组织中的位置和发挥的作用，它的发生、发展的演变规律。其四是在研究中注意发现农村社会运行的规律，由此推演出相应的理论，并利用它们来为改造农村社会的实践服务。

社会学对建筑学的影响是巨大的，许多建筑师及建筑理论家都认识到自己对平民、穷人以及农村社区发展的责任，并在具体工作中对此开展了持续不断的探索和努力。

1.3.3.2 相关的村落与建筑营造的理论与实践

在当代，国外建筑师为低收入者以及穷人进行住区与住宅设计和建造的尝试一直不断，这其中包括农村社区和城市贫民社区。有许多建筑师致力于这方面的工作并卓有建树，如勒·柯布西耶、查尔斯·柯里亚（Charles Correa）、哈桑·法塞（Hassan Fathy）、萨缪尔·马克比（Samuel Mockbee）、杰夫瑞·巴瓦（Geoffrey Bawa）等。

对于印度建筑师查尔斯·柯里亚为第三世界国家低收入者设计住宅方面的成就，学术界已多有研究。他用低层建筑模式为城乡贫民营造复合性的新型社区，针对印度炎热的气候为居住者设计符合生活逻辑的空间序列。他重视设计与当地各种要素及其资源的关联，主张使用适宜技术，用简单的住宅平面与形式并提倡住户及工匠参与建造过程；他执著于为社会贫困人群建造与设计住宅，以自己的建筑实践来思考着社会的平等（汪芳，2003），因此，柯里亚被人们称为"人民的建筑师"。同样在印度，著名建筑师 B·V·多西在其建筑生涯中，一直都在研究广大低收入阶层的住房问题，他的"Aranya"新城的规划设计，"创造性地为在印度解决大多数贫困阶层的住房问题提供了理论框架和操作模式"（王路，1999）（图 1-3 ～图 1-5）。

1984 年获国际建协金奖的埃及建筑师哈桑·法赛同样执著于为穷人建造住宅。在相关的规划设计中，他不但珍视埃及当地的传统材料、技术和建造技艺，利用风干土坯墙导热性能差、保温时间长的特点来建造，以适应于当地炎热干燥的气候；也重视空间肌理、邻里结构的整体设计以构成适合于当地人生活的和谐的社区；而更重要的是他在建造过程中，吸收公众的力量，力主探索一条引导村民自建房屋与参与设计的道路。在埃及底比斯（Thebes）和卢克索（Luxor）附近的新古尔纳村（Gourna）的建设中，作为建筑师的法赛更将自己看成是一个村民们的合作者。他倡导由业主、建筑师、工匠组成的"三位一体"的设计团队，努力思

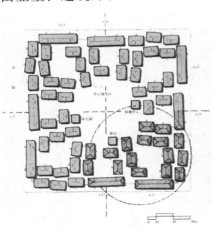

图 1-3　吉隆坡低收入者住宅
（图片来源：汪芳编著. 查尔斯·柯里亚 [M]. 北京：中国建筑工业出版社，2003）

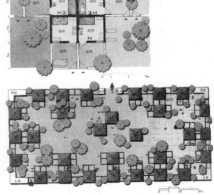

图 1-4　孟买贫困人口住宅 Squatter Housing
（图片来源：汪芳编著. 查尔斯·柯里亚 [M]. 北京：中国建筑工业出版社，2003）

图 1-5　多西设计的印度 Aranya 新城

（图片来源：王路. 根系本土——印度建筑师 B·V· 多西及其作品评述 [J]. 世界建筑，1999（8））

考和实践着建筑师在乡村营造中的作为。他认为："运用传统建筑方法并使工匠回到团队中的最大好处之一是建筑师可以从工匠所做的工作中解放出来"（Hassan Fathy，1976）[39]。在谈及古尔纳村的相关工作时，法赛说："在古尔纳，当砖石工匠们像建筑师一样熟悉于所有的建造过程时，我们只将自己定位成为设计者、监督者和合同者。这样，我的所有工作就是画出每幢房子的平面图、给出它们的高度以及居家邻里街区的轮廓"（Hassan Fathy，1976）[39]。哈桑·法赛被人们认为是 20 世纪最伟大的建筑师，其原因就在于他的"为了穷人的建筑学"成为了"一种整合了自然与制造以及预见了可持续发展思想精神的时代召唤"（James Steele，1997）（图 1-6）。

　　美国奥本大学教授、建筑师萨缪尔·马克比（Samuel Mockbee）以及他的"乡村工作室"（Rural Studio）多年来一直在美国最贫困的地区之一、亚拉巴马州（Alabama）的黑尔地区（Hale）进行改善贫困乡村居住环境与质量的实践，马克比和乡村工作室发起社会集资活动，并带领建筑学学生们直接参与到对当地集合住宅和社区建筑的设计和建造活动中。他相信建筑学学科在与贫穷作斗争中的重要角色，相信这些活动对贫困乡村的积极作用。马克比倡导学生们走出教室、走出抽象的建筑世界而进入现实的建造中，并鼓励学生在乡村建造中进行前卫的和有创造性的方案设计，积极探索与当地各种因素相关联的适宜性的技术及材料，比如使用废弃的地毯碎片压制成的矩形砖、废弃的轮胎等。因此，总体地看，马克比和乡村工作室的实践行为，既为穷人建造了房子，体现了建筑学的社会责任和人文关怀，也具有凝聚与振兴社区的社会功能作用；同时，"在一个以精英时尚为主导的、鼓励极端个

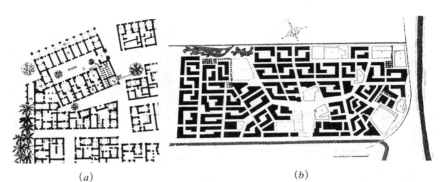

(a) (b)

图1-6　新古尔纳村规划

(a) 客栈与农民住宅；(b) 总平面

（图片来源：J.M.Richards.Hassan Fathy[M].Concept Media Pte Ltd，1985）

图1-7　萨缪尔·马克比的"乡村工作室"在美国亚拉巴马州黑尔地区为了贫民的建造

（图片来源：Andrea Oppenheimer Dean.Rural Studio: Samuel Mockbee and an Architecture of Decency[M].

Princeton:Architecture Press，2002）

人主义消费的文化里，具备着强烈的社会批评性"[1]，并有着明显的社会改良作用（图1-7）。

---

[1] 参见：朱涛．中国的"批评主义"批评性在哪里？[OL]．2005-09-28．http://blog.sina.com.cn/u/49e53b73010005t7．

图 1-8 劳里·贝克尔设计的 Namboodripad 住宅

（图片来源：彭雷. 大地之子——英裔印度建筑师劳里·贝克尔及其作品评述 [J]. 新建筑，2004（1））

在欧美及发展中国家，这样的建筑师还有很多：如美国建筑师安德鲁·弗瑞尔（Andrew Freear）致力于为乡村社会中的弱势群体设计居所；出生于英国的建筑师劳里·贝克尔（Laurie Baker）毕生都在为印度的贫民们研究、设计和建造具有本土性的土质建筑（图 1-8）。

总体而言，这些尝试与努力有着这样一些方面及其特点：其一是重视贫民居住区在社区意义及层面上的整体营造和设计；其二是重视设计、营造与本土社会经济现实状况的适应以及与本土文化的结合；其三是重视本土材料、当地建造技术在设计及营造中的融入。

在国内，建筑师对经济欠发达地区、贫困地区以及边疆少数民族地区乡村建设及村落营造的研究和探索虽然举步维艰，但随着农村问题的凸现和新农村建设运动的兴起，总体也可称得上是成果斐然。这些成果有来自于国家政府系统的、科学研究系统的，也有来自于民间系统的，其中较有学术影响的至少有这样一些团体及其工作：

西安建筑科技大学建筑学院刘加平、王竹等学者在国家自然科学基金重点项目资助下在陕北延安枣园进行的以窑洞民居改造为主的黄土高原绿色建筑体系与基本聚居单位模式研究。其中既有理论系统的建构，也有具体而富有成效的、带有实验性的村落建造。该项目重视利用各种适宜技术与地方资源来为当地贫困人民建造住屋；注意用生态技术来解决西北地区在居住环境上的困

图1-9　延安枣园窑洞民居改造
（图片来源：谭良斌摄）

境与危机；其成果的学术意义和社会意义都是积极的和令人瞩目的（图1-9）。

　　近期，该研究团队又在云南永仁县金沙江流域进行了当地山区彝族原住居民异地搬迁项目的研究和探索，其主要内容为："改善与改造传统的彝族土围护墙建筑，研究并推广实施经济、实用、充分利用太阳能、风能等自然资源的绿色生土民居建筑，让新迁居民在有限的经济条件下住进传统材料构筑的具有地域特色的高质量的现代家园，保护新迁地生态环境，创造持续发展的绿色人居环境"。❶目前，该项目的部分搬迁村落已建成，一批彝族移民已搬迁入住（图1-10）。

　　清华大学建筑学院"人与居住环境——中国民居"课题组在单德启教授的带领下于1991年在广西融水与当地政府及当地企业合作进行了该县安太乡整垛寨等苗族村落的更新改造工作。当时整垛寨有50户人家，人均年收入仅为200多元，村民们生活较为艰难，

---

❶ 参见：周伟. 长江上游绿色乡村生土民居示范工程研究与设计实践 [Z]. 昆明：昆明理工大学"绿色乡土建筑研讨会"发言，2006-06-29.

图 1-10　永仁彝族绿色乡村生土民居示范工程
（图片来源：赵紫伶摄）

是典型的少数民族贫困村落。该项目着眼于真正为村民改善其居住及住屋条件，探索了"就地改建，以旧更新，群众参与"（单德启，2004b）[138] 的建造模式。课题组现场调查、测绘测量、逐户访问，带着方案和草模与改建户讨论。将拆卸旧木楼的木料一部分变卖充作建房资金，另外的部分则与瓦顶旧料、就地取材的砂石水泥砖等一起被充分利用在新建的住房中，这样就使建房资金大为降低。该改造项目探索了村民改建户以出工带投资，既使村民建立了契约意识，又使他们尽可能地参与到建造过程中，体现了改建户、公司、地方政府、设计人员的共同协作。课题组充分结合当地欠发达和木材资源日益紧缺的现实状况，在设计中注重乡土材料的更替、优化，以水泥制品替代木材，设计关注村寨现实问题的解决，立足于苗族同胞居住质量的提高，以发展变化的视野来进行"传统形式"的新的整合。另外，整垛寨在改造单体民居的同时还完成了环境营造、公共建筑与公用设施建造等项目，其中包括：村寨道路和机耕道、寨门、小学校、公厕、供电、蓄水池、给水排水管沟、农户沼气池等。从建筑学与社会学结合的学术眼光来看，这无疑是有"社区整体营造"意义的（图1-11）。

"干阑式传统民居的改建，不应视为消极措施和权宜之计，这是一个民族在新的时代条件下对人与居住环境的思考、理解、探索；是延续和更新传统文化的实践和创造"（单德启，2004b）[121-122]。整垛寨的乡村改造虽发生在20世纪90年代，但在今日看来却是

图1-11　融水整垛寨改造后的概貌
（图片来源：王晖，肖铭. 广西融水县村落更新实践考察 [J]. 新建筑，2005（4)）

充满着学术价值和实证意义的，其对当代中国农村建设所产生的影响也是深远的。

时隔 70 余载，在 20 世纪 30 年代晏阳初先生进行乡村建设运动实验的河北定县翟城村，一位台湾建筑师谢英俊开始了他的有关"乡村建造"的探索及实践。谢英俊在台湾"9·21"地震后，于 1999 年开始从事当地邵族原住部落的重建工作。他倡导"永续建筑和协力造屋"的建筑理念。2004 年来到河北定州，在温铁军先生创办的晏阳初乡村建设学院建立了开放工作模式的"乡村建筑工作室"（Rural Reconstruction Institute），开始进行推广农村生态建筑、帮助当地农民"协力造屋"的实验。在他的观念中渗透着强烈的平民意识，其工作也与晏阳初乡村建设学院"开发民力、建立民主、改善民生"的目标结合起来。

谢英俊的永续建筑、协力造屋的主要内容为：透过简化建筑构成方法，建立开放式构造系统，采用协力互助的方式进行建造，并将绿色环保观念植入其中；建立半自主的营建体系、合作社等区域微型经济雏形。"乡村建筑工作室"先后在翟城村建造了示范"生态农宅"地球屋 001 号、002 号，以及用当地易见的废旧木料建成的尿粪分集式生态卫生厕所和翟城幼儿园生态厕所（图1-12、图 1-13）。他们的工作思路及其状态可从谢英俊先生下面的几段谈话中略见一斑：

其实就是实事求是地解决问题，因为协力造屋的参与对象是经济、政治、文化的弱势群体，他们面对的问题和现在中国农村面对的问题完全一样，他们的问题不是现在的商业市场逻辑所能

图 1-12　地球屋 001 号
（图片来源：赵紫伶摄）

图 1-13　地球屋 002 号
（图片来源：赵紫伶摄）

解决的。他们没有钱去请建筑工人帮他们盖房子，但他们都身强体壮，失业在家，无所事事。那为什么不用他们的劳动力来盖他们自己的房子呢？这其实是很简单、实事求是地解决问题的思路。市场化道路是没办法解决他们的问题的……

示范"农宅"，而不是示范"城市建筑"，用民间最容易实现的做法去盖房子，需要改进的是如何组织这些做法以及系统的集中传统农宅里散落的智慧和如何组织农村闲散劳动力，让他们用他们最熟悉的方法去按照建筑师的设计盖房子。当然，在设计过程中建筑师会与当地工匠讨论以及合作……

开放建筑是指通过不可变的支撑体和可改变更新的填充体物两部分，使建筑的空间配置可以通过填充体的变化弹性调整……我们用木或轻钢结构作支撑体，与土、石、竹、木、砖、稻草、麦秆、布、植物编织、面砖、金属等各种材料形成的填充体结合起来，形成开放性的体系。比如这个柱子烂掉了，可以抽换掉，形式也可以变化很多，满足功能的灵活变化，只要抓住一个基本的构造原理就可以了……

我们在河北省定州市翟城村晏阳初乡村建设学院尝试协力建屋，不仅要解决技术问题，而且要成立合作社组织，我们的计划还包括微型经济——地球屋基金，在这种基金的制度之下，任何农民都可以盖这种房子，只要有劳动力和劳动意愿。因为有一个基金来支持农民盖房，所以不存在所谓的资金问题。比如地球屋001 号，买材料 2 万元，基金可支援这部分钱，农民可分 5 年还，当然有利息。其他的人力可用换工的制度来实现采用合作社模式，就是把传统的换工组织化，形成合作社。要把房子盖起来，必须有这些社会条件，以及其他的组织机制、经济机制等。

——谢英俊第三建筑工作室网站：http://www.atelier-3.com

"乡村建筑工作室"的工作目前在国内学术界逐渐引起重视，谢英俊先生先后被邀到北京大学建筑学研究中心和天津大学建筑学院等高等院校进行演讲，并在 2005 年的深圳城市／建筑双年展中参展。对于其探索，有大陆学者这样评价道："谢先生根据中国的实际情况，利用现有的条件，建造符合中国人需要的建筑，这不是一个简单的实验，而是一个务实的工作，他的工作是默默的，但其影响是深远的。同时，它是对于正统现代建筑所扶植起来的若干现存思维方式以及被其决定的建造逻辑的挑战，也是对建造的可能性更深入的挖掘"。❶

1.3.4 对上述研究的整体评述

1.3.4.1 整体层面的评述

综观国内的乡土聚落与民居建筑的研究，自 20 世纪 50 年代至今，明显地走过了三个历史阶段：第一阶段从 20 世纪 50 年代至 80 年代初期，研究的总体特征是注重基础性和调查与考察的实证性，注重物质形态层面上的单体建筑的研究，在研究的地域上及研究的领域上都呈局部和小规模状态。第二阶段从 20 世纪 80 年代初期到 80 年代末期，该阶段研究的总体特征是实证性、物质性、切取某个静态层面式的研究不断走向完整化和体系化，其标志是研究对中国各地区类型的包含愈加全面、研究层面愈加系统、学术框架与体系逐渐形成。第三阶段从 20 世纪 90 年代初期到 90 年代末期，研究的总体特征：一是"器物层"的研究继续完善和更加完整。二是意识到静态体系"器物层"的研究的缺陷与不足，有意识地在方法上予以突破，研究注意到活的社会层面、制度层面、文化圈层面、生活层面，开始出现相关结合性的研究。三是意识到国家"三农背景"与乡村现代化的问题，在"现代性"层面上关注传统聚落与民居建筑的有机更新、可持续发展等问题，在理论及实践上开始出现一些相关研究。

然而，就整体而言，我们仍能从方法到内容上发现国内在这方面研究的不足和问题，并由此推测今后乡村聚落与乡土建筑理论研究诸方面的学术走向。

首先，当代人文科学研究领域的新思路、新方法还并没有产生更加重要的影响，绝大多数研究还仍以"器物层"的研究为其主要内容。这里的问题并不在于否定"器物层"的研究，而是国内相关研究是否能够更加多元化的问题。我们应该有这样的研究，"通过方法与视角的更新，在聚落与民居的研究中'复原'人的社会生活与个人生活，在学术研究的价值取向上，从客观体系的架构转向微观的空间构成制度与人的社会生活的对应关系的分析与

---

❶ 参见：黄增军. 台湾建筑师谢英俊访谈 [J]. 城市环境设计，2005（5）：15—18.

研究上"（李东等，2005）。近些年，这样的研究已开始不断出现，如：同济大学常青教授主持的有关"建筑人类学"的研究课题；学者张昕、陈捷有关当前村落权力变迁及对村落结构演化的影响的个案研究等（张昕等，2006）。

其次，建筑学界不论在对乡土聚落与乡土建筑的研究中，还是对乡村建设与村落营造的研究中，相对而言均缺乏"综合的观点"和"整体的研究"。还未能真正地将这些专业技术性较强的研究有意识地与中国各区域农村社会的社会关系、社会行为、社会组织、社会功能等方面内容综合起来进行研究，还未能真正将这些研究置于农村社会整体链条的系统中和农村社会演变这一大背景之下。这样，这些研究就极易陷入到就事论事的单纯技术论的层面中而与农村社会内在的发展规律的认识割裂开来，并进而与现实社会中农村社区发展的理论和实践越来越远。

再次，即使是在物质性层面，国内研究的重点也多放在建筑空间与形式的形态、类型方面而对建造技术层面的研究则相对轻视。尤其值得指出的是，在对民居技术层面的研究中，也呈现出对历史文献的考证和较为宏大的分类研究的较多关注，而对建造过程与技术细节的田野记述、科学分析有所轻视的现象。这样的研究存在的问题：一是在于容易将民间的建造技术与艺术视为静止的物态而与社会生活的各个方面割裂开来；二是无法在现代科学与实验的层面上对民间及传统的建造技术作出数据化、数量化的理性判断。而这些存在问题的要害则更在于对传统的、民间的建造技术能否形成理性的批判、能否实现历史传承和现代的转换。目前，这方面的研究也逐渐为学界和学者们所重视，相关研究日渐增多，如：华中科技大学李保峰教授主持的对湖北民居热工环境与生态技术方面的研究、昆明理工大学何俊萍教授主持的有关云南传统建筑技艺体系的研究等。

最后，国内建筑学界有关乡土聚落与民居建筑研究另外一个严重的缺陷是游离于我国当前城镇化、农村现代化、"三农"问题等现实主题之外，对在中国当前社会发展语境中、农村社会变化背景下有关乡村聚落与民居建筑营造的有机更新、现代化、可持续发展等问题缺乏学术层面的回应，其有价值的理论研究与实践尚且不多，尤其是在哲学高度与方法论层面的基础性理论研究为数更少。这里，有几个现象值得我们思考。一是国内学者并不缺乏这方面的洞见，如前述提及的广西融水苗寨的更新改造、陕西延安的"黄土高原绿色生态聚居单元"的研究以及云南学者有关西双版纳傣家竹楼的更新改造等研究；但这类取向的研究为何最终未成燎原之势？二是国内其他学界自 20 世纪 20 ~ 30 年代以来对农村问题的研究绵延不断，并已经形成优秀的学术传统，如：早年费孝通对中国乡土社会的研究，梁漱溟、晏阳初等人的乡村建设运动等。到 20 世纪末及 21 世纪初已出现研究的高潮，且也有一批与聚落、民居相关的研究。如有学者从乡村地理学、农村社会学、农村经济学、生态学、人类聚居学等方面所作的学术梳理就表明了这些研究的深度和广度。❶但这些相关学科卓有成效的研究为何没有能激发建筑学领域的研究？三是从国家治理、公共政策和社会发展的角度出发，各级政府和相关行业主管部门均组织了一些有相当规模的研究。如科技部与住房和城乡建设部组织的小城镇科技发展重大项目："小城镇绿色住宅产业技术研究与开发"课题、"小城镇住区规划设计导则与住宅建设标准化研究"课题等。虽然，这些课题的目标是研究向生产力转化，并非是基础理论的研究，但这些研究也未能有效地带动和促进建筑学界面向乡土聚落和民居建筑的"现代性"研究，这不能不说也是疑问之一。

　　上述疑问背后更为本质的原因应该放到更大的学术层面以外的背景下去寻找。中国几千年来虽为农业大国，但也正因为如此，长期超稳定的农业社会则对内部试图突破这一体系的萌芽有着强大的禁锢作用，如传统中对"商"的压抑。因而，农村和农业始终未能走上现代化的道路，并在现代产业快速迅猛的发展势头下被远远地抛弃和被边缘化。而在近现代，由于各种原因，愈来愈加大的城乡二元化倾向更加阻断和遏制了乡村的发展。当前中央提出的"工业反哺农业、城市支持乡村"恰恰说明了农村和农业长期以来所处的尴尬境地。由此看来，学术研究对某一方面问题的冷漠一定与整个社会对此问题的冷漠紧密相关。然而，当前乡村问题又一次历史性地被提到了"中国问题"的层面之上，故建筑学界显然对此应该有所应对，其研究也应发生相应的转变。

　　综上所述，笔者以为，未来一些年国内对乡土聚落和民居建

---

❶ 参见：薛力. 城市化进程中乡村聚落发展探讨——以江苏为例 [D]. 南京：东南大学 [博士学位论文]，2001. 文中对这方面的学术成果作了较为系统的学术梳理。

筑的研究将会发生这样的转变：在继续坚持史学角度及"器物层"的实证性研究的同时，将会有更多的研究转向关注聚落、民居建筑与活的社会生活、社会制度与文化的结合。在继续以系统的方法完善中国各地聚落与民居的类型研究的同时，将有更多的研究转向避免宏大叙事而去关注更生动的"微观研究"。在继续深入对聚落与民居类型、形态、空间、形式研究的同时，将有更多的学者转向用当代科学与实验的方法对民间营造技术及其现代转换进行研究。而最重要的转变将会是建筑学领域自觉地把乡土聚落与民居建筑的研究融入到城乡一体化发展和农村社会当代剧变的社会背景中而去关注其"现代性"问题，研究乡村新乡土建筑的当代营造问题、传统优秀品质的当代转换问题、传统村落向现代社区转变的问题等；并在此基础上，建构出有关中国乡村聚落与建筑的营造哲学、营造模式、技艺体系等方面的基础理论，从而为中国当代建筑学作出学术与理论上的贡献。

1.3.4.2 局部地域研究中应注意的相关问题

而对西南地区、云南的乡土聚落与民居的研究而言，除以上叙述的转变外，还应在研究中注意到这样一些问题。一是从整体看，这一地区在研究的视野、理念、方法上相对闭守和落后，整体研究水平并不很高；二是较之于内地，这一地区农村的问题更为复杂。在这里，复杂的地理与生态环境、众多的少数民族族群与文化、社会经济发展滞后与贫困、区域发展严重不平衡等问题交织在一起，使农村问题的解决难度更大。因此，从事该地域乡土聚落与民居建筑的研究，尤其是在其面向"现代性"的研究上，就需要有更大的学术勇气，需要有更多的学术智慧，需要有更强的学术创新精神。

1.4 研究目标、方法与章节结构

1.4.1 研究目标

本课题研究的目标，就是以西南、特别是云南少数民族贫困村落为对象，在我国城乡一体化和农村聚落发展的现实背景下，紧紧抓住少数民族村落从过去"族群"的社会结构向现代社会"社群"的社会结构历史演变的主要线索，紧密围绕少数民族贫困地区村落发展的现实矛盾与问题，在社会与技术两个层面上探索和研究这些地区村落与建筑营造的规律及乡村人居环境建设之"道"，提出少数民族贫困地区村落与建筑营造的建造哲学、建造逻辑以及在建筑学层面上的相关方法与体系。

1.4.2　研究方法

由于认识到少数民族贫困地区村落与建筑营造的现实问题有着深刻的历史演变的原因，所以，课题拟采取对现实问题与历史演变进行"互渗式研究"的方法，以史明今，以史为鉴。

由于认识到少数民族贫困地区村落与建筑营造的现实问题与其说是技术问题，而更多的不如说是社会问题、制度问题、文化问题；所以，课题拟尝试在更多地关注村落社会结构、制度安排、民族文化等方面的基础上，借鉴社会学、人类学等学科的研究视野，运用对聚落与建筑营造的现实问题进行综合性研究的方法，将"活"的社会与相对"静态"的营造结合起来。

由于认识到"三农"问题是我国农村最大的现实问题，所以，课题研究应以现实问题为导向，以解决问题为目的；将对问题的研究抽象和上升到学术层面；从具体到抽象，从问题到方法，从现实到学术。

1.4.3　章节结构安排

全书除第 1 章即"引言"外，主要由两个部分组成：

第一部分为：族群的演变及村落传统建造模式分析。主要内容为以历史演变与社会功能的角度，分析云南民族地区族群演变与村落及建筑的传统建造模式之间相互塑造的关系，并以"族群"的角度对云南少数民族村落与建筑建造模式、类型进行解析。

第二部分为：族群向社群的演变与村落建造的当代转型。主要内容为结合云南民族地区的情况，分析新中国成立以来及转型期"族群"社会的式微、裂变和当代乡村社会"社群"组织的兴起；提出了"村落建造共同体"的概念和机制，并在此基础上论述了乡村社会传统村落营造在当代的转变以及村落营造的建造逻辑、策略及其相关方法；同时，也研究了建筑师在村落营造中的定位、作用以及工作内容。

最后，本书在结语部分有两方面的总结：一是对族群的演变及其向社群的转型与乡村聚落建造模式之间的关系进行了抽象和提炼；二是提出了乡村地区村落营造学术研究的相关范式及问题。

第2章 云南民族地区族群演变与村落传统建造模式塑造

2.1 "族群" 等相关概念的导入与阐释

2.1.1 族群

在人类学、社会学、民族学等学科领域，人们在研究"人"时，必然就遭遇到"群体的人"及"社会人"的问题。由于"人"绝大多数都生活在群落当中，因此，这些学科一直在努力探寻族群、民族、部落、种族等概念就显得极易理解。而其中对族群概念的研究及探索则是其核心，因为从研究的角度讲，族群显然是一个可以使研究能够进行的整体单元；而且，从历史的经验看，族群相对于民族、国家等概念，也显然更具有其自主性和自主发展的清晰规律。在建筑学领域，要想使对少数民族地区乡土建筑及聚落的研究"见物又见人"，族群就不能不成为我们对问题进行探寻的一个重要的切入点。

尽管族群一词传入中国大陆是近一二十年的事，但在国外学术界，它已成为一个十分常见并被广泛接受的概念术语。族群在英语中的对应词是 ethnic group，其中的 ethnic 来源于希腊语 ethnos，义指"种族（race）"。Ethnic 一词最早出现在英语中是在 20 世纪 30 年代，其意义为表示不属于基督教或犹太教的"异教"，也用来指外来者和"异类"。第二次世界大战后，在当代英语中，ethnic group 逐渐被用来替代英语中的"部落（tribe）"和"种族（race）"，其意义逐渐得到拓延，用法也更加宽泛。如在 1984 年版的《牛津现代高级英汉双解辞典》中，ethnic 的意义为"人种的；种族的；具有种族特色的；某一特殊文化团体的"。

尽管在人类学、社会学领域中，族群一词的解释并不完全一致（有学者就总结归纳了20多种有关族群的释义），族群的释义也呈现出一种明显的面向现代性的概念延伸和含义拓展的趋势，但其中的一些基本核心要意却没有改变，它们可归纳为以下几点：

（1）族群是人群的一种分类，它所表示的群体有一个名称符号。

（2）族群的区别性特征在不同时代与场合体现的内容和侧重点有所不同。

（3）族群成员在心理、感情和价值观念上通过感知他者的特征而产生认同。

（4）族群在自我认同的基础上维护群体的边界，同时排斥异己群体。

（5）族群通常指在一个较大的社会中居于文化非主流地位并且人口规模相对较小的群体。❶

"概而言之，族群是一个极富弹性并可以伸缩的人群分类概念，它表示的人群范围可以根据参照对象的变换而改变。当我们处在不同时期和不同位置，或同一时期的不同位置时，我们面临的族群界标及其概念内涵会出现相应的变化"（谌玉华，2005）。

从以上族群概念的相关释义与核心性质出发，结合本文研究的需要，本文有关"族群"的概念及释义尚有以下几点具体的特指：

（1）指生活在西南少数民族地区的，自20世纪50年代已被国家识别、确认并得到广泛认同的少数民族生活群体。

（2）指生活在乡村地区的村落中，以从事传统农耕生产为主的农业社会的生产与生活群体。

（3）以村落为基本规模尺度的，有着相同的生活习性、文化方式与传统文化的，与外界交流相对较少的，生产方式和生活水平相对落后的，缺乏现代生产、现代组织、现代平等理念等"现代性"的社会群体。这些特征的描述既为后文将要引入的"社群"概念作了铺垫，也指出了其与"社群"概念的区别。

尽管各种"族群"标签的历史文化差异极大，其英语与汉语所表达的意义也有所不同，在建筑学领域中引入"族群"概念的

❶ 参见：谌玉华. 关于族群、民族、国籍等概念的翻译与思考[J]. 读书，2005，320（11）：148-149. 笔者引用了该文的学术观点。

研究也与人类学、社会学的相关研究不尽相同，但由于"族群在历史发展过程中，产生了超过其他人类群体形式的可塑性、包容性、象征性、创新性、民众性和稳定性……只要我们认真辨析，坚持对立统一的立场，族群仍然可以用作我们的分析工具，这是毋庸置疑的"（纳日碧力戈，2000）。

2.1.2 "血缘"族群、"地缘"族群和"业缘"族群

在社会学一般理论中，都非常关注"血缘"、"地缘"、"业缘"的问题；同时，对这几个概念也有着基本的认识与共识。血缘是一种为家族或宗族血缘所决定了的人际构成关系，其族员没有任何选择便天然地处于一定的血缘关系之中。地缘是一种被聚居地及土地所决定了的人际构成关系。血缘和地缘均为传统村落人际关系构成的基本纽带，以这种纽带关系构成的人群即可以被认为是"血缘族群"和"地缘族群"。

而业缘则是人类聚落在血缘与地缘的基础上发展到一定程度时产生多种类型的分工及工作后所形成的一种人际构成关系。"业缘关系的性质与血缘和地缘迥然不同：它不以先天的某种因素为转移，也不以某一地域为转移，可以说它是跨血缘和跨地域的，因而也就是跨家族的"（王沪宁，1991）[171-172]。尽管许多社会学家认为，"业缘自然滋生出削弱血缘关系和地缘关系的力量，造成村落家族力量的削弱"（王沪宁，1991）[171-172]，但笔者以为：在中国传统与当下的村落中，从来都有着农耕以外的其他工作及劳动活动，只不过在不同的血缘村落与地缘村落中，业缘关系的发展十分不均，它对血缘关系及地缘的削弱并不足以支解已形成的族群。相反，村落中业缘关系的不断生长与血缘关系和地缘关系交织在一起，使得村落中原来的族群在某些性质上发生了变异，这也就是笔者为何提出"业缘族群"，并将其与"血缘族群"和"地缘族群"相提并论的原因所在。

"血缘族群"、"地缘族群"和"业缘族群"在人群及人群的空间分布上可以是分离的，也可以是交织在一起的；在时间上也未必就是线形进化的和相互取代的，而更多的则是逐渐积累叠加并互有交叉的；这可以是一个历史演变的纵向的概念，也可以是一个横向的空间分布的概念。

2.1.3　生产方式与族群的演变

按照马克思辩证唯物论的观点，社会生产关系等上层建筑是经济基础所决定的；而经济基础又为生产力及生产方式所决定。因此，具有"群体人"及"社会人"的"族群"的生成及演化的本质原因在于人类各文明阶段的生产力和生产方式。

在原始社会，生产力极其低下，人们的生活方式和生产方式就只能是在不断的狩猎、游牧的状态中群聚在一起，力图生存下去并进行原始的生产。这种群聚的生活一方面客观地形成了有共同血缘关系的群体；另一方面也使群体中的每一个成员都在后天逐渐形成了"血亲"的族群意识。这也就是今天我们认识到的原始氏族社会的血亲部落以及我们所称谓的"血缘族群"。

而随着生产力的提高，特别是当人们逐渐定居下来并学会饲养、养殖、种植时，部落的生产方式就逐渐进入到原始农业和传统农耕农业阶段。这时，虽然血缘关系使人们仍然繁衍和聚居在一起，但个体对于族群归属的认知则在血缘的基础上逐渐更多地加入了土地等地缘的因素，同时，不同血缘的个体也可能因为农耕生产的地缘关系而在同一个空间地点形成相互认同的群体，地缘族群由此而产生。而从另一个角度看，生产力水平的提高使物质产品出现剩余，这一现象既导致财富分配不均，并进而出现社会阶层与有差序格局的农耕生产方式，也使得原始共产主义的集体生产解体并逐渐让位于家庭和家庭小农经济的生产方式。在这样的生产方式的变化下，血缘氏族力量的逐渐削弱和地缘族群的兴起也就成为一种必然。

而随着生产力水平的再提高，社会产品愈加剩余并丰富起来，这必然导致原来小农社会简单的产品交换演变成为追求经济利益及利润的商品交换。这样，不少乡村社会开始出现了"市场"和"商业"的萌芽，也正因为这种以"集市"、"市场"为代表的农商社会的兴起，再加之统治阶层社会政治治理和文化统摄的需要，乡村中逐渐出现愈加细致的职业分工。此时，乡村社会的生产方式已不再局限于农耕生产，而开始出现农产品加工业、手工业、贩运业、商业等。人们之间的社会生产关系也不再单纯是围绕土地、农耕的小农生产，而是逐渐进入到契约经济之中。在这种情况下，乡村社会则开始出现表现了乡村社会不同分工的业缘族群。

在本书稿中，虽重点研究族群演变与村落建造演变的关系，但族群的历史演变深刻地源自于生产力及生产方式的演变则是一个理论认识的基本点。这一认识及其道理在后文中多有涉及，但不再展开。

2.1.4 村落

村落，也可以说是"乡村聚落"。一般认为："在母系氏族社会，随着原始农业的诞生，先民开始由游牧方式逐水草而居，转进到依附田地的定居生活。于是出现了相对稳定的、按氏族血缘关系组织定居的'聚'（聚落）"（贺业钜，1996）[16-17]。不论从《说文解字》中的释"聚"为"会"体现出的人的聚集之意，还是《易·系辞》中所谓的"方以类聚，物以群分"体现出的聚集的性质，还是《新编甲骨文字典》中从"盖"而居，从"耳"取声，体现出的聚落的规模尺度，还是考古发现的包括居住、墓葬、农业生产用地、制陶等手工场地、畜牧场等，都说明了聚落是一个原始自然经济的生产与生活相结合的社会组织基本单元。

尽管不同文明的人类社会在此后的发展中，原始聚落中的一些成为了都邑、城堡、城市、都市，但其中的绝大多数聚落则在人类长久的农耕背景下演化、分化成为了后世的乡村和"乡里"。

村落是主要从事农耕产业的社会组织基本单元，兼有不复杂的工商业。土地及其所依附的资源是其根本，所谓"里、居也，从田从土"（《说文解字》）。

村落位居城市以外的广大乡野地区，所谓"君子居国"、"小人狎于野"，这里除了有居民阶级成分划分之意外，也明显说明了聚居在地域上的差异。

在本书稿中，拟淡化村落在行政归属上的概念及行政上的规模概念而强调其丰富的内涵以及在研究上的开放性。这里，不论聚集的规模大小，只要满足以上性质的，均可进入研究的视野，所谓"舜一年而所居成聚"（《史记·五帝纪》）、"数家临水自成村"（陆游《西村》诗）等。费孝通也曾在《乡土中国》中谈道："无论出于什么原因，中国乡土社会的单位是村落，从三家村起可以到几千户的大村"。

2.2 族群演变与村落建造模式的发生、发展

2.2.1 "血缘"族群与村落建造的原始积淀

血缘关系构成了人们最初的"群聚"，血缘族群也一直存在于人类社会发展的各个阶段与形态中，只不过随着血缘性聚落向地

缘性聚落及其他形态之聚落的转变，血缘性及其在聚落中的作用逐渐减少，而其他因素则逐渐增加。所以，毋庸置疑的是，相应的血缘族群必定会对相应的聚落，特别是对乡村聚落的形成及演化产生重要的作用。于是，血缘族群与村落建造之间的关系，就成为一个重要的、值得研讨的问题。

20 世纪 70 年代，考古发现的陕西临潼姜寨是一处比较完整的母系社会氏族部落聚落遗址。聚落遗址面积约 5.5 万 m^2，以一个约 $4000m^2$ 的广场为中心，周围分布有五组居住用房，各组用房包括十几座住房和一所大房子，这构成了聚落的主体——居住区。居住区周围挖有防护壕沟，在沟外的东部和东北部有三片成人墓地，这是聚落的氏族公墓区。壕沟之外的西南临河河岸上是一片集中的制陶区，这是聚落的生产区。在一组分区内聚居着一个氏族的成员，中心广场为部落重大会议及宗教仪式的场地。"由此可见，这个居住区的布局，层次分明，结构严谨，从聚居生活区这个侧面充分体现了当时氏族部落的组织面貌，以及按血缘关系组织聚居的原则"（贺业钜，1996）[43-45]（图 2-1 ~ 图 2-5）。

从这个聚落遗址中，我们可以想象当时部落首领一呼百应、

图 2-1　陕西临潼姜寨母系氏族部落聚落布局概貌图
（图片来源：贺业钜. 中国古代城市规划史 [M]. 北京：中国建筑工业出版社，1996）

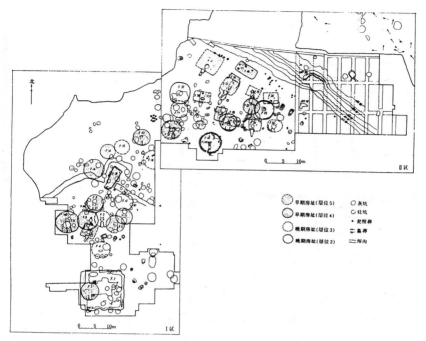

图 2-2　西安半坡氏族部落聚落总体布置图

（图片来源：贺业钜．中国古代城市规划史 [M]．北京：中国建筑工业出版社，1996）

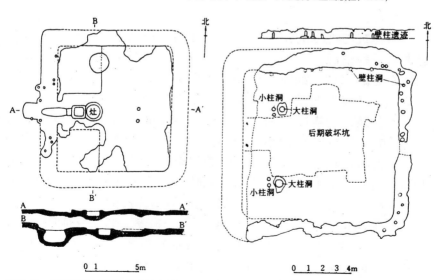

图 2-3　姜寨氏族部落聚落遗址中的"大房子"平面

（图片来源：贺业钜．中国古代城市规划史 [M]．北京：中国建筑工业出版社，1996）

图 2-4　半坡氏族部落聚落遗址中的"大房子"平面及侧立面

（图片来源：贺业钜．中国古代城市规划史 [M]．北京：中国建筑工业出版社，1996）

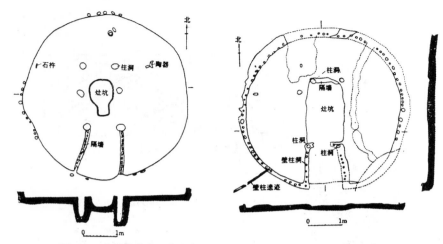

图 2-5 半坡聚落遗址中的半穴居、木架建筑房址，可推测为对偶住房
（图片来源：贺业钜.中国古代城市规划史 [M].北京：中国建筑工业出版社，1996）

诸血缘氏族共同生活、共同建造聚落的生动场景。正所谓"昔太古尝无君矣，其民聚生群处，知母不知父。无亲戚、兄弟、夫妻、男女之别；无上下、长幼之道；无进退、揖让之礼；无衣服、履带、宫室、蓄积之便；无器械、舟车、城郭、险阻之备"（《吕氏春秋·恃君览》）。

从建筑与规划的角度，也可以推测这种原始血缘族群聚落营造中的一些情况。一是对偶住房极其简单，但聚落的公共性要素得到充分的强调，如中心广场、大房子、壕沟、公墓等；二是其聚落的空间图形明显带有对未知宇宙崇拜的仪式特征；三是居住区、公墓区、制陶区体现了聚落最基本和最原始的功能分区；四是建造的过程与行为显然是一种有计划的、有序的集体的建造。

人类各个地域及文明在血缘族群聚落的原始建造上，表现出很多最为基本的共性，上述建造的特征，在摩尔根的《美洲土著的房屋和家庭生活》中也可以找到类似的描述及例证。

在墨西哥的普韦布洛（村落）中，土著聚落"分成四个区，这四个区是按它们各自赖以构成的亲属关系形成的，并且明确规定各个区的人们可以在他们的区里建造房屋"（路易斯·亨利·摩尔根，1985）[87]。聚落中有一种处在中心位置的、带有"社区"公共性质的房屋——"特潘"，它是酋长会议开会的"议会堂"，并面对着公共仪式的广场（1985）[89]。

图2-6　弗吉尼亚印第安人波梅奥克村
（图片来源：（美）路易斯·亨利·摩尔根．美
洲土著的房屋和家庭生活 [M]．李培荣译．北
京：中国社会科学出版社，1985）

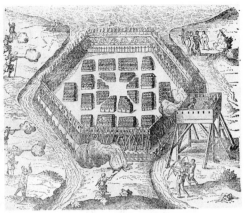

图2-7　美洲易洛魁人鄂农达加村落
（图片来源：（美）路易斯·亨利·摩尔根．美洲土著的房
屋和家庭生活 [M]．李培荣译．北京：中国社会科学出版
社，1985）

　　波梅奥克村"有十七所群居大房屋和一个议会堂，都坐落在中央广场的四周，村子周围有一道栅栏"（1985）[124]（图2-6）。鄂农达加村落遗址有四层坚固的栅栏、有水沟、有蓄水的池塘，其工事和防卫能力很强，"栅栏所围住的地面约有六英亩，房屋看来是用圆木建造的，而且是分区分行排列的，全部在一起呈方形，中央有一块空地。房屋看来是三四所为一组，甚至六所为一组，排成一列，每所房屋长达六十至一百英尺"（1985）[131]（图2-7）。曼丹人的村落中间有一块空地，人们在那里举行宗教仪式和节日的庆典，他们的房屋是一种圆形的"泥土屋"，"这样一所房屋可住五六个家庭，共三四十人。这是一所群居房屋，它符合美洲土著的习俗与制度，是从他们的生活方式中自然而然地产生出来的"（1985）[138]（图2-8）。

　　摩尔根特别指出："一是在蒙昧社会的高级阶段和野蛮社会的低级阶段中，印第安人的家户是由若干有氏族亲属关系的家庭组成的；二是他们在家户中过着共产主义的生活；三是这一原则表现在他们的房屋建筑上并决定了他们房屋建筑的特点"（1985）[141]。最后，在书的结论中认为："好客和共产主义生活，是理解美洲土著房屋建筑的关键"（1985）[305]。而我们在力图理解摩氏"社会建筑学"的同时，也看到了与姜寨相同的聚落物质空间要素，如：简单明确的功能分区，聚落的中心广场，各分区中的"社区公共

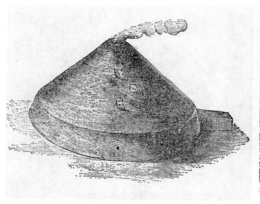

图 2-8　曼丹人的房屋

（图片来源：（美）路易斯·亨利·摩尔根 . 美洲土著的房屋和
家庭生活 [M]. 李培荣译 . 北京：中国社会科学出版社，1985）

图 2-9　弗吉尼亚印第安人塞科坦村

（图片来源：（美）路易斯·亨利·摩尔
根 . 美洲土著的房屋和家庭生活 [M]. 李培
荣译 . 北京：中国社会科学出版社，1985）

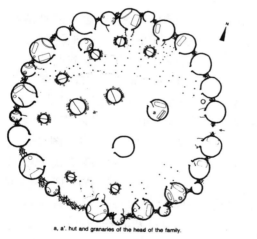

a, a'. hut and granaries of the head of the family.

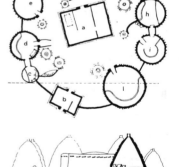

图 2-10　世界其他地区的氏族部落聚落

（图片来源：Enrico Guidoni.Primitive Architecture[M].Rizzoli International Publication Inc.，1987）

房屋"，聚落周边围合的栅栏，群居的"大房屋"等。换言之，在
其中可以依稀看出，正是血缘族群的习俗、制度、群居方式等内
在地塑造了乡村聚落最初的胚胎（图 2-9、图 2-10）。

　　这里，我们还可以从至今还散布于我国大西南崇山峻岭中的、
处于各种不同文明与社会形态中的少数民族传统村落去考察血缘
族群与聚落建造的关系。

从考古发现及古文献看，在新石器时代晚期，随着旧石器时代本土原始氏族与部落的进化和中原地区因逐渐进入阶级社会而产生的向西南地区的氏族、部落的迁徙，云南境内已分布着一些氏族、部落，这时的云南已经是一个多族群共同杂居的地方，在"公元前770年至前221年的春秋、战国时期，分布在云南境内的民族群体，基本上分别属于氐羌、百越、百濮三个部落整体"（尤中，1994）。基本也是在这一时期，随着这些族群从游牧、狩猎逐渐走向定居和农耕，人民已学会建造房屋及自己的聚落，这从滇池周围的官渡、晋宁、海源寺，以及大理点苍山、维西戈登村、剑川海门口、昭通闸心场、元谋大墩子等地考古挖掘出的房屋遗址中都可以看到。而且，可以从中看到由穴居演化而来的"半地穴式"的房屋和由巢居演化而来的"干阑式"房屋（图2-11～图2-14）。

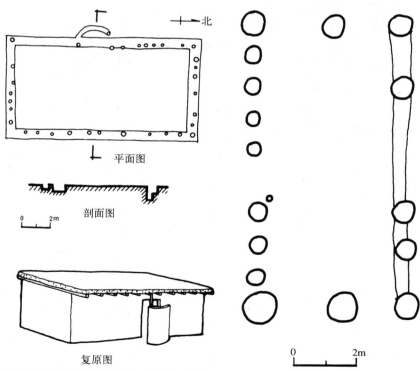

图2-11 云南元谋大墩子新石器文化遗址房屋遗迹及复原图
（图片来源：王翠兰，陈谋德主编.云南民居续篇[M].北京：中国建筑工业出版社，1993）

图2-12 云南宾川白羊村遗址木骨泥墙房平面
（图片来源：王翠兰，陈谋德主编.云南民居续篇[M].北京：中国建筑工业出版社，1993）

图 2-13 云南宾川白羊村木骨泥墙房想象复原图
（图片来源：蓝勇．西南历史文化地理 [M]．重庆：西南师
范大学出版社，1997）

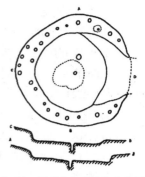

图 2-14 云南永仁半地穴式房屋图
（图片来源：蓝勇．西南历史文化地理 [M]．
重庆：西南师范大学出版社，1997）

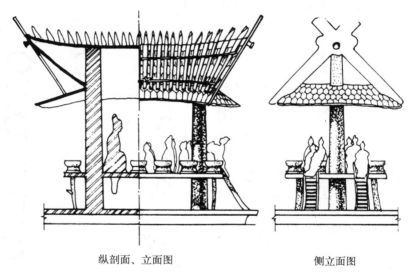

纵剖面、立面图　　　　　　　　　侧立面图

图 2-15 晋宁石寨山铜贮备器上的干阑房屋
（图片来源：王翠兰，陈谋德主编．云南民居续篇 [M]．北京：中国建筑工业出版社，1993）

　　然而，我们更关心族群与整体聚落建造之关系的问题。由于在考古挖掘中缺乏完整的聚落遗址展现，所以，不妨来看看在云南沧源发现的新石器时期的"沧源岩画"。

　　在如图 2-15～图 2-17 所示的岩画局部图案中可以有如下的推测：这是有原始共产主义性质的某氏族居住的一个村落。这一聚落有明显的边界和围合，且有明确的聚落出入口；图中有三种高脚干阑建筑，屋顶为圆形或三角形。聚落中心处有两座"大房

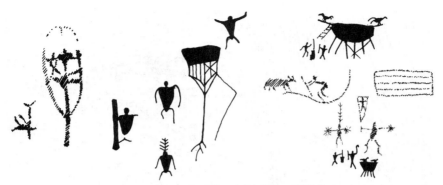

图 2-16　云南沧源崖画中的树居与干阑建筑

（图片来源：王翠兰，陈谋德主编.云南民居续篇 [M].北京：中国建筑工业出版社，1993）

(a)　　　　　　　　　　　　　　　　　(b)

图 2-17　沧源崖画中的村落图

（图片来源：(a) 曹子丹，曹进.吃茶的民族——中国境内的孟·高棉语族 [M].长沙：湖南美术出版社，
2005；(b) 作者根据前图改画）

子"，是否可认为是聚落的公共性的房屋，也有学者认为是佤族村寨中央处常有的"木鼓房"（蒋高宸，1997a）。沿边界周边则环绕着众多的"小房子"，这些显然是居住或储存性质的房屋，聚落中心为空场，空间有明显的向心秩序，黑白两种房屋可被推测为居住着两个氏族。从聚落外人们狩猎、耕种、祭祀的场景判断，村落周边一定有良好的自然生态环境，如：森林等。再结合岩画的其他部位所显示出的人们共同狩猎、共同祭祀的场景，则可以判断：当时氏族的群居生活与组织方式对应地产生了一个聚落最基本的空间结构模式及其物质空间形态。

　　由于沧源当地居民多为佤族，故学界均认为这些岩画为佤族先民所画。而由于历史和地理的复杂原因，云南的佤族直到 1958 年民主改革前仍处于刀耕火种的状态，因此，其聚落与房屋大多延续了早期的基本形态。这里，可以考察一个现在的佤族村落——云南孟连县富岩乡的大曼糯村（图 2-18）。

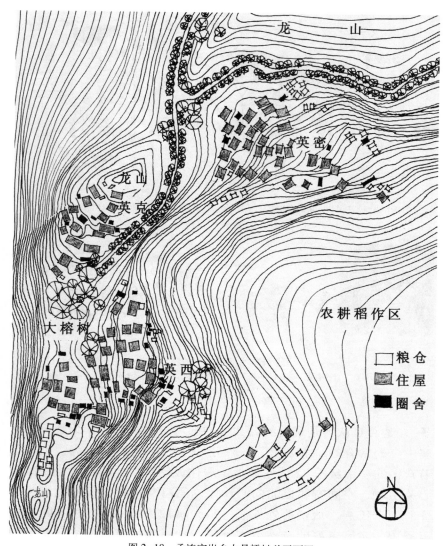

图 2-18　孟连富岩乡大曼糯村总平面图

　　大曼糯村地处山区，西隔南卡江与缅甸相望，北与西盟佤族
自治县接壤。整个聚落分为英西、英克、英密三个自然群落，居
民全部为佤族。据传说，该寨人从"司岗里"（出人的山洞）出来
后几经迁徙，来到此地，在氏族首领达成的带领下，在被他们认
为是神树的大叶榕树下依山就势建立了寨子。村内的父子连名制
体现了父系社会的特征，在社会组织上按姓氏分为四个家族：塞
锁、郭波、郭容、郭若，寨子大约已有 300 多年的历史。

整个聚落的建筑与空间有下列特点：每个自然群落虽无沟壑边界，但明显地利用了四周的山林、陡坡作为其围合，群落有明显的"围合"意向。每个群落中有"大房子"、"小房子"，前者为居住之用，后者为粮食存储。村前的山口处及村中有数棵大榕树，这是村中的"神树"。村内房屋基本是以圆木、木板和茅草等材料建造的干阑"茅草房"，形式上明显的特征是坡屋面硕大，几乎延伸到地面上；木结构、木板墙，室内基本无房间分隔，建筑总体显得简陋、质朴。

将大曼糯村以及一些佤族村寨与沧源岩画中的村落进行对比，就可发现其中的相同之处及其传承关系，似乎岩画中的村落景象俨然就是佤族村落最早期的空间图式及范本，如：围合的村落与明确的边界、明显的中心感与向心秩序结构、中心区域的"大房子"与周边的"小房子"层次清晰、村落周边的"神林"及生态环境。

著名城市理论家芒福德曾经说过："新石器时代的各项主要发明和组织形式一旦确立，村庄生活便会自满自足，墨守成规，几千年不变地继续下去"（刘易斯·芒福德，1989）[14]。从云南其他留有原始氏族公社残余痕迹的、血缘型族群的少数民族村落中，都可以非常清晰地看到与沧源岩画的村落相类似的聚落空间模式，如德昂族的"刚当"（大房子）、"刚底雄"（小房子）村落模式，基诺族的"大房子"等（图2-19～图2-22）。

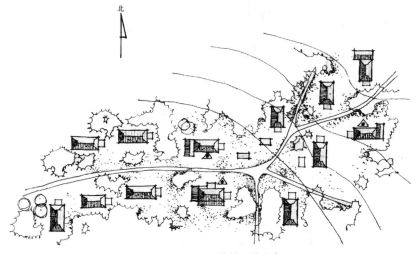

北

图2-19　瑞丽孟休德昂族山寨

（图片来源：云南省设计院.云南民居 [M].北京：中国建筑工业出版社，1986）

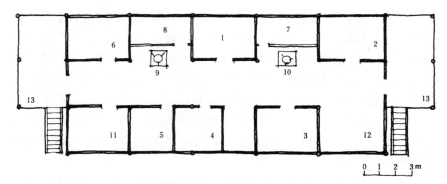

图 2-20　镇康县下寨乡德昂族姚老大家"刚当"大房子平面

1—老大家庭；2—老二家庭；3—老三家庭；4—大女儿家庭；5—二女儿家庭；6—收留投靠者
7—佛爷（僧侣休息处）；8—客房；9—火塘；10—煮饭火塘；11—粮仓；12—农具；13—晒台

（图片来源：云南省设计院.云南民居 [M].北京：中国建筑工业出版社，1986）

图 2-21　德宏镇康德昂族父系大家庭大房子"关格纠"，也称"刚当"

（图片来源：曹子丹，曹进.吃茶的民族——中国境内的孟·高棉语族 [M].长沙：湖南美术出版社，2005）

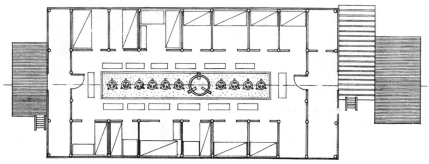

图 2-22　基诺族"大房子"平面

（图片来源：蒋高宸.云南民族住屋文化 [M].昆明：云南大学出版社，1997）

从以上不同时空的聚落的分析中，可以得出这样的结论：血缘族群的原始共产主义性质的群居生活与生产塑造了村落的基本空间结构与模式，这种状态下的村落营造是村落建造的原始积淀，是村落的晨曦与黎明，后来村落的空间形态演变都是在这种底层原始积淀上的不断的发展。

可以这样认为：血缘族群的原始性塑造了村落最底层的初始原型；血缘族群的群居性塑造了村落建造的公共性和集体性；血缘族群的世居性塑造了村落建造的持久性。

2.2.2 "地缘"族群与村落建造的中层积累

如果说血缘关系构成了人们最初的"群聚"；那么，地缘关系则稳定了人们的"群聚"并使之内在地有序化。那么，地缘族群与村落建造之间又有些什么关系呢？地缘族群对村落建造又有哪些影响呢？

对于人类而言，地缘的核心是土地，而对于长期处于农耕社会的广大中国农村基层社会而言，土地就更是人们聚集的核心要素了。因此，土地、地缘族群、村落就形成了一种相互不可分离的、整体的乡土社会。费孝通说："从基层上看去，中国社会是乡土性的……农业和游牧业或工业不同，它是直接取资于土地的。游牧的人可以逐水草而居，飘忽无定；做工的人可以择地而居，迁移无碍；而种地的人却搬不动地，长在土里的庄稼行动不得，侍候庄稼的老农也因之像是半身插入了土里，土气是因为不流动而发生的"（费孝通，1998）[6-7]。费老的这段话精辟地总结出传统乡土社会被长期禁锢于土地之上的实际状况。

在中国，自秦王朝大一统以后，就基本没有出现类似古希腊城邦制的社会中间独立政权及中间独立社会，高度的王权带来高度的土地集权，土地的集权造成统治者将土地直接交给农户耕种。因此，土地无法在皇权与耕农之间的层面上形成集中，这样，就势必形成广大的小农经济社会和自耕农，而长期的小农社会在地缘的扭结下，使原始社会的血缘族群逐渐走向家族化。所以，家族社会就成为中国乡土社会组织方面的最凸显的特征。

毛泽东早年在分析中国社会性质时指出，中国社会存在着三种权利支配系统：一是由国、省、县、乡的政权构成的"国家系统"；二是由宗祠、支祠以及家长的族权构成的"家族系统"；三是由阎罗天子、城隍庙王以至土地菩萨以及玉皇大帝和各种神怪的神权构成的"阴间系统"和"鬼神系统"。❶孙中山在《三民主义》中也谈道："中国人最崇拜的是家族主义和宗族主义，没有国族主义……"。❷德国著名学者马克思·韦伯则将中国传统社会看成是一个"家族结构式的社会"，他认为，在中国，无论在城市还是农村，宗族组织在社会中都起着重要的作用，在同一地域中生息劳作的家族依靠地缘关系组成村落共同体，构成以共同的风俗习惯和规范为纽带的自治群体，在内部实行自给自足的自然经济，是一个一切以传统为准绳的封闭、自律的社会生活组织，政治组织和社会组织自上而下都打上了父系家长制的烙印。❸美国著名中国问题研究学者费正清在谈及中国社会本质时也说："中国家庭是自成一体的小天地，是个微型的邦国。社会单元是家庭而不是个人，家庭才是当地政治生活中负责的成分，村子里的中国人直到最近主要还是按家族制组织起来，村子通常由一群家庭和家族单位组成，他们世代相传，永久居住在那里，靠耕种某些祖传土地为主。每个农家既是社会单位，又是经济单位，其成员靠耕种家庭所拥有的田地生活，并根据其家庭成员的资格取得社会地位"（费正清，1987）。

从以上叙述中，我们可以看出以家族为主的地缘族群与以氏族为主的血缘族群在社会组织与构成方面的不同以及在村落空间形态及村落营造方面的反映：

（1）由于每家所耕种的土地面积小、共同利用与建设农田水利、安全与防卫、土地继承、人口增加与分家等原因，人们居住与生产的聚集性逐渐增强，村落的空间形态在扩张的同时也呈现出越来越多的集聚性和越来越明显的密致化（图 2—23）。

（2）随着社会人际关系由氏族转向家族和家庭，村落的场地与空间划分的层次明显增加，尤其是家族和家庭的住屋、私人领域及空间得到显著增强，因而，村落营造和空间环境越来越精致化（图 2—24）。

（3）在村庄的发育过程中，村落的原始宗教与祭祀行为通过"自

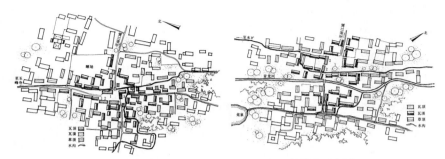

图 2-23　20 世纪 60 年代丽江束河、白沙的村落示意图

（图片来源：云南省设计院. 云南民居 [M]. 北京：中国建筑工业出版社，1986）

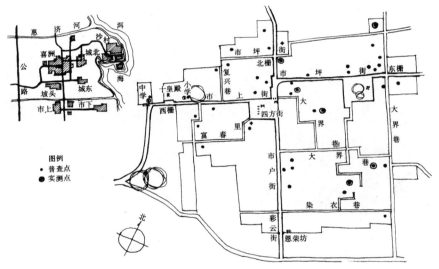

图 2-24　大理喜洲聚落街巷结构示意图

（图片来源：云南省设计院. 云南民居 [M]. 北京：中国建筑工业出版社，1986）

下而上"及"自上而下"❶两个过程与家族制结合，使得中国乡土村落有着较为严格的祭祀祖宗法则和礼教规则。这种从商、周时代就已开始的"礼法之治"强调用礼仪的"庶民化"来达成统治阶级对老百姓的控制。而对"礼教"的强调又明确地反映在村落

---

❶ 有学者认为"在文明史中论述村庄，有必要关注两个重要的历史过程。其中，第一个过程可以说是'自下而上'的，是村庄的公共空间——它的公共祭祀场所和所谓的'共有财产'——逐步演变成城市以至宫廷及士大夫礼仪制度的历史。第二个过程可以说是'自上而下'的，是晚古的士大夫、朝廷、国家将礼仪制度推向民间的过程"。详见：王铭铭. 走在乡土上——历史人类学札记 [M]. 北京：中国人民大学出版社，2003：17-18.

图 2-25　大理沙溪乡的一组礼制建筑（杨阳摄）
(a) 本主庙；(b) 长乐村三教寺；(c) 长乐村奎星阁；(d) 长乐村文昌宫

的建造中，这就是村落空间营造的"等级化"。这种现象即便在边远的云南地区乡村中也有清晰的表现，特别是在历史发展进程中"汉化"倾向较为强烈的地区，如：滇西北的大理、丽江地区，滇南的建水、石屏地区等。在这些地区的村落中，文庙、家庙、祠堂、土地庙等礼制建筑系统与居住建筑系统的等级差异十分明显（图 2-25）。

（4）随着农耕的日渐发达，村落的各种功能和设施也日渐完善。这包括各种灌溉与基础设施：沟渠、水窖、渡槽、给水排水管道；各种世俗的公共设施：广场、集市、戏台；各种生产性设施：道路、谷场、仓储、畜圈等（图 2-26）。

图 2-26　一组村落灌溉与基础设施
(a) 建水黄草坝哈尼村寨内的沟渠；(b) 丽江古城发达的水系
(c) 西双版纳地区的灌溉水渠（高娜 摄）；(d) 大理洱海地区的农田灌渠（陆莹摄）

　　从以上论述中可以看出，地缘族群在与村落营造的关系上有两大明显特征：第一是地缘性村落生产和生活的家庭化导致了居住建筑建造的家庭化和个体化，而这些居住性建筑又构成了乡村中最量大面广的类型建筑。第二是在中国地缘族群的村落中，长期表现出"国家政治组织与家族组织"互相渗透、合二为一的社会治理模式特征。而这一治理模式所发挥的组织、调动、集合功能又使村落在建造上的公共性更加增强。这两个特征即便在西南乡村社会中依然明显，只是在具体村落中情况更为多样和复杂。比如，有些地区的国家控制力较弱，所发挥的功能不强，这时家族的作用就更显强大。有些地区则是国家的统治表现为当地土司的统治。有些地区的家族组织还与早期血缘族群的氏族组织互为混杂。

　　由上所述，可以得出这样的结论：地缘族群的生产与生活不断完善与强化着整个村落人居环境的建造，这可以被认为是在早期村落基本空间结构与模式基础上长久的积累与叠加的过程，它构成了村落建造的中层的积累。

在这样的积累过程中，地缘族群的集聚性塑造了村落建造的聚集性和扩张性；地缘族群的家族化、家庭化倾向塑造了村落建造的家庭性和个体性；地缘族群农耕产业的相同性塑造了村落建造的同质性；特定的地缘族群所面临的地域、气候、生活方式、经济、文化等因素的场所性又塑造了此村落与彼村落之间不尽相同的、建造上的特质性；而地缘族群相对于血缘族群的复杂性又塑造了村落建造中与环境、与周边区域等各种因素的整合性。

2.2.3 "业缘"族群与村落建造的上层建构

业缘是一种以人们广泛的社会分工为基础而形成的社会关系，它是在血缘与地缘关系的基础上发展起来的。人类早期社会建立在性别、年龄等生理差别基础上的分工还不是严格意义上的业缘关系，建立在广泛社会分工基础上的真正独立的业缘关系，是随着阶级的出现而形成和发展起来的。相对于血缘关系和地缘关系等初级社会群体形式而言，业缘关系显然是一种更加高级的社会群体形态，而相应地，业缘关系也形成了特定的人群结构——业缘族群。

这里要说明的是，在中国的乡土社会中，并不存在着单纯的业缘族群，它与血缘族群、地缘族群是互为渗透和互为融合的。

在一般叙述城市发展里程的基本理论中，认为像社会分工等因素是造成城市起源的重要原因。芒福德就曾说过："在这种新的水平上，村庄原来的那些构成因素都被保存下来，并且被组合在新的城市的原始机体中。但在一些新的外来因素作用之下，这些因素又被重新组合，成为比村庄更复杂、更不稳定的形式，然而这种形式却能促成进一步的过渡和发展"（刘易斯·芒福德，1989）[22]。芒福德指出，这种新实体就包括除猎民、牧民、农民以外的各种职业人群，是他们为城市的演进与生活作出了自己的贡献（1989）[22]。

由此可以看到，在对有关聚落与城市发展，尤其是乡村聚落演变发展的考察中，应重视乡村社会中的"社会分工"对村落产生影响的理论研究。

其实，芒福德提及的矿工、樵夫、渔人、工匠技师、船夫水手、商人、僧侣、巫师等职业都在乡村的不同时空中长时期地存在并为乡村的演化作出过重要的贡献。只不过，在乡村地区，这些因素没有成为新型的、导致产生革命性变化的主导因素罢了。

在业缘族群中，有下列几种不同的情况：

一是村落中原住居民不再从事耕种而改为从事其他行当的工作，或是在从事农耕的同时兼顾其他职业。如：盖房子的工匠、器皿工匠、皮革匠、教书先生、职业马帮贩运者、小商业铺面经营者、经济人等，包括在西南少数民族村落中所特有的一些职业，像巫师、毕摩，还有佛教地区（西双版纳、康巴地区）离土不离乡的僧侣等。这些人虽改换了职业，但还是村落中的成员，为当地的本土社会所认可，与村落中的他人有着亲密的地缘关系，甚至是血缘关系。他们既有不同于一般村民的文化、见识和阅历，又不是"外来人"，因此，他们给村落带来的影响和变化是自然的和顺畅的（图2-27、图2-28）。

二是在乡村中从事非农耕业的外来人。所从事的职业同样多种多样，如比较常见的是寄籍在血缘或地缘性村落边缘的小商人、工匠、屯垦者等。这些人群可以在具体事件中与当地居民产生很多关系，但这种关系是契约性质的。他们在一定的时间内是无法融入当地的血缘族群和地缘族群中的，他们是本土社会中的"陌生人"，他们只能从事乡土社会中的特殊行业。但也因为这种异质性，使得他们给村落带来的影响和变化则是由外向内的、逼迫性的和冲击性的。

总的来说，业缘关系及其族群的形成意味着对血缘关系和地缘关系的消解和弱化，意味着对村落家族结构的消解和弱化。

而业缘关系及其族群在乡土社会中的形成及发展也深刻影响了村落的建造及建造模式，并促使村落的空间格局及物质环境发生其内在的演化与变异。

以下可通过具体案例来分析这些变化。

云南丽江大研地区（即今古城及周围地区）的乡村聚落在历史上明显经过三个阶段，即："茵寨星列，互不统摄"的氏族时期和古村落草创阶段；氏族统摄为大部落联盟并被皇朝分封为世袭土司，磨些族在稳定的居住点从事农耕生活的村落形成阶段；在深层历史与地理原因下"茶马古道"、"茶马互市"之出现而产生的村落演化阶段。❶

---

❶ 丽江地区村落发展的三个阶段系作者根据史料及学者们的相关研究提出。此处可参见：木丽春. 丽江古城史话 [M]. 北京：民族出版社，1996. 磨些族为现在的纳西人、摩梭人在当时的称谓。

图 2-27　一组乡村工匠

(a)《天工开物》中的工匠；

(b) 彝族毕摩（图片来源：http://www.cuaes.orgcuaesmmis-detail-eb3320-643.htm）；

(c) 纳西族东巴（图片来源：人文地理杂志，1999 (5)）；

(d) 丽江白沙乡的铜匠和积宽（图片来源：人文地理杂志，1998 (3)）

图 2-28　1886 年香格里拉的马帮

（图片来源：中国国家地理，2004（7））

图 2-29　左为洛克 20 世纪 30 年代拍摄的四方街，右为 20 世纪 60 年代的四方街

（图片来源：人文地理杂志，1998（3））

　　在村落的草创阶段与村落的形成阶段，表现出典型的血缘族群和地缘族群村落营造的特点，其情形与前节讨论类似，这里不再赘述。而这里值得重点关注的则是第三阶段，即在明清时这些村落的演化阶段所显现出的现象与特点（图 2-29、图 2-30）。

　　据成书于清乾隆年间的《丽江府志略》描述，此时大研镇及周边村落已是熙熙攘攘、热闹非凡。"在府城西关外大研里，湫隘嚣尘，环市列肆，日中为市，名曰坐街。午聚酉散，无日不

图 2-30　灯火中的丽江四方街
(图片来源：http://photo.teein.com)

集，思乡男妇写偕来。商贾之贩中甸者，必止于此，以便雇脚转运。丽女不习纺织，布帛皆资外境。合市所陈稻梁，布帛居其半，馀则食物薪蔬，无他淫巧也，日用常物，问世亦稀，唯荞糕麦酒，入市者必醉饱乃归。"❶对白沙村则有这样的描述："在村中，昔木舍多居此，头目蜂从，人烟凑集。以盐、酒、蔬、米交易相通。每日申、酉方集，至晚灯火照耀，市声喧豗。"❷对束河村也有描述："在青龙桥西，傍水为市，柳影疏密中，食物杂陈。元人句云：好是日斜风定后，半湾红树卖鲈鱼。风景仿佛似之。"❸

　　从这里的描述中，已可以看出村落中已兼有乡里与市井两种特质，集市贸易已成兴旺之势，街道、商业、公共空间想必已成一定规模，人群中已有多种职业的构成，人们已有多种业缘关系（图 2-31）。❹

---

　　❶ 参见：丽江纳西族自治县史志丛书．丽江府志略 [M].
　　❷ 参见：丽江纳西族自治县史志丛书．丽江府志略 [M].
　　❸ 参见：丽江纳西族自治县史志丛书．丽江府志略 [M].
　　❹ 相关研究表明，这时的丽江已有士绅、医生、差夫、皮匠、瓦匠、铜匠、商人等各种职业者。
参见：木丽春．丽江古城史话 [M]．北京：民族出版社，1996：34—36.

图 2-31　从草皮街到街市

(a) 彝族集市上的药材摊（图片来源：赵廷光主编．中国西南丝绸之路 [M]．昆明：云南民族出版社，1992）；

(b) 云南金平者米乡的街子（图片来源：人文地理杂志，1999（5））；

(c) 丽江古城有较高级别的街市

从丽江的相关史料及相关研究中，可以发现这些村落此时出现的现象：早期的"草皮街"是极其简陋的集市，但此时不但已成为更加成规模的集市，而且成为了村落的公共中心，成为了"四方街"。这意味着原始村落中用于祭祀或简单物品交易的场所变成村落的公共活动中心了。类似的变化还有：原来简单的集市逐渐演变为铺肆林立的商业街；在百姓大量性的民居中出现了富贾、士绅、土司的大宅及府邸，居住建筑中也出现等级性；早期村落中简陋的通道演变成为有秩序的道路系统，村落形成呈规则的街坊和邻里；村落的各种功能设施逐渐增加和完善，如出现学校、客栈、专门市场（如：骡马会）等。村落中的建筑在建造中受到外界影响，其形制与形式都在发生演变，如纳西人传统的井干式母房向院落式楼房的转型；村落中结合公共场所、府衙、庙宇、牌坊的建造，形成村落中的标志性景观和带有层次感和领域感的场所与空间。

总之，业缘关系及其族群的出现对村落营造所产生的影响是显而易见的，在云南的村落中，可以发现很多这样的线索和现象。总结下来，这些影响可概括为以下几点：

（1）很多原始村落早期的空间要素发生转化，如原始聚落中心的公共祭祀场所演变为满足村民生活及各种活动的综合性公共活动中心。

（2）原始村落中简单的通道、空地演化成为较为有序的街坊、邻里或街、巷、院的体系。

（3）各功能空间、用地更加丰富、完善且布局更加有序，公共设施及空间、生产设施及空间、交通设施及空间均得到强化。

（4）商铺、酒肆、作坊、各种集市与市场、商业街逐渐形成，市井氛围愈加浓厚。

（5）建造行为由封闭逐渐开放，开始引入外界的建造技术、材料、形制、形式以及建造方式和文化。

（6）公共建筑和标志建筑与景观逐渐形成并出现世俗化的倾向，场所与空间的领域感及层次感逐渐增强。

由此，可以得出这样的结论：业缘族群的非家族性、世俗性、契约性以及阶层构成的丰富性使村落的建造以及基本空间结构与模式开始发生一些变异，这些变异逐渐形成了村落建造的上层的建构，表征了村落由"传统社会"向"现代农商社会"的萌芽和进化。

族群·社群与乡村聚落营造

而最后，可以这样认为：相对于血缘族群和地缘族群，业缘族群构成的丰富性、复杂性和多元性在极大的程度上塑造了村落建造及村落形制、空间、环境的层次性、系统性和多样性。

2.3 族群的功能与村落建造模式的互动

2.3.1 "族群"对村落建造模式的塑造

从前节历史的纵向演变中可以看出村落建造的过程与族群演变的正向关系。而以较为横向的角度来看族群对村落建造及其模式的塑造，同样是重要的和有意义的。

在人类学的功能主义学派看来，历史中形成的制度、习俗、文化在生活中是有功能作用的，通过对这些功能作用的研究，可以揭示人类社会发展的普遍规律。运用这一原理，也可以尝试对乡村聚落中"族群"的功能进行研究，特别是族群对村落建造所产生的功能影响，从而能够对村落建造这一命题进行更加深入和有效的研究。

"族群"既是一种社会网络关系，也是一种社会结构，而且是一种深层结构。这种深层结构极大地影响与制约着人们的社会生活方式，并通过有形的、生动的社会行为和社会事件外化为可观察的表象和类似像村落这样的物质空间形态，这也就是族群所产生的功能。然而，族群并非是在一个方面而是在社会生活的各个方面发生作用的，因此，对乡村聚落而言，就有必要清楚族群具有哪些功能并影响和塑造了村落建造及其模式的。

结合一些相关研究❶，这里提出村落中族群的三大功能：生存与繁衍、维持与保护、族化与文化。

2.3.1.1 生存与繁衍

生存是一个族群得以发生的最原始的目的，生存首先需要获取生活的各种资源。而获取资源就需要形成聚合群体并进行劳动、生产及各种相关活动。只是随着社会的发展，群体聚合以及各种劳动、生产、活动有着不同的形式和层次。如原始社会氏族的血

---

❶ 奥地利学者迈克尔·米特罗尔、雷因哈德·西德尔在《欧洲家庭史》中提出家庭有宗教、司法、保护经济、社会化、生育文化六大功能。刘易斯·芒福德也在《城市发展史》中认为村庄有"食与性"的基本功能。王沪宁则在他的《当代中国村落家族文化》一书中提出了中国村落家族的六大功能：生存、维持、保护、绵延、族化、文化。

缘族群的生存功能是为了能够在未知世界及现实的凶险环境中得以存在，而农耕社会时的血缘、地缘族群的生存功能则是自给自足的，等等。这样，在不同的地区或不同的文明时期，就应运而出了各种生产力、生产方式、生产关系、生活方式和社会关系，它们构成了社会的深层结构。

如果承认基本社会结构决定基本行为模式和空间结构的话，那么，就可以认为，族群的生存功能一定在塑造着村庄的建造以及建造模式。

游牧民族逐水草而居，其住屋的建造一定是临时性的。而定居后的氏族、族群对于自己住屋的建造相对而言则是永久性的。从现存世界各地尚可见到的原始聚落来看，原始族群定居后的生产方式造就了人类最初始的村庄聚落，这些聚落都有这样的基本特点：①由于农作物的种植而形成了村落周围的田畴和房屋周围的园圃，村庄多为绿色的田野所围合。②以驯化、饲养家禽为主要内容的养殖业使村落产生了畜棚和圈厩，它们既有集中和较大规模的，也有分散到各家各户的。③为了家庭生活和生产而形成的制作器皿和工具的各种作坊及其区域，它们与居住房屋有明确的功能分区。④族群对偶居住或是家庭的房屋群组，这些房屋形式与空间都很简单，一般一组向心布置形成的组团即为一个氏族或是家族。⑤为族群公共活动而设置的聚落中心空间，这些空间既是聚落的几何核心及精神核心，也是聚落成员公共聚会的场所，同时，还是族群举行祭祀活动的神性的空间。

这里还需要指出的是，人类蒙昧时期的原始先民出于生存的需要，祈求神灵的恩赐，祈求自然的风调雨顺，从而产生了万物有灵的原始崇拜（包括自然崇拜、动物崇拜、祖先崇拜等），也因此而生发了对聚落建造产生影响的宗教性推动力。而这种宗教性力量使原始族群在聚落营造时将用于祭祀等活动的礼仪场所放在非常重要的地位上，从而形成村落精神上的"磁性中心"。对此，芒福德在他的《城市发展史》中就这样讲道："这些地点是先具备磁体功能，尔后才具备容器功能的"（刘易斯·芒福德，1989）[6]。云南很多少数民族都有这样的建寨模式和过程：建寨心、设寨门、选神林、划地盘、分山水、立寨规；其中建寨心、选神林甚至是建立象征性寨门，都带有原始崇拜的特征，目的是用宗教礼仪来建立村落的精神核心。而从建筑学的视野看，这一类精神化了的村落中心、景观、节点往往又是构成村落形态格局的重要基础。

在原始聚落的群居性中，还可以看出聚落建造上的"集体性"和"原始共产主义"状态，即聚落是共同建造的，是群体劳动的结果，就像是蜂群营造蜂巢一样。不论是母系氏族社会，还是父系氏族社会初期，这种"共产主义"方式的建造一直使原始聚落及早期村落呈现出高度的"一致性"和"匀质性"，即：一致的形态、一致的材料、一致的结构与构造手段。❶这样一种"合作"、"共同"的建造方式事实上一直影响到后来人类建造活动的每一个阶段（图2-32）。

当然，生存功能及人们对生存质量的追求是有层次的。总体的讲，随着社会的发展和社会形态的变迁，各个族群会从满足基

图2-32　澜沧糯福拉祜族南段寨

（图片来源：王翠兰，陈谋德主编．云南民居续篇[M]．北京：中国建筑工业出版社，1993）

---

❶ 需要说明的，氏族聚落的匀质性并不是说住屋并非没有等级，事实上，部落头人的大房子，母系氏族社会与父系氏族社会的大房子均处于聚落的核心而不同于一般住屋。这里的"一致性"和"匀质性"是针对建造层面而言的。

本的生存走向生存质量的逐步提高。而这种生存功能层次上的变化也会对村落建造及其模式产生持续的、重要的影响。观察云南的少数民族村落，可以发现不久前尚处于刀耕火种的民族（如佤族、基诺族等）的聚落与已有长期农耕文明的民族的聚落的明显不同，也可以发现纯粹农耕型聚落与有多种业缘族群的聚落的明显不同（图2-33～图2-36）。

当生产力逐渐提高时，获取资源已不再需要"群居"，原来的母系制氏族开始解体，父系家庭与家族的出现以及小自耕农经济的出现使聚落的建造及模式逐渐转向重视个体住屋的建造。在云南，不论是丽江地区早期较为原始的木楞房向后来土木结构院落式住屋的转变，还是早期原始半穴居木骨泥墙的房屋向后来土掌房住屋的转变，或是早期干阑房屋向后来精致的傣家竹楼的转变，均体现了这种建造的变化。这时，建造上的"集体性"开始转化为"家庭化和个体性"，且这种建造的"家庭化"呈愈来愈强的趋势，如大理、丽江地区的院落民居从"两坊房"发展到"三坊一照壁"、"四合五天井"等。

图2-33　沧源县城附近的佤族村寨

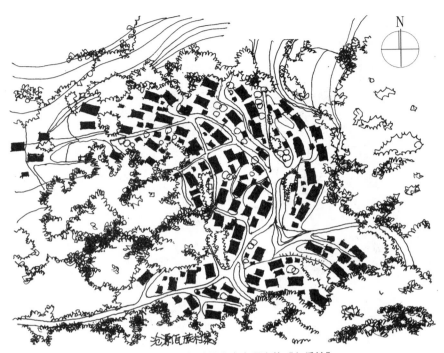

图 2-34 沧源佤族村寨中表现出的"匀质性"

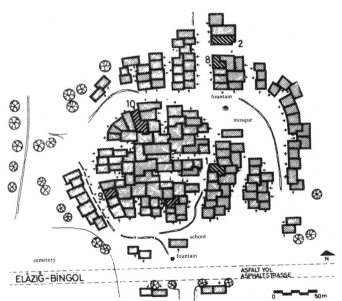

图 2-35 土耳其安纳托利亚地区的密集多核心村落

（图片来源：The Aga Khan Award for Architecture.The Changing Rural Habitat， Volume Ⅰ Ⅱ [M].Concept Media Pte Ltd，1982）

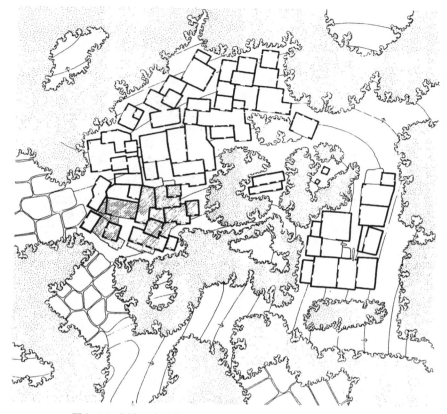

图 2-36　阿富汗卡布尔 Konar 河谷地区呈高度密集状的氏族聚落
（图片来源：Albert Szabo and Thomas J. Barifield. Afghanistan—An Atlas of Indigenous Domestic
Architecture[M].University of Texas Press，1991）

　　在村落为了各种生存和谋生的需求而出现不同业缘群体的时候，可以观察到此时村落建造及其模式又会发生一些变化。这些变化一是由于各种职业的人群的多样化，带来了村落建造方式的相对的多样化；二是各种职业获取资源方式的不同与收入的不同造成村落中的贫富差别，从而使村落住屋建造出现等级化的现象，如大户人家所建造的深宅大院等。

　　这样的典型性村落如云南腾冲的和顺乡、建水的团山村等。两个村落均有相当数量的大户人家及其深宅大院，村中出现不同级别与类别的空间和设施。究其深刻原因，则在于两个村落均在历史上出现了村民离开土地和农耕外出经商和从事矿业的情形（图 2-37 ～图 2-39）。

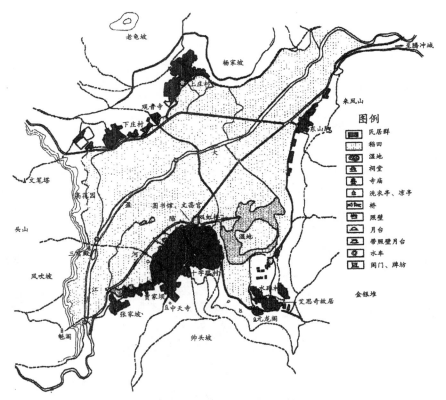

图 2-37　和顺乡村落总平面示意图

（图片来源：杨大禹，李正．和顺环境 [M]．昆明：云南大学出版社，2006）

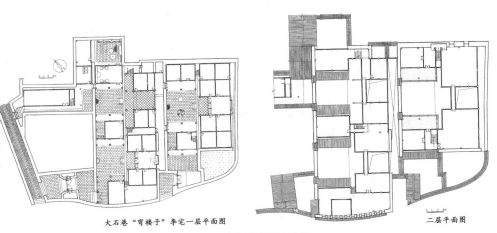

大石巷"弯楼子"李宅一层平面图　　　　　　　　　　二层平面图

图 2-39　和顺乡的深宅大院

（图片来源：杨大禹，李正．和顺人居 [M]．昆明：云南大学出版社，2006）

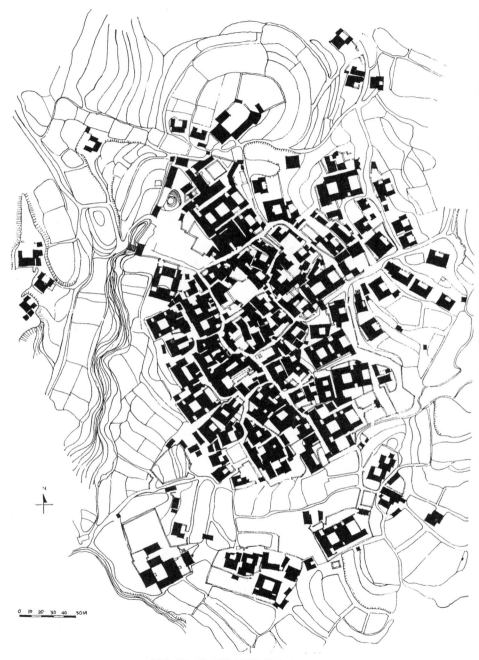

0 10 20 30 40 50M

图 2-38 建水团山村村落总平面图

和顺乡历史上一直就是南方丝绸之路的"蜀身毒道"上的驿站，由于人口的不断增加和农耕资源的相对日益减少，不少人只能弃农务商，来往于缅甸、印度等国家经营玉器、宝石等生意。他们不但改变了自己及家庭的生活状态，其中的很多人还成为东南亚商贸舞台上的巨商和云南近代新兴的民族资本家。许多人富庶以后，集一生的财富回到家乡修房建屋，投资进行村落各项设施的建造。为此，著名爱国人士李根源曾有诗作道："十人八九缅经商，握算持筹最擅长。富庶更能知礼义，南州冠晚古名乡。"因此，和顺乡不但有不少深宅大院，而且还有遍布于村中的各大姓祠堂、牌坊、月台、寺观、图书馆、亭阁、石栏、水碓等。相对于一般农耕型村落而言，村中的建造及建造模式由此可以窥见（图2-40）。

图2-40 和顺乡的各种设施及景观
（欧阳国元摄）
(a) 和顺的门坊；(b) 和顺的牌坊：百岁坊；
(c) 和顺的洗衣亭；(d) 和顺的刘氏宗祠；
(e) 和顺的元龙阁建筑群

　　而建水的团山村则是因 14 世纪时周围个旧等地采矿业的发达而兴旺起来的，在很长的一段历史时期中，因采矿而富庶的村民们将其财富用于乡里宅院与村落的建造，其院落、门廊、寺庙、宗祠和寨墙的建造一直延续到 19 世纪末 20 世纪初。村中民居建筑由传统的汉族青砖四合大院、彝族土掌房和汉彝结合的瓦檐土掌房三类建筑组成。目前，尚有保存完好的组合式院落宅第 15 座，寨门 4 座，寺庙 3 座，宗祠 1 座。团山村的大型民居体现了近代中国民营商业与乡村传统文化结合的背景下村落建造的过程及其特征（图 2-41）。

　　从上述不同村落建造的分析中，可以清晰地看到族群的生存功能对自己所居住环境——"聚落"在各方面的最基本的塑造。

　　繁衍则是族群得以不断绵延生存的基本需要。一切生命有机体都要繁殖后代以保证其种群不会很快灭绝，因此，也可以将族群的繁衍功能看成一个在时间向量上的生存功能。

　　在现代社会，人类的繁衍功能可以有多种方式。但在原始社会和农耕社会的村落中，繁衍功能一定是通过族群中氏族、家庭、家族和婚姻的方式来完成的。不同族群婚姻的方式在不同的时空中有不同的形式，如母系氏族制度与父系氏族制度的婚姻形式上

(a)　　　　　　　　　　　　　　　　　(b)

(c)　　　　　　　　　　　　　　　　　(d)

图 2-41　团山村建筑与景观

(a) 团山村鸟瞰；(b) 团山村的大户人家；(c) 团山村的张家大院；(d) 团山村的门楼：锁翠楼

(a)   (b)

图 2-42　巴里村的家庭

(a) 女主人卓玛拉姆家和她的男人们；(b) 一妻多夫家庭

(图片来源：中国国家地理，2004（7））

就有着极大的区别。在云南泸沽湖地区生活的摩梭人，至今还有着母系社会的遗存，那里尚存在着以走婚形式为标志的"阿注婚姻形态"，它保留了更多的原始氏族群婚的特点。婚姻形式的不同在很大程度上确定了人们社会关系与社会角色的不同，形成的家庭或家族也各有不同。如在泸沽湖地区的摩梭人那里，祖母、母亲在家庭与社会中都有着绝对的威望和地位，而由于阿注婚姻使父亲呈隐形状态，故舅舅成为家族中最有身份的男人，这与父系社会的婚姻制度以及一夫一妻制显然极不相同（图 2-42）。

在四川道孚县的鲜水河大峡谷中还保留着比摩梭人更加原始的走婚制度。这里有一个小村庄叫巴里村，所谓村也就是 8、9 户人家。一般家庭的构成为：女主人、她的母亲、她的子女以及她的兄弟，这是典型的"无夫无父"的母系家庭。村里每户房子完全是石砌的，高达四五层，错落有致，高大、厚实、壮观，像是欧洲的城堡；村中的白马泽仁说："走婚最大的好处是住在母亲家，不分家，大家一起干，有种地的，有搞运输的，有上山捡虫草的，在这大峡谷中，只有大家庭，才能富起来。"❶

在泸沽湖的一个叫格萨的小村庄中，某户人家的女主人必姆被问到她家的大房子是谁盖的时，她这样说："不晓得，是祖上的事，大约一百多年了吧。我们家已经几代人没建房子了，一直住在这里……我们不分家，所以用不着盖新房子。"❷

---

❶ 参见：单之蔷. 这里的婚姻真精彩 [J]. 中国国家地理，2004（7）：44—77.

❷ 参见：单之蔷. 这里的婚姻真精彩 [J]. 中国国家地理，2004（7）：44—77.

　　"大房子"典型地表征了血缘族群被婚姻形式扭结后对房屋建造的塑造。在云南的布朗族、德昂族、独龙族、景颇族、瑶族的村寨中，都有或曾经存在有类似的"大房子"。这样的"大房子"虽然已是父系制家庭的住房，但与母系制家庭一样，其功能和空间都反映了家庭公社形态原生结构的本质——公有制、共同劳动、平均分配的原则和家庭的血缘关系（王翠兰等，1993）。应该认识到，云南少数民族村寨中的"大房子"的形式及建造之所以长期存在，是族群血缘关系、婚姻与其生产力状况低下、需要大家庭群居、需要共同生活的契合在建造上的反映。换言之，是族群生存与繁衍的综合需求所致。

　　然而，到小农经济社会的"一夫一妻"婚姻制度时，又可以明显看到家庭、家族对村落建造所产生的作用，这就是促使村落的建造由聚合向分散转化，由"大"向"小"转化，由建造的共同性向家庭化和个体性转化。

　　婚姻的形式在中国农村更多地决定着家庭、家族的形式。而家庭、家族又是多数中国乡村这种小农经济社会的基本社会结构，因而，婚姻也实际成为一个社会的社会结构中的基本因素。

　　于是，同生存功能一样，族群的繁衍功能也在很大程度上塑造着村庄的建造以及建造模式。而且，这种塑造过程是可以通过"繁殖—婚姻—氏族—家庭—家族—社会关系—村落与房屋建造—村落与房屋形式"这样一条线索而被观察到的（图2-43）。

2.3.1.2　维持与保护

　　族群作为一个社会性群体，就必须有一定的秩序，这从族群

(a)　　　　　　　　　　　　　　　　　(b)

图2-43　"大房子"藏居

(a) 四川道孚藏居；(b) 左贡县东坝乡藏居四兄弟娶一个妻子，两千多平方米，建了八年，花了几百万元

（图片来源：中国国家地理，2004（7））

内部的稳定来讲是必不可少的。要稳定就需要维持，而维持稳定的手段就是建立秩序。任何族群都有这样的建立内部秩序的自我调节功能，这就是所说的"维持功能"。

秩序实际上是人与人之间关系的基础和准则。在族群和村落发展的不同时代，秩序的内在机制以及外在形式是不尽相同的。在原始社会的氏族或家族里，秩序是建立在血缘基础上的，其秩序内容多表现为族规、氏族部落的各种制度以及氏族的典仪活动。在农耕社会，秩序基本建立在血缘及地缘结合的基础上，其秩序既包括家族社会的宗法、家法、族规和礼教，也包括来自于皇权统治和各级政权基于地缘政治的各种国法和制度，但在中国的乡村社会，常常是前者更居于主导地位。而在近现代社会，新秩序已更多地表现为社会体制以及人们对社会的权利和义务，其秩序内容以现代法理为其主导。新秩序体现的是理性、平等、法律和民主，而旧秩序体现的则是血缘、等级、辈分、礼俗。德国社会学家滕尼斯将这两种秩序的社会称为：法理社会和礼俗社会。

秩序是人们之间的一种被限定的关系，因此，秩序也引导和制约着人们的行为方式及其内容。村落建造与房屋建造也无一例外地被秩序所规定和制约，所以，在这一层面上，村落与房屋建造既是技术行为，但同时又是社会行为。在世界所有的聚落形态中，均可以发现与其对应的社会秩序，而西南少数民族乡村聚落也概莫能外。

在云南几乎所有少数民族及乡土村落中，都可以发现和看到族群要维持内部秩序而对村落和建筑营造的影响。不论是傣族村落佛寺、佛塔与住屋的关系；大理、丽江、建水、石屏等地的合院式民居村落中宗祠、寺庙与街、巷、院的关系……还是从村落及建筑营造的礼仪、规则；甚至家庭住屋内部房屋空间使用的排序和长幼尊卑的一系列规矩，均是这种村落维持功能作用的制约、推动和影响的表现。

保护功能指的是对村落族群、家族利益的保护。保护的内容主要是村落中族群的成员、财产、利益、名誉等方面的安全。

村落的保护功能直接演化成为聚落的聚集性、封闭性和防卫性，而聚集、封闭和防卫的性质又影响了村落及房屋建造的空间模式、营造方式（如集体建造公共性防御体系）、建造手段甚至是建筑材料。

但是，这里需要注意的是，不同时空的族群的保护功能是不同的，而这种不同影响或导致了对村落建造及模式塑造的不同。早期族群及传统村落对其自我的保护主要集中在避免外族的入侵及本族人被伤害、入侵外族并劫掠财富及资源等武力行为方面，这在人类学中称为"血族复仇"。但后来的村落的保护功能则越来越多地转化为对资源的占有和土地的扩张，对生态环境的依存和对自然灾害的防护等方面，也即是对村落生产、再生产的保护。前者在村落建造上对应于聚集性、封闭性和防卫性；而后者则造成村落建造的离散性、扩张性和外向性。

族群的保护功能体现在村落的防卫性上，当推现今四川西北部岷江上游一带的羌族村寨。历史上，这一区域民族之间、民族与朝廷之间战争不断，因此族群的保护功能在村寨的建设中尤为凸显。羌寨的选址基本为一面临悬岩，一面临开阔的林地，地势险要、易守难攻。村寨四周的山头上均设有瞭望的碉楼，寨内以碉楼的防御功能来形成聚合的建筑组团。街巷较为狭窄，在水渠系统的基础上还建造了有防卫性的过街楼和暗道体系。建筑均为高达两三丈的石砌邛笼和高达十余丈的碉楼房屋。整个村寨的防卫性及其体系令人叹为观止，由此也可看出族群的保护功能对村落形态、结构、建筑形式及其建造的深刻影响和内在的推动（图2-44、图2-45）。

族群、社群与乡村聚落营造

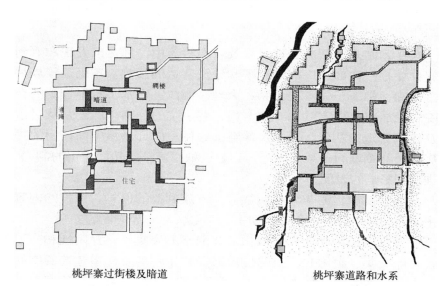

桃坪寨过街楼及暗道　　　　　　　桃坪寨道路和水系

图2-44　四川理县桃坪羌寨的道路、水渠及防卫体系示意图

（图片来源：季富政. 中国羌族建筑 [M]. 成都：西南交通大学出版社，2000.）

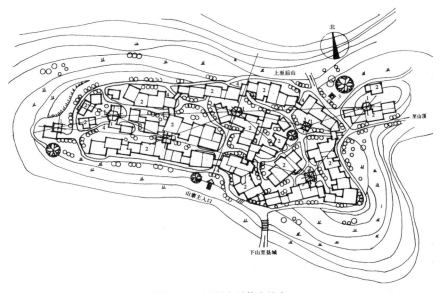

图 2-45　四川汶川某古羌寨
1—碉楼；2—民居；3—水井、神树；4—过街楼
（图片来源：陆元鼎主编. 中国民居建筑（下册）[M]. 广州：华南理工大学出版社，2003）

　　而生活在云南西南部地区的佤族、布朗、德昂、基诺等民族长期居住在基本与世隔绝的山林之中。对他们来说，不存在"血族复仇"的问题，而只存在如何利用原始森林的资源使族群能不断生存下去的问题。因此，在这些族群里，保护功能是相对于人与动物界和自然界之间的，而不是人与人之间的。在长期的森林生活中，这些民族不断发展出自己的生存智慧，他们既保留着采集、食用野生植物和狩猎的生活习惯，也一直使用着"轮替耕种"、"刀耕火种"的农耕方式。佤族人民每年都在不同的土地上耕种，一块土地一般在被耕种一年后都要休耕数年，数年后休耕的土地长起了茂密的植物，再将其火烧获得了充分的有机肥料后，人们又在其上复种。这种"轮歇制"虽被当代学者认为是一种善待土地的、原始生态的耕作方式[1]，但它却也体现了山民们善待资源的自我保护功能。这样的耕种方式"人随地转"，耕种的土地分散，距原住村落也很远，因此，这些村寨较为分散自由的布局和相对简单的房屋建造方式显然与族群的这种保护功能有着密切的对应关系（图 2-46、图 2-47）。

---

　　[1] 参见：尹绍亭. 一个充满争议的文化生态体系——云南刀耕火种研究 [M]. 昆明：云南人民出版社，1991.

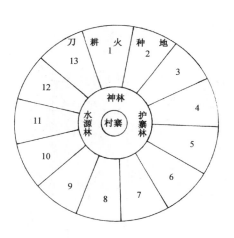

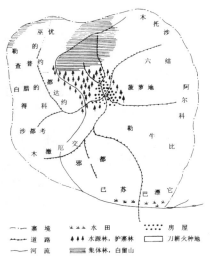

图 2-46　基诺族传统刀耕火种土地轮
歇示意图

（图片来源：尹绍亭. 人与森林——生态人类
学视野中的刀耕火种 [M]. 昆明：云南教育出
版社，2000）

图 2-47　刀耕火种村寨与环境资源的关
系示意图

（图片来源：尹绍亭. 人与森林——生态人类
学视野中的刀耕火种 [M]. 昆明：云南教育出
版社，2000）

2.3.1.3　族化与文化

　　族化功能指的是村落中的族群如何使新加入的族群成员（如年轻一代、婚嫁融入、业缘介入等）从心理上、文化上、精神上认同族群文化。[1]族化使族群成员逐渐认同和形成向心力，它是族群能以群体之力获取生存资源和维持社会整体性的重要保证，这里族化的意思与通常所说的"教化"是基本一致的。

　　文化的定义很多，但就族群和村落的研究而言，著名英国人类学学家爱德华·泰勒（Edward Tylor）的定义似更加贴切一些。"文化……就其广泛的民族学意义来说，是包括全部的知识、信仰、艺术、道德、法律、风俗以及作为社会成员的人所掌握和接受的任何其他的才能和习惯的复合体"（爱德华·泰勒，2005）。而这里的村落中族群的文化功能则一般地指除了直接为获取生存资源而进行的劳动及活动以外的、大量的人文性活动。文化功能直接关乎到族群的生活质量。

---

　　[1]　这里基本参照王沪宁对村落家族族化功能的定义。详见：王沪宁. 当代中国村落家族文化 [M]. 上海：上海人民出版社，1991：133.

村落族群族化功能与文化功能是互为依存、相辅相成的，族化常常通过文化来实现，而在村落文化中又往往包括了族化的内容。

在中国的乡土村落中，族化及文化的功能是通过这样一些形式来实现的，它们主要包括：宗法礼教、文化教育、知识和技能传习。而具体活动则多样且丰富，诸如：孝敬长辈、祭祀祖先、仪式庆典、私塾教育、婚丧嫁娶、建房造屋甚至是鬼神迷信等。

类似这样的活动在西南少数民族村落中更是形式多样和极具特色。在云南滇南的哈尼族地区就流行着"长街宴"的习俗，每逢吉日，村中各家各户均将做好的食物佳肴放在小桌上端到街上并一字排开，老幼妇孺皆不缺席，期间氛围融融、场面热闹而隆重，人们通过这样的方式加强村落的凝聚力和对族群的认同感（图2-48）。又如云南很多少数民族均有少年"成丁礼"的习俗，少年长到十三四岁时，全村为其举行隆重庄严的仪式，通过仪式使少年认识到自己业已成人、已成为族群或家族中的一员，从此自己要为村落的兴衰担负责任。正像摩梭人的达巴在仪式上所念祷词中说的那样："小树苗长成大树了，小孩子变成大人了……阿跌且尔要穿裤子了。他像天上的大雁一样，健壮无比，能活一百岁。他像海里的鸭子，能活一千岁。在家能犁地，出门能撵山，战场上能英勇杀敌，百战百胜"（宋兆麟，2002）。

族化功能同样深刻影响了房屋的建造活动。在很大程度上村落与房屋的建造活动是一种族群的集体社会活动，是一种体现村落共同精神与集体意识的行为。有时，甚至索性就是一种有象征意义的仪式，因此，村落与房屋建造活动也同样具有着强大的族化的功能（图2-49）。

图2-48 哈尼长街宴
（图片来源：http://www.ushsbao.com）

图2-49 傈僳族新米节
（图片来源：赵廷光主编.中国西南丝绸之路 [M].
昆明：云南民族出版社，1992）

在西藏和云南迪庆一带的藏区，常常可以看到成群的男女，在正在建盖的房屋屋面上用工具夯土，同时自由自在地唱着当地动听的"夯土歌"，现场情景极其浪漫生动。在这里，"建造"已被升华成为一个非常愉悦的、快乐的集体仪式和社会活动。

在乡村中，要建住房往往是一家人的事情，但建造住房却往往又是集体甚至是整个村落的事情。此家建房时，家家都来帮工，作为回应，彼人家盖房，自己也去帮工，这样的方式被民间总结为"换工"模式。换工模式的核心是集体建造与共同建造，而这种合作造屋既能群策群力，解决技术上的问题和提高建造效率，同时又成为了村落中的社会活动事件。在建造过程中，你来我往、亲朋好友相互寒暄、人们休息时自由地聊天、全村人的围观、主人的餐宴，无疑都将建造变得更像是一个个颇具磁性的村落仪式庆典（图2-50）。

族化与文化功能对村落建造的影响还体现在村落宗教、礼俗、文教设施的建造上，即族化和文化功能需要村庄有类似家庙、祠堂、文庙、戏台、广场这样的建筑及设施。而这些建筑与设施往往都成为构成村落整体的节点，这些节点既使得村落空间形态体系更加完整，村落景观更为清晰，同时，它们又成为村落与族群

图2-50　春墙、夯土、建房就是村落中的集体仪式

（图片来源：赵廷光主编．中国西南丝绸之路 [M]．昆明：云南民族出版社，1992）

图 2-51　大理白族村落以榕树、戏台为中心的广场
（图片来源：彭一刚．传统村镇聚落景观分析 [M]．北京：中国建筑工业出版社，1990）

人们心中永久的记忆和圣像，并在子子孙孙的血脉承继中绵延下去（图 2-51）。

　　因此，可以得出这样的结论，村落中族群的族化与文化功能不但使村落的空间与景观体系更加完整，图底关系更为清晰，礼俗与文教建筑及设施更加齐备，而且还使得建造及建造模式更加具有了社会教化的特征和共同建造的精神特质。

2.3.2　村落建造对"族群"的表达与建构

　　前节试图就乡村聚落中"族群"的三大功能对村落建造所产生的内在动力及其影响进行一些分析和解说。但就辩证认识论的角度而言，村落中特定的聚落与住屋建造的行为及模式与族群的社会生活及族群的功能是互相"建构"的。说简单一点儿就是村落的建造与族群生活是互动的，互为影响的。简单地认为"建造"受制于"生活"是不利于深刻理解村落中的建造行为及其模式的。事实上，不能仅仅将"建造"视为一种物质结果（如：房屋、空间、形态等），而还应将"建造"视为一个社会过程：一个也影响了村落社会活动，并因此使本身又产生变化和发展的过程。甚至，可以这样理解，村落的"建造"行为与模式就是一种村落的"生活"，它当然要对"生活"的其他部分及整体产生作用力。

　　顺着这样的踪迹思考，更有意义的研究问题则是：一种已呈现出某种特质的建造行为或方式怎样对村落中族群的社会生活的诸方面产生影响？会产生什么性质或方面的影响？

　　这里，用两个案例来说明上述问题的提出与思考在研究中的意义。

1999 年 4 月 18 日，在西双版纳勐海县曼真寨，举行了一个特殊的新房建成庆贺典礼。说特殊，这是因为该新房虽为普通百姓住屋，但却是昆明理工大学建筑工程学院建筑学系朱良文教授主持的有关傣族新民居研究项目的实验房。实验房在结构体系、功能、形式语言、材料等方面均作了探索，总体地讲，是一个较成功的实验。

庆贺典礼的过程与形式是传统的，但来参加的人却不止是村民，还有县委领导、州及县建设局领导、昆明理工大学建筑工程学院领导、课题组成员等；整个仪式十分热闹和隆重。

全村男女老少，几乎是倾"村"出动，尤其又是赶上傣族传统的泼水节和赶摆，老人和孩子们兴高采烈，男人们忙忙碌碌、相互寒暄，女人们盛装打扮、鲜亮美丽。

活动基本上分为三个阶段。首先是村民敲锣打鼓，列队依仗迎接贵宾和客人；典礼开始，相关领导讲话，祝贺新房建成，实验成功，大家生活美满！然后是象征性的"搬新房"，鞭炮、锣鼓重新响起，主人将衣物、床上用品、器皿等家私搬入新房中；村中长者、男人、女人依次拿着送与主人的礼物走上竹楼；人们入座堂屋后，村中长老开始念诵经文，内容大约都是祈祷平安、幸福、吉祥等；然后，由村中数名长者为男女主人手腕上缠绕棉线数圈，以示心连心、圆满等寓意。这时，主人家已准备好丰盛的傣家饭食和菜肴，仪式则进入最后、也是最长的一个阶段——吃饭、喝酒。所有到场者，不分老幼，全部入席，席间气氛既融洽又热烈，大家拉家常，互相祝福。最后，吃饭变成一个大聊天会，老人与老人聚在一起，年轻人与年轻人凑在一块儿，孩子们嬉笑玩耍，妇女们则坐在一堆儿窃窃私语。这样的盛宴常常要持续一两天，主人家一般要宰杀两到三头牛，三到四只猪，前前后后要操持很多天（图 2-52）。

从以上所描述的贺新房的典礼中，可以有如下分析和判断：①在参加仪式的几乎所有人中，对新房子本身有兴趣的人很少，大家在乎的是新房子建成典礼实际上是一次全村同乐的喜庆日子，大家可以有一次盛大的聚会。无形当中，新房的建成及仪式成了全村的公共活动的促媒。②村委会干部并不一定清楚这一栋实验房学术上与技术上的价值和意义，但他们清楚可以利用这样一个典仪、这样一个由政府、村民、学者共同营造的建造方式来使自己的寨子在这一带的村寨中提高声望，产生影响，还可以借此机会来增强寨子的集体凝聚力。③政府及职能部门官员支持实验房的建设、参加典礼的行为既在普通村落中延伸了自己的行政权力、扩大了影响，又使部门的工作得以完成，并借仪式将工作成绩凸显出来。

另一个要谈到的例子是丽江的束河。束河位于丽江城以北，白沙乡以南，玉龙雪山脚下，距丽江市中心的大研古城7km，距丽江纳西的最早居住地白沙乡3km。束河是丽江纳西族较早的聚居地之一，有着悠久的历史，早在唐代以前，这一带就有了聚

图2-52　西双版纳勐海曼真寨"贺新房"仪式

居村落，《元一统志》中就已有"束河"的地名记载。至明代，束河已成为了丽江坝子远近闻名的"大聚落"。束河曾经有以皮匠业为主的发达的手工业，又曾是茶马古道上的重要驿站。因此，较之一般村落，其商业较为发达。

束河背靠聚宝山、龙泉山和莲花山，龙泉山山脚有九鼎、疏河两个龙潭，并因此而形成九鼎河、青龙河、疏河三条水系；泉水由北向南终日流淌，村落房屋、街道则应运而生并与之相依相伴。四方街位于青龙河东侧，是整个村镇的中心，街道由此延伸开来并形成聚落的整个网络和架构。束河民居多以院落为主，建造方式、建筑材料、建筑形式秉承了纳西建筑的优秀传统，其质朴、灵动、和谐的气质在村中随处荡漾（图2-53）。

图 2-53　丽江束河卫星图像
（图片来源：http://earth.google.com）

正因为束河是这样一个美丽而古老的聚落，1997 年她与大研、白沙共同被联合国教科文组织世界遗产委员会批准为世界文化遗产。

随之，被列入世界遗产目录和 1996 年的地震，丽江的美丽面纱被揭开，旅游业迅速发展并成为这里经济发展的主要支柱产业。2004 年，丽江全市共接待海内外游客 366 万人次，旅游总收入达32 亿元（谭丽华，2005）。

在这样的背景下，2003 年，鼎业集团在束河首期征地 1700 亩开始投资开发束河的旅游地产。这里值得关注的是，开发主要在原老村落旁进行，开发区内主要为商务、商业、娱乐、度假、住宅等综合功能的地产项目。规划与建筑设计强调与老村落和谐的自然关系、文化传承关系和空间肌理关系，新建建筑也在满足现在功能和使用现代材料与技术的同时强调地域形式和与纳西传统建筑的融合（如：钢筋混凝土的结构与乡土建筑形式、材料的结合），施工由专业队伍结合当地工匠的方式进行。2005 年，新片区已成规模，并开始较大规模地接待游客。

土地出让使村民有了一些收入，在旅游形势看好的前景下，在新区开发建设的影响、带动下，村民也开始建盖、修缮自己的房屋。2003 年下半年至 2005 年下半年，束河几乎所有村民都在忙碌着，全村就像是一个大工地，打地基、砌墙、起屋架、铺瓦、架门窗、油漆……这时期的束河堪称是处于巨变当中的束河，人们在建房的同时，也在迅速改变着自己的思想和行动。虽然这样的一种建造方式在政府的相关要求下也部分保留着传统的施工、构造、材料方法，建造结果也保留了过去不少形态上的特征，但显然，这样大规模的、急风暴雨式的建造无异于一场改革，其内涵是全新的，是传统无法与之比拟的（图 2-54）。

图 2-54　束河家家成工地

根据笔者及所在学校师生多年对束河变化的关注和研究，作为一个社会现象而不是简单的技术活动，这一时期束河的"造屋"运动及其模式对乡民的思想、行为、社会组织与生活均产生了影响和推动力。对此有如下判断和分析：①改变了从前讲积累、好悠缓、重内省的生活方式，人们更加注重的是做事及其行为的速度、效率及其现实功用。②建造让人们更快地与外界交流，人们的价值观、审美观、生活观被迅速甩入现代的、城市化的、甚至是西方化的体系中，而传统的观念体系则逐渐远去。③建造使人们进一步清楚了当前社会的契约性质，理解了经济杠杆与社会关系的联系，从前的家族、邻里、血缘、礼教、亲情被进一步淡化。

以上事例说明，建造活动是被社会所建构的，但建造活动也在建构着社会，我们应重视这种"反作用力"的存在及其相关问题的学术研究。

2.4 本章小结

至此，笔者以为，从以上的研究中，可以总结出以社会学中"族群"的观察角度与视野来研究村落建造及其模式的基本的理论线索与基本方法。

（1）村落与房屋建造是技术行为，但其制约因素却在于人和人群。特定的人群——族群在对社会因素和自然因素的整合过程中，控制和影响着"建造及其建造行为"。因此，要研究族群在历史进程中的演化，通过对这种演化过程的把握来研究村落的建造及相关问题。总的来说，族群的演化走过了一条从血缘到地缘，再到业缘，再到现代社群的历史过程。同时，血缘族群、地缘族群和业缘族群在民族村寨中也是一种相互叠加的共时性存在。因此，研究是可以通过这样一种族群演化过程的认识而展开的。

（2）族群演化的每一个过程都深刻影响和塑造了村落形态、村落与房屋的建造及其建造模式，而每一个历史过程对"建造"产生了什么影响是需要进行认真研究的。但必须明确的一点是，族群的"血缘—地缘—业缘"的演化过程是以叠加的方式影响着村落建造的。换言之，村落建造及模式综合体现了族群所有演化过程的影响。

（3）族群之所以存在，在于有其强大的功能。以横向的角度看，从族群在社会生活与社会关系中所发挥的内在功能去理解和研究村落建造的行为、过程、模式及其形态，是社会学、人类学研究与建筑学研究相结合的重要方法，这可以使对村落建造的研究更加深入和更加生动。

（4）应看到"建造"既是技术行为，但更是社会行为，它对社会生活、社会关系，甚至对社会组织、社会秩序及制度都会产生作用与影响。这一研究思想的重要意义在于：在当代，能否把"村落建造"作为乡村组织、乡村文化、乡村重建的重要工具，而不仅仅是将"村落建造"视为一种技术过程和人居环境的营建。

下面，本书稿也将把这些理论线索作为工具和武器，去进一步进行"族群"与云南少数民族村落建造模式类型的解析与研究。

第3章 族群与云南民族地区
相关村落建造模式解析

3.1 "惹罗"建造模式解析

所谓"惹罗"模式是哈尼迁徙史诗《哈尼阿培聪坡坡》中所描述的有关哈尼祖先营造自己聚落与房屋的方法和过程。《哈尼阿培聪坡坡》是在云南红河两岸哈尼族群众中广为流传的传统史诗，它以哈尼酒歌的形式系统地吟唱了哈尼族祖先曲折、漫长、悲怆的迁徙历史。在哈尼人没有自己的文字的情形下，这些辉煌灿烂的历史史诗较为真实地记录了哈尼族先民生存、生活的各个方面，是今天研究哈尼族社会与历史发展的重要基础性文献。

《哈尼阿培聪坡坡》描绘了哈尼祖先从最早的聚居地"虎尼虎那"到最后的聚居地——红河两岸的迁徙历程。其中哈尼人经历了7次迁徙，曾在8个地点居留。这一过程为：虎尼虎那—什虽湖—嘎鲁嘎则—惹罗普楚—诺马阿美—色厄作娘—谷哈密查—红河两岸。这是一个哈尼民族由北方游牧民族演变为南方农耕民族的过程。有学者认为，在此过程中，"惹罗普楚"时期是哈尼先祖开始成为南方农耕民族并安寨定居的民族更新或形成时期，"诺马阿美"时期可称为民族发展或成长时期，"谷哈密查"时期可称为民族鼎盛时期（史军超，1996）[163-165]。由此，从建筑学的角度而言，"惹罗普楚"时期的村寨建造即有了非常重要的研究意义。

3.1.1 "血缘"族群与"惹罗"模式的塑造

3.1.1.1 建造一个村寨的功能起因

哈尼人为什么要建自己的寨子，在《哈尼阿培聪坡坡》史诗中可以找到内在的原因。

首先，建立村寨是人们学会种植、驯养，定居下来的需要。史诗在讲到"什虽湖"时期时，就有这样的描述："哈尼还有一位能人，遮努的名声飞遍八方。她摘来了饱满的草籽，种进最黑最松的土壤，姑娘又去背来了湖水，像雨神把水泼在籽上。草籽发出了粗壮的芽，草籽长出了高高的秆。当树叶落地的时候，黄生生的草籽结满草秆，先祖们吃着喷香的草籽，起名叫玉麦、谷子和高粱"。❶ "先祖逮回十七种野物……遮姒做成木栏，树桩围在四方。木栏里野猪野马一处吃草，木栏里野牛野羊一处游逛。野鸡野鸭也关进来，野狗野猫成了同乡。一年两年过去了，动物分出野生家养……家养的有十二种：鸡、猪、鸭、鹅、马、牛、羊……"。在惹罗大寨建成后，史诗中又表达了定居以后的满足和快慰："哈尼人啊，我的儿孙！我们再不用到处飘游，再不用摘野果充饥肠"！

其次，建寨是人们共同生活，并使族群繁衍、维持、防卫的需要。在哈尼族的另一首口传诗歌《哈尼古歌》中就有这样的描述："人哥哥怕鬼兄弟，单家独户不会在，十个人搬拢在一处，十个人才打得赢一个鬼，百个人搬拢在一处，百个人才打得赢十个鬼"。"人要在得稳，就要住下来，人要在得牢，就要安寨子，寨子是人和鬼的界限，寨子把人和鬼来隔开"。❷

3.1.1.2 族群生活与建造过程

从社会功能的角度考察，哈尼人所有的生产与生活活动，都是为了确保族群的绵延传承，都是为了维系梯田稻作农耕的长盛不衰。这正如刘易斯·芒福德所说的那样："村庄……日常生活都围绕着两大问题，食与性：一个是生命的维系，另一个是生命的繁衍"（刘易斯·芒福德，1989）⁹。这里，哈尼人同样会将生活的功能和对美好生活的期盼融进自己村寨的建造当中。

一般民族学学者认为，哈尼人建立新寨的"惹罗"模式有这样的过程：第一步是择定寨地；第二步是测定寨心；第三步是划定人鬼分离的界限；第四步是设置寨门；最后一个程序便是盖房

---

❶ 本章多处引用哈尼史诗，未加注者，均引自：红河哈尼族彝族自治州民族古籍整理出版办公室编. 哈尼阿培聪坡坡 [M]. 昆明：云南民族出版社，1986. 下同。

❷ 见：西双版纳傣族自治州民族事务委员会. 哈尼古歌 [M]. 昆明：云南民族出版社，1992.

搬迁（杨知勇，1996）。在相关的哈尼史诗与古歌中，也都可以看到类似的过程及大同小异的说法。

云南建筑学者蒋高宸教授在分析了相关哈尼史诗、古歌后，提出了哈尼人建造村寨的"惹罗"模式及其基本过程与方法，这就是：

认同大环境
选择寨基地
立贝壳占卜凶险吉祥
举行安寨大典
栽竹子，栽棕树
盖房子
找水源，找水井
开大田
祭寨神（蒋高宸，2001）

在这整个建造模式中，笔者以为它体现着对村落两大类型行为的满足：世俗行为和神性行为。

对世俗行为的满足实际上就是对生活基本条件与功能的满足，这一点在《哈尼阿培聪坡坡》及其他哈尼古歌中有着细微和生动的描述：

如："惹罗的土地合不合哈尼的心愿？惹罗的山水合不合哈尼的愿望？先祖抬眼张望：高山罩在雾里，露气润着草场，山梁像马尾披下，下面是一片凹塘"。"上头山包像斜插的手，寨头靠着交叉的山冈；下面的山包像牛牲架，寨脚就建在这个地方，寨心安在哪里，就在凹塘中央"。"高高的山梁，山清水秀灾害少；山高不怕大水淹，坡陡恶人很难爬上来；密密森森难开路，坏人也不敢轻易进山寨。哈尼子孙都爱在山上安寨"。❶"这里水草丰美六畜壮，一丛青草能喂养七匹骡马，一蓬山草九条水牛吃不完"。❷这些诗句告诉人们，哈尼人创建村落时，所认同的环境和选址必定是那些具备茂密的森林、充足的水源、平缓的山坡或山谷等适合于梯田农耕生活条件的地方（图3—1～图3—4）。

---

❶ 见：西双版纳傣族自治州民族事务委员会．哈尼古歌[M]．昆明：云南民族出版社，1992．
❷ 见：红河哈尼族彝族自治州民族语文古籍研究所编．木地米地[M]，1985：66—67．

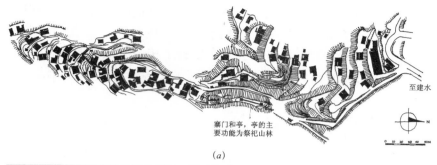

至建水

寨门和亭，亭的主
要功能为祭祀山林

(a)

(b)

图 3-1 "凹塘"与哈尼村寨选址
(a) 建水坡头乡黄草坝哈尼村寨平面；(b) 建水黄草坝哈尼村寨

再如，"惹罗的哈尼是建寨的哈尼。一切要改过老样。难瞧难住的鸟窝房不能要了，先祖们盖起座座新房。惹罗高山红红绿绿，大地蘑菇遍地生长。小小蘑菇不怕风雨，美丽的样子叫人难忘；比着样子盖起蘑菇房。直到今天它还遍布哈尼家乡"。还有史诗中有关木匠砍来大树做梁柱，砌筑泥墙，哈尼姑娘、媳妇割来茅草和竹竿扎成草排，盖在蘑菇房上等。说的是哈尼人如何创造和建造了自己的住屋类型——蘑菇房（图 3-5）。还有"在合心的寨地上，还要栽三蓬竹子。三蓬竹子栽在哪里？栽在寨脚的土里；栽竹要在什么时候？栽竹要在五月来到的时候"。"安寨还要栽棕树，三排棕树栽在寨头。栽下的棕树不会活，一寨的哈尼就没有希望"。"寨后要种

图 3-2 红河大羊街叶车的哈尼蘑菇房村落

（图片来源：中国国家地理，2005（增刊））

N

0 10   50m

图 3-3 元阳箐口村总平面图

（图片来源：作者根据"箐口村旅游保护规划文本"改画）

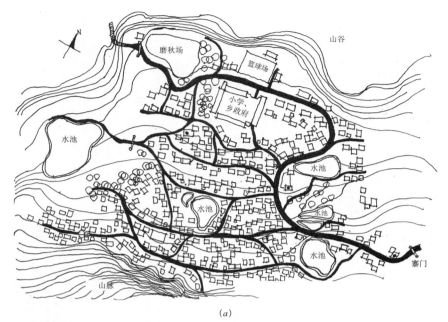

图3-4 元阳哈尼麻栗寨的"凹塘"选址

(a) 总平面示意图;(b) 鸟瞰图

金竹子,还要把棕树栽在寨子脚"。则可看出哈尼人对村落中环境的重视,以及将竹子、棕树等视为村落生机与希望的心理需求。

90

(a) (b)

图3-5 类比蘑菇建造的蘑菇房及其室内
(a) 外观；(b) 蘑菇房屋面室内可见的草排和茅草

　　而村落营造中的神性行为同样是为了族群人畜平安、子孙繁衍、家业昌盛，只不过这种希望被蒙昧时代的原始先民转化为各种形式的崇拜，诸如自然崇拜、祖先崇拜等。在村落建造中，这些多种多样的神性行为不但成为了建寨过程中的重要步骤，成为了村落建造的磁性动力，而且也成了流淌在世代哈尼人血脉中的文化精神。这在后节中将有相关叙述。

3.1.1.3 族群社会组织对建造的作用

　　在"惹罗"模式中，另一个值得注意的问题是族群组织对于村寨建造所起的重要作用，也即是有效的组织才可能进行有序的村落营造。考察哈尼族的历史，可以发现哈尼族社会群体的权力系统是由长老会和头人、贝玛（莫批）、工匠所组成的权力制衡系统——三位一体的权力中心共同形成的。头人、贝玛、工匠均是长老会的主要成员，长老会通过商议、占卜等方式确定村中大事，然后，由头人、贝玛、工匠在各自的权力范围内进行操作。显然，头人的权力在政治、军事方面，贝玛的权力在文化传承、宗教祭祀方面，而工匠的权力则在各种生产技术方面，但三者的地位是平等的，权力是制衡的。这种三位一体的组织结构是历史上使哈尼社会得以维系和发展的重要保障。

　　同样，在村落建造中，选择寨基，寨神林、水井、寨门、人鬼分界线的确定以及营造中的重要事宜都离不开这种三位一体的权力机构，也离不开头人、贝玛、工匠中的任何一个角色。对此，《哈尼阿培聪坡坡》以及其他哈尼史诗、古歌中有很多相关的描述：

"寨里出了头人、贝玛、工匠，能人们把大事小事分掌。头人坐在寨堡里，蜜蜂没有他忙碌；贝玛天天诵读竹排经书，哈尼的诗书里载得周详；工匠在溪边拉起风箱，那里是他发财的地方"。

"官人❶、贝玛和工匠：寨中没有官人，我们一天不能在了；寨中没有贝玛，我们一夜不会过了；寨中没有工匠，我们一日不会在了"。"官人回到寨子中，不辞辛苦解纠纷，寨人和睦又安宁；贝玛回到寨子中，除邪驱鬼人安康，山寨日益又兴旺；工匠回到寨子中，铁锤叮当震上空，火花阵阵溅四方，山寨安稳又繁荣"。❷

"头人登上高位，世间有了公理；莫批唱起祭词，一切魔鬼逃遁；工匠拉响风箱，世间百业兴旺"。❸

虽然历史及当代的社会发展对这种三位一体的权力机构均有不同程度的冲击，但哈尼族的这种村落权力组织一直根深蒂固地保留在族群人们的社会心理结构中，并长期成为村落建造的组织保障和组织动力。在村落及其房屋建造的研究中，这一点是尤其值得注意的。

3.1.1.4 "惹罗"模式对哈尼族群意识的强化

适当以人类学与社会学的角度而不是以单纯的建筑学的角度就可以看出：哈尼人村落建造的"惹罗"模式，不仅仅是一个可见的物质性建设过程，也不仅仅是一套技术方法和规则；它其实还是族群团结与凝聚的一种文化力量、一种文化精神；这种力量与精神对历史上长期处于苦难之中的、具有悲怆色彩的哈尼族而言，实则是起到了强化族群意识与民族认同的重要作用，它已深深地渗透到哈尼人的血脉与生命之中，并世代延续下去。在《哈尼阿培聪坡坡》中，可以清晰地看到这一点：

"听哦！七十个贝玛高声把话讲：分寨的哈尼人，古规古矩最要紧，后代的子孙来相认，就看这古规忘不忘！"

"不要忘啊，建寨要照惹罗的规矩，要竖那珍贵的贝壳，要拖那划界的肥狗，要立那杀牛的秋房……不要忘啊，一家最大的是供台，一寨最大的是神山……大寨要安在那高高的凹塘，寨头要

---

❶ 这里的"官人"相当于"头人"。笔者注。

❷ 见：红河哈尼族彝族自治州民族语文古籍研究所编. 木地米地 [M]. 1985：162—168.

❸ 转引自：卢文静. 论哈尼族均衡心理 [C]//李子贤，李期博主编. 首届哈尼族文化国际学术讨论会论文集. 昆明：云南民族出版社，1996：107—108.

栽三排棕树，寨脚要栽三排金竹，吃水要吃欢笑的泉水，住房要住好瞧的蘑菇房……哈尼人啊，走到天边也要记住，哈尼都是一个亲娘生养，一个哈尼遭了灾难，七个哈尼都要相帮！"

"不管我传到哪一代，这神圣的基石不烂，我不变哈尼的心肠！不管我走到哪一方，这高高的神山不死，我永远认得哈尼的家乡！"

"惹罗是哈尼第一个大寨，惹罗像太阳永远闪光，不管哈尼搬迁千次万次，惹罗是世上哈尼的亲娘。"

因此，可以这样认为：虽然，哈尼人建造村寨的"惹罗"模式是根本地缘于当地的自然生态环境和山地梯田稻作农耕生活，但反过来，"惹罗"模式也已成为哈尼人族群凝聚的一股强大的文化内动力，并不断起到推动着哈尼人顽强生存和繁衍下去的作用。

3.1.2 "惹罗"建造模式的内涵分析

3.1.2.1 生存与环境的血脉关系

一般认为，哈尼人在历史上的迁徙主要源于两类原因：一是来自于大自然恶劣、残酷的生存环境和人们无法战胜的自然灾害；二是来自于比自然界更加凶残与复杂的人类社会，即部落、族群之间的纷争、劫掠和杀戮。

自然灾害以及瘟疫曾给哈尼人带来刻骨铭心的痛苦记忆，在惹罗时期，哈尼就有过如下的经历："管病的天神心肠比黑蜂毒，他把病种撒满惹罗的土壤。力气最大的牛吐出白沫，跑得最快的马虚汗流淌，猪耳里流出黑血，狗拖着尾巴发狂，人吃不下饭喝不进水，大人小娃两眼无光……惹罗一天出了七十个寡妇……惹罗一夜有七十个独儿子死亡"。

在后来的迁徙与定居中，哈尼人也曾在低海拔的平原地带生存过，但炎热的气候、多发的瘟疫以及与其他族群争夺土地资源的种族杀戮让他们作出最本能的选择——回到气候适宜、资源丰盈的山野之中。他们这样说道："从前哈尼爱找平坝，平坝给哈尼带来悲伤，哈尼再不找坝子了，要找厚厚的老林、高高的山场；山高林密的凹塘，是哈尼亲亲的爹娘。"

这些遭遇使哈尼人意识到大自然在冥冥当中有一种不可破坏的秩序及规律，使他们产生了一种敬畏大自然的原始生态思想。在选择与营造自己的居住环境的时候，他们谨慎处理着人与自然的关系，这在建寨的"惹罗"模式中体现得尤为突出。而正是这种与环境的血脉关系成为了我们现在可以观照的、村落建造"惹罗"模式的最精髓的核心之一。

而这些精髓主要在于以下几个方面：

一是哈尼人创造的梯田山地稻作文化及其与之相适应的村寨聚落的"三段式结构"。千百年来，在高山峡谷的环境中，哈尼人积累和创造出一套梯田种植的经验和模式。他们根据不同的地形、土质修堤筑埂，利用自然生态条件，把山上终年不断的山泉溪流引进梯田。而要在高山上保持水土，就必须保持山顶上茂密的树林，同时，哈尼人的蘑菇房村落也自然协调地融入在这自然生态系统当中，并在其中找到山坡——凹塘这样恰当的位置。由此形成了"山上宜牧、山坡宜居、山下宜耕"的"立体三段式结构"。对此，哈尼人民有着这样生动的描述："上头的山包做枕头，下头的山包做歇脚，两边的山包做护手，寨子就睡在正中央；神山神树样样不缺，寨房秋房样样恰当"。"不去开出九山的大田，哈尼一天也不会在；不去开出九坝的大田，哈尼的寨子一天也不稳"。"半山上系着腰带一样的好地；半山上摆着手板心一样的好地"。❶"挖出大片坡地，梯田开上山梁，支起高高的荡秋，盖起三层的寨房"。"瞧哦，亲亲的寨人！尼阿多像山上的旺笋，一天比一天长高长壮！瞧那寨脚开出台台梯田，层层稻秧比罗比草兴旺；瞧那寨头开出片片坡地，块块荞子比乌山草更旺，猪鸡鸭鹅老实爱肥，骡马牛羊老实爱壮；小娃玩耍像猴子热闹，老人吃烟像打雷样响"（图3-6～图3-9）。

二是哈尼人对山寨人口与资源的关系方面所发展出来的一种处理与协调的方式。他们的山寨一般不会很大，随着人口的增加，一部分人就从寨子里分离出来，按照同样的"惹罗"模式到另外的山头建村立寨，开辟新的梯田。这样不断使村落规模与梯田的稻谷产量保持着一种正比关系。在《哈尼阿培聪坡坡》中，就有他们在红河两岸定居后从"尼阿多"大寨中分出"瓦渣、罗纳、竹鹿、罗蒲、必扎、麻栗"等山寨的真实生动的过程描写。而如今，红河两岸的哈尼村落似繁星点点、星罗棋布，其情形确实如哈尼先民所说的那样："大寨生出小寨，小寨生出新寨；大寨是小寨的阿哥，小寨是新寨的亲娘；哈尼寨子布满哀牢山，像数不清的星星缀在天上"。

❶ 见：西双版纳傣族自治州民族事务委员会. 哈尼古歌[M]. 昆明：云南民族出版社，1992.

图 3-6 元阳哈尼梯田（张雁翎 摄）

哈尼村寨择居建置示意图

哈尼人选择寨址居地时，房屋以坐南朝北为吉，选择东面山林为寨神树林，寓含其林为神灵栖息之地，南面为人居之地，西面为万物鬼魂隐居之地，北面为先祖迁徙前所居之地。寨中木秋房多选靠东面平地，便于祈神祭祖。寨门主要建置在靠西的路边，以利驱挡鬼魂。

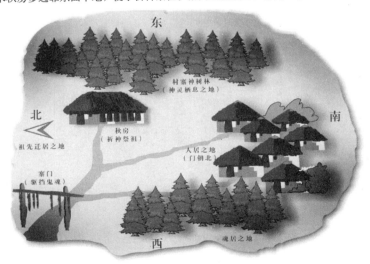

图 3-7 哈尼村寨择居营建示意图
（图片来源：人文地理杂志，1999（5））

图3-8　哈尼村寨营造的"立体三段式结构"

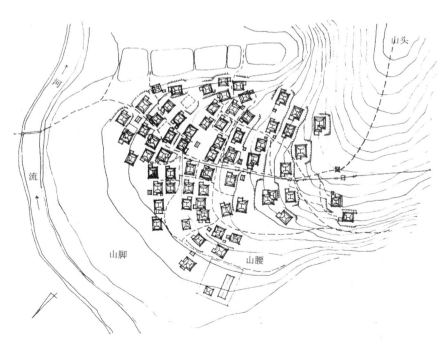

图3-9　西双版纳勐海县巴拉哈尼山寨同样表现出"立体三段式结构"
（图片来源：王翠兰，陈谋德主编 . 云南民居续篇 [M]. 北京：中国建筑工业出版社，1993）

图3-10　哈尼村寨景观

　　三是哈尼人在村寨营造中自觉、主动地模仿与类比自然生态，向自然学习，从大自然中获取建造家园智慧及灵感的意识和策略（图3-10）。著名人类学家爱德华·泰勒曾经说过："对于我们来说，类比只不过是虚构，但是这种虚构，在以往时代人们的眼中却是事实"（爱德华·泰勒，2005）[244]。由此，我们可以认识到，在哈尼史诗与神话中多次提到哈尼先祖直接受野生蘑菇的启发而建造了蘑菇房的住屋形式，就是一种有"类比"和"类推"倾向的方法，对于哈尼先民来讲，这是一种真实的"事实"，但对当代科学而言，它实际上可被认为是哈尼村落的建造始终是与自然生态体系保持着一种同构关系的逻辑法则。而也正是在这一意义上，哈尼人建造住屋所使用的草、木、土、石等建筑材料，所使用的夯土墙技术及木构技术，所形成的蘑菇房与土掌房结合的形式，都可以视为是这种逻辑法则的延伸和实际运用。

3.1.2.2　村寨空间结构的圣化与神话

　　原始文化的"万物有灵论"是英国著名人类学家爱德华·泰勒提出的理论。哈尼人的自然宗教就是以万物有灵的观念为基础和核心的。在他们看来，自然界的所有事物和现象都是由无形的、超自然的"神灵"支配着的。而人们在建村立寨中的做法与行为能否得到神灵的认同就非常重要。在这样的观念的前提下，哈尼人建寨的"惹罗"模式中的许多逻辑及理性的选择与做法就得以被圣化和神话，同时，村寨的空间结构也因为圣化和神话而得到强化，从而出现了一定的模式和形制。

爱德华·泰勒曾写道："日常经验的事实变为神话的最初和主要的原因，是对万物有灵的信仰，而这种信仰达到了把自然拟人化的最高点"（爱德华·泰勒，2005）[233]。刘易斯·芒福德也在他的《城市发展史》中认为宗教性的动力是人类聚落走向成熟和发展的重要的推动力之一。而以功能的角度更加本质地来看，这些宗教仪式实际上具有强大的社会功能及社会需要，这正如法国著名社会学家涂尔干（Emile Durkheim）所说的那样："由于仪式的明显功能就是使信仰者更牢固地依附于他的神，它也就同时切实地使个体更牢固地依附于他所属的社会，因为神只不过是社会的形象表达。"❶

以上述认识来看待下述哈尼人建寨中的一些行为片段，就能更好地理解这些巫术和原始宗教行为的作用与功能：

"选寨基是大事情，不是高能不能当……西斗❷拿出三颗贝壳，用来占卜凶险吉祥：一颗是子孙繁衍的预兆，一颗代表禾苗茁壮，一颗象征着六畜兴旺，贝壳寄托着哈尼的希望。贝壳立下一天，大风没有把它刮倒，贝壳立下两天，大雨没有把它冲歪，三天早上公鸡还没啼叫，西斗老人来到贝壳旁：昨夜老虎咬翻百只马鹿，哈尼的贝壳安然无恙。尊敬的阿波阿巨，亲亲的兄弟姐妹，寨基选在这里，哈尼的子孙会好，哈尼的六畜会多，哈尼的庄稼会旺"。

"西斗又把肥狗杀倒，拖着绕过一圈。鲜红的狗血是天神的寨墙，它把人鬼分成两边；黑亮的血迹是地神的宝刀，它把豺狼虎豹阻挡"。

上述史诗中说到的用三颗贝壳来占卜凶险吉祥与其说是哈尼先民选择寨基的方法，还不如说他们实际上是用这种宗教方法来强化对自己族群已经选定的寨址的认同，而这样一举在族群中所产生的权威性力量无疑也是巨大的。而用肥狗的黑血形成具有一种虚幻的寨墙则一方面表明哈尼人相信鬼神的存在，并力图将鬼

---

❶ 转引自：（澳）马尔科姆·沃斯特. 现代社会学理论 [M]. 杨善华等译. 北京: 华夏出版社, 2000: 149.

❷ 根据《哈尼阿培聪坡坡》中的描述，西斗是哈尼老人们推举出的惹罗大寨的头人。

(a)

(b)

(c)

(d)

图 3-11　经过"圣化"的哈尼村寨空间场所及景观

(a) 元阳哈尼箐口村的村落中心广场（张雁翎摄）；(b) 元阳哈尼麻栗寨寨脚的"神树林"和"磨秋场"；
(c) 建水黄草坝哈尼村寨的寨门；(d) 哈尼村寨中的水碓房

神拒之于寨外的思想意识，另一方面也可以从中看到这样一种神话的方式已于无形中将村寨的领域和边界牢牢地定格在村寨所有成员的心中。

在"惹罗"建造模式中，被哈尼人圣化了的村落空间结构大约包括了这样一些部分及节点（图 3-11、图 3-12）：

（1）山地——凹塘。这是建寨的基址与场地，应该是周围林木茂盛的山坡上的平地。在《哈尼阿培聪坡坡》中塔婆❶将哈尼生在自己的肚脐眼里，而哈尼人说："牢牢记住吧，哈尼是老祖母塔婆的爱子，大寨要安在那高高的凹塘"。其中，"肚脐眼"显然是山地——凹塘的美好的圣化。

（2）神林：哈尼话为"昂玛"。这是"昂司"神的所在地，一般位于寨头的神山上，是一片浓荫蔽日、苍翠欲滴的茂密树林，这是哈尼村社重要的圣地之一。

（3）水龙潭：哈尼话为"伙罗"。即村寨的水龙潭或大水井，这是寨龙潭神的所在地，也是全村人汲取生活用水的地方。

---

❶ 传说塔婆是人类始祖母，她以前的"人"是动物，她以后才开始产生真正的人类。

图 3-12　其他少数民族村寨被"圣化"的场所及景观

（a）傣族村落寨心；（b）佤族人头祭谷魂的人头桩（图片来源：曹子丹，曹进．吃茶的民族——中国境内的孟·高棉语族 [M]．长沙：湖南美术出版社，2005）；（c）布朗山寨的祭祀山林的祭台（图片来源：曹子丹，曹进．吃茶的民族——中国境内的孟·高棉语族 [M]．长沙：湖南美术出版社，2005）；（d）佤族的万物有灵崇拜（图片来源：曹子丹，曹进．吃茶的民族——中国境内的孟·高棉语族 [M]．长沙：湖南美术出版社，2005）

（4）寨脚神树林：哈尼话为"普玛"。这是寨神的栖息地，位于村脚，一般是一片不大的树林，这也是哈尼村社一处重要的圣地。

（5）磨秋场：建在寨脚，是哈尼村寨较为重要的祭祀点。每年农历六月哈尼族著名的"苦扎扎"节就在此举行，村中的未婚青年男女常在这里荡秋千和嬉戏玩耍。

（6）寨门：哈尼话为"勒坑"。它选在村寨的入口处，较原始的做法是用树枝搭建而成，发展变化了的寨门则是构筑物或建筑物。一般认为，寨门的作用有两个：一是拒鬼拦邪，防止恶灵入侵。

二是为农耕祭祀仪式之用。

（7）寨心：寨心是寨子的心脏，是生命的中心。哈尼人同其他少数民族一样，都十分重视寨心的神圣性，占卜凶险吉祥的三颗贝壳就放在这里。在哈尼村寨中，寨心的标志一般为祭师莫批的住房。

3.1.2.3 原始的共同建造

"惹罗"建造模式内涵的另一个重要方面在于其村寨建造的公共性和集体性。对哈尼人来讲，建立新寨是社会生活中的一件大事，一般情形下，都是血亲集团的集体行动。显然，这里保持了部分原始社会中的"原始共产主义"的残迹与遗风。而这些"共同的建造"体现在这样一些方面：

①在建村立寨的各种祭祀活动与大典中，全寨人都要参加。有关建寨的大事也必须征求各家各户的意见。②由于村落所拥有的土地、森林、水源、牧场等平时均平均分配给各个家庭使用，所以，村寨中道路、水井、碓房、公房、水渠等公用设施的建设，全村父老都会积极出动，尽自己的义务。③村中个体家庭的建新房、迁新房等事务已成为整个村落的公共和集体事件，人人都来参加。建房时，村民们不约而同地来无偿相帮，一起出力，送米、送菜、送材料的风尚现在依然存在。④村落成员都有维护村寨环境、公用设施的责任和意识。

下面的诗句就是村落共同建房时不但男人要出力，而女人也不例外的生动场面："哈尼姑娘和媳妇，盖房是最忙，姑娘上山割来茅草，媳妇下箐砍来竹竿，她们的草排，扎得像大雁展翅，千百只雁翅，落在蘑菇盖上"。

3.1.3 作为广义"惹罗"建造模式的意义

3.1.3.1 西南山地欠发达民族聚落"前"建造的典型

村寨建造的"惹罗"模式就具体而言是哈尼族人民营造自己聚落与居住环境的一套规则与方法体系，但就广义而言，这种模式却是西南欠发达山区民族乡村聚落营造一般性规律的典型。更确切地说，"惹罗"模式代表了西南地区历史上、甚至是现在依然存在的众多血缘氏族族群聚落（也包括部分生产力相对落后的血缘族群与地缘族群结合的聚落）营造的基本规则、过程和方法。相对于以后的阶级社会、家族社会以及以地缘族群为主的农耕社会的村落和出现了以工商业为代表的多种业缘族群的乡镇而言，这种建造模式是一种初期的形式；它完成的是本土村落营造历史维度上的底层原始积淀。因此，笔者认为，基本可以将其称为西南少数民族乡村聚落营造历史进程中的"前建造模式"。

在西南、云南的其他地区的少数民族族群那里，我们可以看到很多文明初期与"惹罗"模式相类似的村落营造活动及其方式，其例子不胜枚举。在傣文古籍《叭塔麻戛》中，就有桑木底教人们如何造屋的"桑木底"传说。其中傣族智慧神桑木底受到狗和凤凰的启示，用类比的方式建成傣族竹楼的过程就与"惹罗"模式中哈尼人类比蘑菇而建成蘑菇房的过程有着异曲同工之妙。彝族也有村寨选址的"葫芦瓜蔓选址"说，他们认为："山脊的走向为瓜藤蔓，藤蔓开花结葫芦果实的地方，就是'聚气'、生命力旺盛的地方，这种地方就可建寨立宅，子孙就会像葫芦籽一样多"（郭东风，1996）[118]。这也与"惹罗"模式中选择"山地——凹塘"建寨的观念几乎相同。再如：布朗族建寨时在村寨中心搭建的"再曼"寨神，用木桩、草绳、白纸连接起来的寨墙；苗族在"扫寨"活动中在村前村后放上用草绳串着沾上狗血的木片作为象征性的寨门；侗族在确立建寨地址后，各家先搭建自己临时的简易住所，然后集体建造村寨中心的鼓楼，鼓楼落成后，各户才互相协作建造永久性的住宅……这些都显现出与"惹罗"模式相同的共性和相似的建造过程。

与"惹罗"模式相似的村落建造几乎存在于西南所有少数民族的历史进程中。直至现在，仍可以较为清晰地看到这种模式在云南地区的分布：

从甘青高原向西南迁徙而来的古羌人后裔，即现在藏缅语系的藏族、彝族、哈尼族、纳西族、傈僳族、普米族等族群；他们分布在今天的滇中地区、滇西及滇西北地区以及滇南的部分地区。在这些地区的民族村落中，一般可以隐约看到与"惹罗"模式相似的村落原始建造的残余和痕迹（图3-13）。

从百越族群演化与分化而来的壮侗语系的壮族、傣族等族群，分布在今天的滇西南地区、滇东南地区以及滇南的部分地区。在这些地区的民族村落中，同样也可以隐约看到与"惹罗"模式相似的村落原始建造的残余和痕迹（图3-14）。

而在一些近现代时期仍基本停留在氏族社会，且尚存有传统

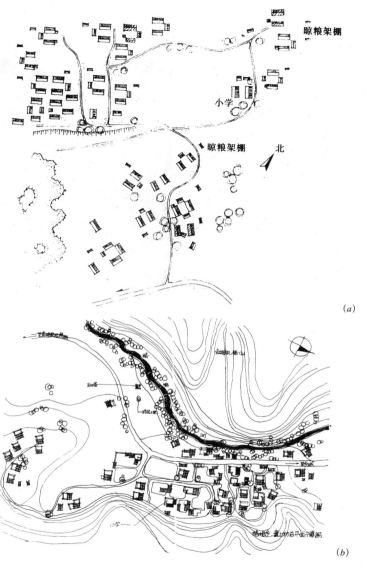

(a)

(b)

图 3-13 藏缅语系村落建造

(a) 兰坪通甸区中甸乡箭杆场普米族村寨（图片来源：王翠兰，陈谋德主编. 云南民居续篇 [M]. 北京：中国建筑工业出版社，1993）；(b) 香格里拉格咱乡普上村；(c) 石林彝族民间草棚（图片来源：赵玉虎，老盖，儒石. 世纪之旅——石林·第四卷. 世界之血 [M]. 昆明：云南大学出版社，2001）

(c)

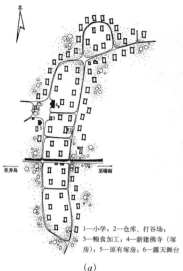

1—小学；2—仓库、打谷场；
3—粮食加工；4—新建佛寺（塚房）；5—原有塚房；6—露天舞台

(a)　　　　　　　　　　　　　　　　(b)

图 3-14　壮侗语系村落建造

(a) 瑞丽姐东喊沙寨（图片来源：云南省设计院.云南民居 [M].北京：中国建筑工业出版社，1986）；
(b) 贵州黎平肇兴侗寨（图片来源：中国国家地理，2005（增刊））

刀耕火种的地区，甚至可以看到较为完整的、与"惹罗"模式极其相似的村落建造的过程以及村落形态。而这些族群既有分布在滇南和滇西南地区，历史上属于百濮族群孟·高棉语系的佤族、布朗族、德昂族、克木人等（图 3-15），也包括混居在同一区域属氐羌族群的基诺族、拉祜族、景颇族、独龙族等。

3.1.3.2　"惹罗"模式的精神内核与现代意义

实事求是地说，村落建造的"惹罗"模式应该是蒙昧时期的人类文明产物，在生产力落后低下的情况下，这种模式注定了其所表现出来的"原始性"。然而，也就因为如此，这种模式却具有了当代社会已久违了的原初、质朴、清新和自然，她犹如黎明时绚丽的朝霞，永远都会给后来的文明带来无限的生机、灵性的启迪和普遍的意义。

哈尼人在血与泪、铁与火的交织中奋争的历史造就了一种沉重、悲怆的民族文化精神，而这种悲剧色彩几乎是所有边缘少数民族族群所普遍具有的。"在痛苦中昂扬，在痛苦中发奋，在痛苦中创造，从而在痛苦中永生"（史军超，1996）[167]，就是这些民族的民族精神。而对于生长在这种民族精神之上的村落建造的"惹罗"

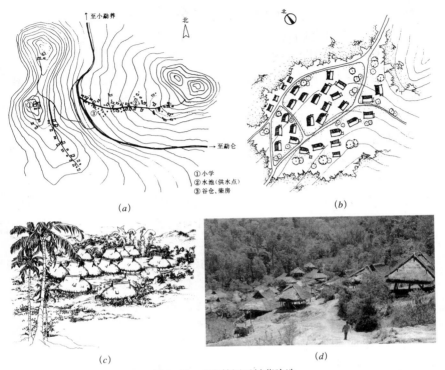

(a) (b)

(c) (d)

图 3-15　孟高棉语系村落建造

（a）基诺曼多寨（图片来源：王翠兰，陈谋德主编．云南民居续篇 [M]．北京：中国建筑工业出版社，1993）；（b）孟连公信乡班别佤寨（图片来源：王翠兰，陈谋德主编．云南民居续篇 [M]．北京：中国建筑工业出版社，1993）；（c）沧源班洪佤族山寨（图片来源：王翠兰，陈谋德主编．云南民居续篇 [M]．北京：中国建筑工业出版社，1993）；（d）景洪曼坝约村——空格人的山寨（图片来源：曹子丹，曹进著．吃茶的民族——中国境内的孟·高棉语族 [M]．长沙：湖南美术出版社，2005）

模式而言，其精神内核就是：基于族群共同伦理下的"共同建造"和基于族群生存悲剧意识下的"谨慎与和谐的建造"。

3.2 "元—本主"建造模式解析

所谓"元—本主"模式，是笔者对云南很多民族地区从事农耕的族群在进入阶级社会后，村寨在血缘族群的基础上开始向地缘族群转化，而在血缘性和地缘性的影响下，特别是在逐渐增强的地缘性的作用下，聚落人居环境和住屋营造所显现出的总体的规律以及相关的过程、特征的概括和抽象。

"元"指的是传统农耕村落中以家庭或家族为单位的居住建筑。

这种住屋有可能是单体的建筑，也可能是一个建筑组群（比如一个院落组群）；但它们就整个聚落而言，是像细胞一样的基本单元，一个自然村落就是靠这些基本单元组成的。

"本主"指的是根植于云南苍山洱海一带白族地区村社生活和民族意识中的本主文化，本主文化来源于白族社会中（也包括一些其他民族，如彝族等）最普遍、影响最为深远的信仰：本主崇拜。"本主"，又叫"本主神"，在白族乡村中其确切的含义是"村落保护神"；本主崇拜实际上是从原始农耕进入到传统农耕的背景下，白族人民在农业生产中希望风调雨顺而对某种超自然力量的寄托。本主崇拜不同于少数民族的原始宗教，它有着明显的农耕性、村社性和多神性的特征。在广大的白族村落中，"本主"就是他们的希望和灵魂，对本主的崇拜渗透到日常生活的方方面面，也强烈地影响了村落的整体营造和住屋的建造。

由于云南其他一些进入到传统农耕社会的少数民族（如：傣族、滇中一带的彝族、纳西族等）村落都有着与白族本主文化相似的村落及住屋建造特征；因此，笔者试图将"元—本主"模式抽象和泛化成为进入到较为先进的传统农耕时期（相对于原始农耕而言）的西南少数民族乡村村落与住屋整体营造的一种普遍性的模式，也将其看做西南少数民族乡村聚落营造历史进程中的"中期"建造模式（图 3-16）。

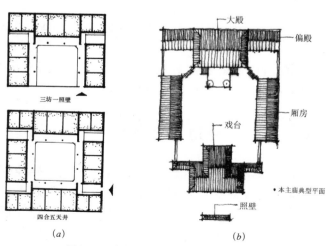

图 3-16 白族村落中的"元—本主"图示
(a) 居住建筑基本单元；

(b) 本主庙平面（图片来源：饶维纯．白族的本主崇拜与本主庙 [J]．云南建筑，2006（1）笔者改画）

"元—本主"建造模式包括两个方面。其一是聚落在各家各户住屋（即：基本单元）的建造中的家庭个体性和相似性。这包括：同样的社会组织与社会生活、同样的族群文化、同样的自然生态环境、同样的建造材料与技术手段及同样的建造规则等。其二是村寨中居住建筑在互帮互助状态下的共同建造和公共设施及公共建筑在有组织状态下的共同建造。

3.2.1 "地缘"族群与"元—本主"模式的塑造

3.2.1.1 传统农耕及地缘性的增强

一般而言，人类社会的农业生产方式经历了"原始农业—传统农业—现代农业"这样一个发展过程。其中，原始农业以刀耕火种、游耕、锄耕为其特征，而传统农业则以犁耕、灌溉为特征。从云南的农耕生产来看，尽管在 20 世纪初期及中叶某些地方尚存在着类似刀耕火种的原始农业的生产方式，但就更多的地区，尤其是山地坝区和河谷地带而言，很多民族历史上很早就已经进入到较之原始农业更为先进的传统农业之中了。居有关资料表明，云南在 2000 多年前就已经开始有灌溉农耕的历史，而据 1984 年的统计，云南坝区的耕地面积约 1400 万亩，仅这一项就占全省耕地的 33%（王东昕，2000）[119]。这些都说明：在云南，坝区和河谷地带的灌溉农业已有悠久的历史。

据《史记·西南夷列传》记载，公元前 4 世纪中叶左右，滇池地区的人们，就已经开垦出来了"平地肥饶数千里"的耕地，进行着相当发达的农业生产；到西汉末年，灌溉水田农耕在云南东北部的昭通地区和昆明的滇池地区已较为普遍。早在唐南诏时期，大理洱海地区的白族就已有"犁田以一牛三夫"的先进耕作技术，其居民"专于农，无贵贱皆耕"❶，而在南诏阁罗凤时期，洱海地区的灌溉农业已呈现出这样的景观："遏塞流潦，高原为稻黍之田；疏决陂池，下隰树园林之业。易贫成富，徒有之无，家饶五亩之桑，国贮九年之廪"。❷大理国时期，在祥云建造"段家坝"水利工程。元代，汉人郭松年在其《大理行记》中记载道："至品甸（今祥云）⋯⋯其川泽土壤不减云南⋯⋯甸中有名曰青湖（今祥云青海

---

❶ 见：新唐书 · 南诏传 [M].

❷ 见：南诏德化碑 [M].

湖），灌溉之利达于云南之野……至白崖甸（今弥渡）……居民凑集，禾麻遍野……至赵州甸（今凤仪）……神庄江贯于其中，溉田千顷，以故百姓富庶，少旱虐之灾。"明清以后，大理白族在与中原持续的交融以及屯田、屯军的影响下，耕作技术与水平不断提高，成为云南名副其实的"鱼米之乡"（图 3-17、图 3-18）。而明代旅行家徐霞客在崇祯十二年来到云南的丽江坝子及鹤庆坝子时，眼中的景象已是"坞盘水曲，田畴环焉"，对此徐霞客赞不绝口，认为丽江"富冠诸土郡"❶，显然，这时丽江坝子的水利网已经形成，灌溉农业已十分发达（郭大烈等，1994）³¹¹。而在以稻作文化闻名于世的西双版纳傣族地区，历史上很早就已建立了非常完备的农田水利设施及灌溉系统。据有关文献记载，早在唐代，傣族先民们就掌握了利用畜力（大象）进行灌溉水田的农耕种植了（王东昕，2000）¹²³。据傣学研究学者高力士先生的《西双版纳傣族传统灌溉与环保研究》一书显示，1950 年以前，在西双版纳地区修建的大大小小的引水灌溉沟渠就有 470 多条；而仅在景洪坝子，1950 年以前已建成的引水沟渠就有 13 条，灌溉着 81 个傣族村落的 4 万多亩水稻田。❷ 因此，西双版纳有"滇南米粮仓"之美称。而在滇

图 3-17　大理剑川沙溪坝子的沃野田畴（高进摄）

---

❶ 见：徐霞客. 徐霞客游记 [M].
❷ 转引自：王东昕. 衣食之源——云南民族农耕 [M]. 昆明：云南教育出版社，2000：124.

图 3-18　白族地区较为发达的农田灌溉系统的水渠（杨阳摄）

中滇池一带，其农耕生产更是在很早就已经具有了相当高的水平。

原始农业向传统农业的转变使人们的生活逐渐稳定，定居性大大增强；而人口的不断繁衍和增加却又不断使可耕地相对减少，人地矛盾不断增加。这样村寨就必然地产生了两种变化的趋势：

一是人们去开垦新的耕地，并随之从原有的村寨中分离出去，也即产生"分寨"现象。这种现象在云南各民族的史诗、传说及历史记载中常常可以看到，这表明"分寨"现象是一种普遍的存在。如傣族有关书滇、班雅的传说中就有这样的记述：书滇、班雅在西双版纳勐龙的景乃建寨，以后人丁兴旺，每寨又分出另建新寨，这样一户变三户，三户建一寨，一寨分三寨，三寨分建成九寨……（高力士，1992）。尽管"分寨"没有使族群的血缘关系消解，但它却将人们更多地固定在特定的土地上和农耕生产上，而这样不断增加的地缘性农耕型村落又在原来血缘族群的基础上形成一个个村落簇群，这就是长期存在于中国农村社会中的"农业公社"。

二是人地关系的矛盾与紧张使土地耕作的单位逐渐划小并直至家庭，而同时，越来越精耕细作的灌溉型农业及其耕作技术又使得这种家庭农业生产成为可能，因此，"一个家庭几亩地"这样的农耕方式也使得原来强大的血缘氏族族群分离并逐渐向所耕种的土地的地缘性演化。这也就是中国乡村社会千百年来以家庭为生产单位的小农经济。在云南很多从事传统农耕的少数民族地区，不论有什么样的乡村社会形态和治理模式，也不论族群的血缘关系扭结得如何紧密，这种生产经营模式也始终概莫能外。

由上可以看到，传统农业的村落构成是建立在血缘和地缘结合的基础之上的。费孝通在《乡土中国》中就谈道："血缘和地缘的合一是社区的原始状态。"费老还说道："从血缘结合转变到地缘结合是社会性质的转变，也是社会史上的一个大转变"（1998）[75]。而这里肯定的是，费老所说的这种转变也一定会带来村落营造及建造方面的转变。

3.2.1.2 家庭—村社生活与"元—本主"建造模式

在西南少数民族地区，原始氏族社会解体并进入到从事传统农业的阶级社会后，由于偏僻遥远、交通不便、生产力相对不发达等原因，尽管有封建领主、封建地主等多样复杂的社会形态的存在，但广大乡村地区仍长期处于村社自然经济与相对自治的状态之中。"村社农民们通过自己所属的村社，从国家（或领主、土司）那里领得小块土地使用，率领着自己的家庭成员，进行农业与小手工业相结合的个体小生产"（尤中，1994）。

在大理苍洱白族聚居地区，历史上长期以一对夫妇的小家庭制为主（这在白语中叫"本撑尼好"），并赡养其父母及养育未婚子女。兄弟结婚后，一般即分居。因此，除少数富庶的大户人家讲究所谓的"四世同堂"外，一般人家基本为两到三代人口的农户。据资料显示，在 20 世纪 50 年代，大理一带乡村农户的户均人口一般为 4～6 人，每户耕种土地约 2～3 亩，为一家一户定居耕种的生产方式。❶

定居以及灌溉型农耕必然对应着一个特定的区域，在这一区域中的人们总是以村社这样的小区域的生产单位来共同拥有着水、土等农耕资源，并同时受到这些土地、水源的共同牵制。换言之，水、土资源就是"农业公社"地缘的根本基础。对于这些共同的资源，人们除了用相同的宗教力量来寄托对丰收的期盼，祈祷风调雨顺、五谷丰登、子嗣延绵外，还需要用较高的意识形态（宗教）来达成农业生产上的默契。在大理白族地区，居住在特定区域的人们，

---

❶ 参见：云南省编辑组. 白族社会历史调查（三）[M]. 昆明：云南人民出版社，1986：211-214.

总是信奉同样一位或同一水系的本主，"于是客观上存在的地域的联系，导致了'神系'的联系，人们给本主神攀上'亲缘'，使大家在对自然资源的占有和使用上形成一种和谐的关系"（杨政业，1994）。这就是农业生产中地缘与本主的关系。

本主崇拜中的本主神是较为多样化和世俗化的。本主神既可以是大树、石头等自然之物，也可以是猴、水牛等动物精灵；既可以是被奉为"雨水之神"的龙或龙王，也可以是民间的英雄、孝子、节妇；既可以是观音菩萨和大黑天神这样的神灵，也可以是在苍洱境内被人们广为传颂的，诸如首领、国王、文臣武将等历史人物。仅从这些多神化的宗教方式中，就可看出本主崇拜强烈的现实功利性和实用性。在这里，本主神是谁已不重要，人们也不是向神圣和至高无上的神靠拢以求死后进入天堂，而重要的则在于人们是"请神"来庇护人间的平安，解除人间的苦难。大理洱源县江尾村海潮河本主庙中就有这样的对联："圣德汪洋凿井耕田安海宁，神恩浩荡开河引水奠山川"，白族人民对本主崇拜的类似的祈祷词还有："一条青龙东海来，为迎本主耍一台，自从今天庆贺后，村得安然" ❶，"本境恩主——大黑天神、丽江甸头主、丽江甸尾主、三位娘娘、左右判官：请你们来赴宴席，恭请本主，保吉平安，清吉平安，我们许下马料盐米，许下三年的公鸡，四年的母鸡，请给我们降千福万福，请让我们合村发富发贵，请让我们卤脉兴旺，盐井长存，一年十二个月清吉平安，在您的宝堂之下，赐予我们万事如意" ❷。

综上所述可知，本主崇拜是白族人民在传统农耕生产中，以村社为单位祭祀"村社神"的宗教活动，这实际上是将人的需求神化、又将神的作用人化的一种世俗的文化活动，它对于村落中人们的生产与生活而言有着强烈的功能作用，它将个体、家庭、村社、自然资源连接了起来，我们可以将之视为白族传统乡村社会文化的核心。

家庭的定居生活、村社的小农经济生产在经由本主文化的凝聚后，一定会对白族地区村落与住屋的营造产生重要的作用。由此，笔者将这种作用下的村落的建造视为一种有规律的模式，也

---

❶ 见：云南省编辑组．白族社会历史调查（二）[M]．昆明：云南人民出版社，1986：157．
❷ 见：谢道辛．特殊文体的"白祭文"[J]．大理文化，1989（6）：47．

即"元—本主"模式；并认为该模式有这样的基本过程与方法：

　　认环境、择基地

　　立宗祠、建庙宇

　　盖住屋、营场院

　　兴水利、凿灌溉

　　设集市、构中心

　　修道路、筑设施

　　这一模式第一方面的内容首先是村社的建造与农耕及其相关的水、土的紧密的关系。农耕型自然村落在环境的认同与选址上最为讲究，这一点是不必赘言的，但这里的"认环境、择基地"却与血缘型村落的"惹罗"建造模式中的"认同大环境、选择寨基地"有着很多的不同。首先，许多农耕村落的前身是原始氏族聚落，是原始的定居点，在进入到较为发达的农耕社会后，都存在对自己的生活环境与农耕生产之间的关系进行新的整合的问题，即存在着对原来村寨环境、地点进行再认同和再选择的地缘性调整。结果则有两种，一是认同自己的村落，继续在原址上繁衍生息；二是选择新的地点建造村落（包括部分人的分寨、迁徙和移民等），以适应较发达的农耕生产与生活。其次，这种不同更突出地表现为一种能否与农耕生产，尤其是与水、土相关的稻作农耕产生契合的环境观和居住观，也就是说，这时人们更重视所选村落基址是否具备良好的农业生产条件。大理白族村落基本都分布在苍山脚下与洱海之滨的平坝地区，苍山十九峰十八涧灌溉了大片附近村落的田畴。而湖泊众多、水系发达的鹤庆坝子、洱源坝子、剑川坝子、弥渡坝子等也都是白族村落分布最为密集的地方。这一情况与滇中滇池的彝、汉地区、西双版纳傣族地区以及众多分布在云南各山区中的平坝地区大致都是相同的（图3-19）。

　　这一模式第二方面的内容是基于农耕需求的村社本主崇拜的祭祀场所、宗祠、庙宇系统的建构，这些建筑与场所主要包括了本主庙、土主庙、宗祠、进行各种祭祀活动的民间庙会场地等。白族地区几乎逢村必有庙，逢庙就有本主神。本主庙在白族语言中被称为"武增谁"，意为"我们祖先神的庙"，是白族村社居民共有的宗教和民俗活动场所。本主庙的建造几乎与农耕村落的营造是同步的；换言之，建造村落，就要建本主庙；只是起初本主

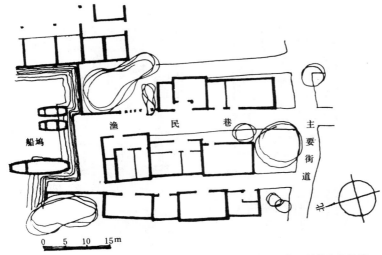

图 3-19　大理沙村渔民村寨，其街巷、码头显然是与环境不断整合的结果

（图片来源：云南省设计院 . 云南民居 [M]. 北京：中国建筑工业出版社，1986）

庙的规模不大且形制简陋，以后则随着不断的改造与重建而越来越趋于形制完整和规模宏大。在历经风雨的历史岁月中，本主庙及其周边的场所逐渐成为白族村落中的文化核心、宗教核心、公共活动核心和民间艺术核心。它既是神的殿堂，也是乡村文化的殿堂，同时还是村社世俗生活的中心。在乡间，通常有"社则有屋，宗则有祠"的说法，这里，宗祠多反映了某姓氏族群的血缘脉络，而社屋（本主庙、土地庙等）则凸现了人们的地缘关系。因此，以本主庙为主的祭祀场所与建筑在白族村落的空间秩序建构中往往起到核心的作用（图 3-20、图 3-21）。

　　这一模式第三方面的内容是基于家庭个体小农生产需求的住宅及场院营造中所体现出的越来越完整和愈加精致化的倾向。相比较于原始母系与父系聚落居住建筑的简单和简陋，以白族、傣族、汉族为代表的坝区农耕村落的村民们，更加重视对自己住宅的整体建造。在建造过程中，居所的房间构成愈来愈复杂、功能愈来愈完整、建造技术及手段愈来愈高，同时还体现出对自家宅院内向性、私密性、领域化愈来愈强的诉求和重视。在白族村落中，以"坊"为单位（一栋三开间二层的房屋）的，包括了正房、耳房、庭院、照壁、大门等部分的合院式民居及其建造，即是这一特点的典型表现。

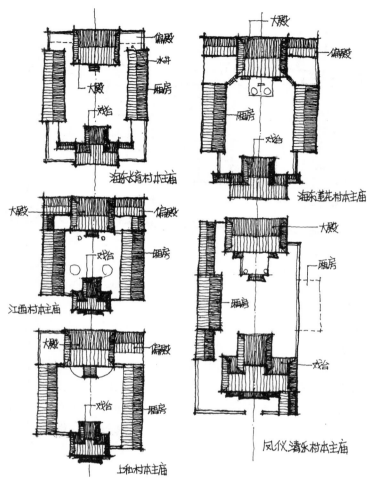

图 3-20　大理地区本主庙平面类型

（图片来源：饶维纯. 白族的本主崇拜与本主庙 [J]. 云南建筑，2006（1）（笔者改画））

图 3-21　大理白族地区"有村就有本主庙"（杨阳摄）

族群，社群与乡村聚落营造

114

这一模式第四方面的内容是基于农耕生产需求的村社各种水利灌溉设施、水窖、道路、廊桥、集市广场等公共设施建造的相对系统化和完整化（图3-22）。上文曾经提到："在大理白族地区，居住在特定区域的人们，总是信奉同样一位或同一水系的本主"。这实际上表达出的是村社成员在灌溉型农耕中对水、土等农耕资源的共同拥有，并同时受到这些土地、水源的共同牵制。既然这些资源属于公共所有，属于每一个人所有；因此，以村社集体之力，兴建各种水利、道路及其他公共设施就成为村社发展农耕生产的一种必然。

图3-22　大理乡村地区的三月街
（图片来源：赵廷光主编. 中国西南丝绸之路 [M].
昆明：云南民族出版社，1992）

从大理洱海白族地区以及云南其他稻作农耕发达坝区（如：滇池坝子、楚雄坝子、保山坝子、德宏坝子、西双版纳坝子等）的村社群落历史进程以及历史遗存中可以发现，这种村落基础设施与公用设施建造的痕迹是十分明显的。

如至今保留在鹤庆县的碑文《开漾弓新河记》就这样写道："从来辟土开疆，兴利除害，其攸关于民生国计者，士君子靡不乐而为之……矧凿地导江，古帝其难，非有经天纬地之才，则不能创其始；非有倒海移山之力，则不能要其终。君子观于漾弓之开辟，益信人力之可以补天工焉"。❶续而碑文历述了从唐长庆初到清末对漾弓江水利的开发和利用的重大事件，从中可以看出当地农耕水利之发达以及建造中林林总总的状况。同样，在鹤庆县保留的清光绪年间的《羊龙潭水利碑》中，也有这样的叙述："……邑头村、文笔村、与西甸村、文明村、象眠村同放羊龙潭水灌溉田亩。水

---

❶ 见：云南省编辑组. 白族社会历史调查（四）[M]. 昆明：云南人民出版社，1988：96.

由高处平流对绕，递文明村边过北，水往桥下过，复东流至西甸村背后，照例分水，立有石闸"。❶ 从这里也可看出各村社村民们对水资源有序的控制和利用。而在今鹤庆县金墩积德屯保留的《公立乡规碑记》中，则可以看到有关村落道路的规划、修建与使用的有关情况："公开道路：本村私人建房者，大都受无路限制。现经全村公议，除将张、刘两姓之路划归为本村村南公路外，特指定开挖河北大沟、小水磨沟、小路沟，各沟北岸之田横头为本村公路……"。❷

3.2.1.3 族群社会组织与建造模式的互动

在初步总结了"元—本主"建造模式的基本内容与内涵后，这里可进一步分析农耕型村落在血缘族群和地缘族群结合的基础上，族群的社会组织与村落营造及建造模式之间的互动关系。

从大理洱海白族地区来看，族群的社会组织及其构成可以认知为三个层面，其对村落建造的互动影响也可从这三个层面进行分析。其一是村落中最为普遍的以小家庭为主的"夫妻家庭"，这既是从事小农生产的基本生产单位，也是村落宗族或家族的最小构成细胞，同时还是村社社会网络中最基本的节点。其二是村落中同宗同姓的"宗族乡绅体系"。一个村落有时可能是一个血缘族亲，有时也有可能是几个血缘族亲；但每个宗族都有族长，都有一批乡绅，宗族有着自己严格的宗族制度，宗族内的事务基本可以在宗族内得到解决。同时，从历史发展过程看，村落中的宗族组织与制度又往往与来自于官府系统的乡里制度紧密融合并主要衍生出了乡村权力机构的主体。其三是以本主崇拜为主的村社的"社祭体系"，这一体系将农耕生产的"人"的需求转化为"神性"，以对神灵共同的祈祷将村民凝结在一起。换言之，这是一种遵从"本主神"而产生的宗教力量扭结之下的、介乎于有形与无形之中的社会组织形式。这种组织体系既显现于村落特定的社祭活动之中，如：绕三灵（也有"绕山林"等名称）（图3-23）、请神、迎神、血食祭祀、歌舞娱神等，也存在于特定时空下的具体组织中，如：莲池会、洞经会、妈妈会等。

在白族农耕型村落中，上述族群社会组织的三个层面及所形成的三个体系对村落营造所产生的互动及影响是不尽相同的。

---

❶ 见：云南省编辑组. 白族社会历史调查（四）[M]. 昆明：云南人民出版社，1988：97.
❷ 见：云南省编辑组. 白族社会历史调查（四）[M]. 昆明：云南人民出版社，1988：99.

建立在婚姻和小农经济基础之上的家庭及其生产和生活显然使村落的住居方式已与原始氏族村落大为不同，这时的住居已不再属于一群人而只属于一家人，村落的家庭的居住建筑因此而演变并达到成熟和成型。同时，家庭居住建筑——民居也成为村落中的基本组成细胞以及村落营造中最量大面广的

图 3-23　白族传统农耕祭祀活动"绕三灵"
（图片来源：赵廷光主编. 中国西南丝绸之路 [M].
昆明：云南民族出版社，1992）

主体。而反过来，愈来愈私密化、内向化以及精致化的院落式民居就像是不断发育着的卵巢，又不断地以空间的方式而使家庭结构更加得到维系和强化。

由于村社的权利往往更多地存在于宗族这一层面上，故"宗族乡绅体系"对村落营造的影响同样是巨大的。一般而言，一个宗族在村落中都会集中居住在某一领域之中，这样就使村落形成不同的居住区域。由于宗族组群的功能需求，在每一个同宗同姓的区域中都建有各自的宗祠，如：喜洲镇就有"董氏宗祠"、"尹氏宗祠"、"杨氏宗祠"、"张氏宗祠"等。从空间的角度讲，一个宗祠就是一个村社领域的核心，宗祠的建立就是该领域空间秩序的建立。另外，由于族群生存、繁衍的内在需求，村社需要兴建水利、基础、集市、公共厕所等设施及用房，而宗族组织往往是修建的决策层与计划层。宗族鼓励士庶有钱出钱、有力出力，建祠堂庙宇、架桥铺路、保护环境、兴修学堂，共同营造乡里。而受教育程度较高的乡绅们则往往推波助澜、带头捐资、出谋划策。这样的结果则不但是形成了村社中的公用基础设施体系，同时也形成了村落建筑的空间等级及秩序，而村民们居住建筑的建造规则（如：基地、面向、间距等）也更是常常由宗族组织在乡规民约中有所规定。因此，这里可以清楚地看到，宗族乡绅体系在村落谋划、营造过程中实际上起到了建立村社公用体系、形成村社空间结构、规定村社房屋营造规则的作用。当然，反过来讲，像宗祠、寨门这样的公共建筑也极大地强化了宗族的凝聚力，成为族群繁荣兴旺的象征（图 3-24）。

图 3-24 石屏郑营村陈氏宗祠
(a) 陈氏宗祠；(b) 郑氏宗祠

村社祭祀场所常被人们圣化而成为村落中的圣地。刘易斯·芒福德在他的《城市发展史》一书中认为人类聚落的礼仪活动中心具备着强大的磁体功能，正是这种磁体功能使聚落能够稳定存在并获得发展。而大理白族地区以本主崇拜为主的"社祭体系"以及由此功能需求而形成的本主庙、庙前广场、山林等祭祀场所就是这样的宗教礼仪活动中心。白族的本主庙，受佛教、道教寺庙建筑风格的影响较大，一般由大殿、配殿、门楼、戏台、碑亭、照壁为主，按院落式布局所构成。这里既是神性的空间，也是村民精神寄托的空间，它在白族村落中永远都是磁性中心，永远都是不可缺少的。因此，社祭体系及其组织在村落发展中所起到的是营造村社精神与礼仪中心的作用（当然，这种中心也自然地成为村落日常生活的世俗中心，这二者是辩证统一的）。

综上所述，从族群社会组织的角度看，家庭、宗族体系、社祭体系这三位一体的村社组织既是村落营造的内在动力，也是村落营造的机制保证，同时也是村落营造的最终目的及其归宿。

3.2.2 "元—本主"模式的建造特征与内涵

在对大理洱海白族地区村落的研究中，可以逐渐把握"元—本主"模式建造方面的一般性总体特征与内涵。具体说来，应重点把握其两条线索：一是居住建筑个体的逐渐的"精致化建造"；二是村社公共场所、设施及建筑的逐渐的"整体化建造"。

3.2.2.1 住屋建造精致化及其内涵

"家庭是在人类自身生产的过程中产生的一种生产关系。一般来说，传统意义上的家庭是以血缘和婚姻关系为纽带的，具有一定社会功能的生活共同体"（张宏，2002）。婚姻是决定家庭形式的主要因素，有什么样的婚姻形式，就有什么样的家庭形式。大理白族地区普遍存在的一夫一妻形式，决定了该地区普遍的小家庭形式。

相对于血缘氏族聚落的那种原始单一的住屋而言，一夫一妻家庭形式以及所对应的个体生产及小农经济明显地给村寨居住建筑带来了不同的变化。首先，在一夫一妻制家庭中，婚姻关系呈固定状态，男女之间"性"的关系也被相对限定并被延伸至日常生活的范畴内。因此，相对于原始社会纯粹的血缘家庭而言，一夫一妻小家庭的私密性明显增强，家庭成为一个温馨、浪漫的庇护所。因此，人们逐渐抛弃了住屋的公共性并转而寻求住屋的个体性、完整性，这是造成住屋建造精致化的一个原因。另外，家庭个体生产与经济功能上的需求使住屋不再是纯粹吃饭、睡觉的地方，而变成了集生活与生产于一体的家庭场所。这从当前少数民族村寨的农户家庭中可以窥见一斑。如家庭农业生产中使用的耕具、牲畜、仓库、作坊与各种生活房间共同构成了越来越复杂的住屋空间体系，因此，这是造成住屋建造精致化的另一个原因。而从历史上各个民族聚落的发展演变来看，也同样可以看到一条村寨中居住性建筑功能愈加完整、规模愈加扩大、类型愈加复杂、建造愈加精致的发展线索。

从现有对云南民居的研究成果中，这种发展变化也是清晰的和被学术界基本认同的。如：滇池地区及广大彝区从原始的地面木胎泥墙房到后来的土掌房及"一颗印"院落建筑；洱海白族地区从早期简陋的石砌房屋到后来的"三坊一照壁"、"四合五天井"民居；丽江纳西族地区从原始的木楞房到今天的"三坊一照壁"、"四合五天井"及"明楼"、"骑楼"、"蛮楼"等类型的民居；西双版纳傣族地区从原始的干阑建筑到后来的竹楼民居……只是，多数研究仅揭示了这种演变的文化上的原因，而对这种演变背后的家庭生活及个体生产所产生的内动力及功能作用的解析重视不够。

在大理白族地区，这种住屋建造的精致化主要体现在以下几个方面：

一是平面及空间的院落形制化。在平面布局上，较为常见的有独坊房和两坊房，周围都有围墙围合成院。而最具典型意义的

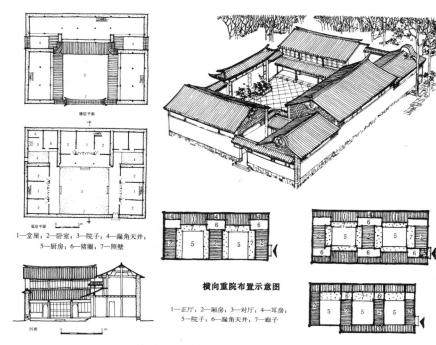

图 3-25 大理"三坊一照壁"民居

（图片来源：云南省设计院.云南民居 [M].北京：中国建筑工业出版社，1986）

形式是三坊一照壁（图 3-25）及四合五天井。三坊一照壁由一个三合院和一个照壁构成，当地百姓认为这种形式最为适用，中等人家居住也较为合适；四合五天井则是由正房、耳房、倒座这四"坊"房围合而成的四合院落以及在四角形成的四个小漏角院落，一般为较为殷实的大户人家所常用。内院中在房下均有宽大的廊厦，二层楼上也常有环通四周的跑马廊（图 3-26）。

图 3-26 大理白族民居照壁、转角处理

（图片来源：王其钧.中国传统民居 [M].北京：外文出版社，2002）

二是结构、构造技术的成熟化。这主要体现在三个方面：首先是"木构架技术与构造"。在适应大理地区多风、多震的现实以及生产生活等多种需求的基础上，白族民居逐渐形成了成熟的、有自己特点的、以穿斗式和抬梁式为主的木构架形式及技术。其总体特点是结构稳定性强、比例上小下大、尺度匀称。其次是"墙体砌筑技术与构造"。墙体则以夯土墙、土坯墙、卵石墙和条石墙为主，常在表层砌青砖（即所谓"金包玉"的做法），其总体特点为充分利用当地土石资源、砌筑方法考究、稳定性好，如"鹅卵石砌墙不会倒"就被称为大理三宝之一。再次是"屋面及檐口技术与构造"。屋面瓦作较为普遍，其椽子上用细竹条密编的篾笆做一到两层、再在其上窝泥铺瓦的"瓦衣"做法有较好的蔽水性和抗风、抗震性。大理地区民居的硬山式"封火檐"是一种用薄石板封住后檐和山墙悬出部分的做法，其特点是防风作用强、外观光洁整齐。

三是建筑装饰的精美化。在大理白族民居中，装饰精美、细腻且工艺高超，其装饰体系主要由四部分构成。①"木作"。主要在结构构件、门扇、窗扇、窗下墙、窗边墙、栏杆、天花上施作，其主要工艺分为两大类：木雕和镶板，而其中木雕工艺包括镂雕、透雕、浮雕、线雕、圆雕等不同方法。②"石作"。主要内容包括铺地、石雕和镶石，石料常有青石、大理石和鹅卵石三种。一般青石用于墙基和铺地，鹅卵石用于铺地，大理石用于镶嵌，而石雕工艺主要用在做镶嵌的大理石上。③"泥作"。主要功能有二，一是找平粉白，二是物象造型。这里的泥是一种当地常用的、黏性与塑性均较好的三合土，由石灰、绵纸、水、糯米浆组成。④"彩画"。白族民居的彩画分为两类，一是泥作上的彩画，二是木作上的彩画。主要在檐下、内墙、门楼、柱头、门头、窗头等部位，色彩多为黑、青、蓝、绿等冷色调。

四是建筑形式的风格化。在平面、空间、结构、材料、构造、工艺均已相对成熟的基础上，大理白族民居在形式上表现出一种特有的风格，这种风格主要表现为建筑体量的稳重和敦厚，屋脊、门楼升起和起翘的飘逸和灵动，墙面粉饰的简洁和素雅以及装饰、彩画的生动和精美（图3-27）。

3.2.2.2　村寨营造整体化及其内涵

相对于血缘氏族聚落的那种极其重视聚落中心场所以及祭祀

图 3-27　一组精美的白族院落建筑

空间而言，村社传统小农经济以及灌溉农耕给村寨整体营造也带来了重大的转变，其特征表现为村社公共场所、设施及建筑的营造逐渐向着整体化的方向行进。综观大理洱海地区白族村落，这种发展线索同样十分明显，这些转变可以用密致化、系统化、世俗化、等级化来概括。

　　所谓密致化，是由于家庭农耕对比于现代农业来讲生产力水平相对低下，因此，愈是分散的小农经济就愈需要互相帮助，愈需要在空间地点上紧密聚合在一起。费孝通认为这种"聚村而居"的原因有这样几点：①每家所耕的面积小，所谓小农经营，所以聚在一起住，住宅和农场不会距离得过分远。②需要水利的地方，他们有合作的需要，在一起住，合作起来比较方便。③为了安全，人多了容易保卫。④土地平等继承的原则下，兄弟分别继承祖上的遗业，使人口在一地方一代一代地积起来，成为相当大的村落（费孝通，1998）[9]。在云南，很多有传统农业的地区的村寨因此都呈现出聚落以及住屋紧紧依靠在一起而形成密度极高的状态。白族村落因长期从事传统农耕，土地资源、家庭构成、小农经济等内在原因同样使白族村落呈现出明显的密致化的状态（图3-28）。

　　所谓系统化，是指农耕型村落在生存与繁衍、维持与保护、族化与文化等功能需求下所营造的村落的各种设施的完善程度。

图 3-28　白族村落密致化的倾向：大理新华村（欧阳国元摄）

在大理白族村落中，主要包括这样几个层面的系统。第一是用于农耕生产与生活的公用设施系统，包括：各种灌溉与基础设施：沟渠、水窖、水塘、渡槽、给水排水管道、道路、谷场、仓储、畜圈（图3-29、图 3-30）。第二是以本主崇拜为主的、以

图 3-29　沙溪镇寺登街区的宗教建筑与村落结构
（图片来源：石克辉，胡雪松. 云南乡土建筑文化 [M].
南京：东南大学出版社，2003）

村社为单位的各种宗教祭祀活动场所，这是村落的精神礼仪空间系统，主要包括：本主庙、土主庙、宗祠、祭祀广场、神山与神树林等（图3-31）。第三是村落各种世俗活动的公共场所系统，包括：广场、集市、戏台等（图3-32）。

　　所谓世俗化，是指随着血缘族群向地缘族群的转变，原始氏族村落中的那些有神性意义的建筑与空间场所向着生产及生活功利性方面的转化，这一方面反映了村落新兴的农耕生产和生活的

图3-30 白族村落整体化营造中的街巷空间

内在需求，另一方面则反映了人们逐渐摆脱了原始蒙昧认识而走向对现实的理性和客观的认知。这里，既有宗教礼仪场所向生产和生活场所的转变，也有住屋从作为宗教礼仪空间的附庸而逐渐摆脱其桎梏而成为独立的生活空间的演变。最为明显的实例是本主庙及其庙前广场，在大理白族地区的许多村落中，本主庙、宗祠及其场院不但很自然地成为农村商品交易的集市，而且也同时成为了村民们休闲、交往、纳凉等世俗活动的最佳场所。当地村落中的不少"四方街"就是这样的空间场所，如：剑川沙溪古镇中的四方街、大理周城的四方街、喜洲的四方街等。

图 3-31　村落旁、洱海中的宗教建筑：小普陀

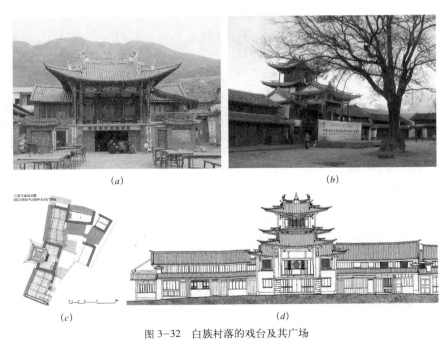

（a）　　　　　　　　　　　　　　　　（b）

（c）　　　　　　　　　　　　　　（d）

图 3-32　白族村落的戏台及其广场
（a）双廊白族村落的戏台；（b）沙溪寺登街的戏台；（c）沙溪寺登街戏台二层平面
（d）沙溪寺登街戏台立面（图片来源：沙溪古镇四方街复兴工程文本）

所谓等级化，是指本主庙、土地庙、祠堂等宗教礼仪建筑系统、公共建筑系统与居住建筑系统在村落营造及空间秩序级别上的差异。在大理白族地区，如果将本主庙视为村落的磁性中心的话，那么就精神意义而言，显然，村落的宗教礼仪建筑及其空间场所属于第一个等级；广场、集市、戏台等公共建筑及其空间场所应属于第二个等级；居住建筑及其场院空间属于第三个等级；而田畴、沟渠、道路、谷场、仓储、畜圈等生产性建筑及其空间场所则属于第四个等级。而就生产意义来讲，这种等级可能又正好相反。但不论怎样，农耕型村落的这种等级性都是十分明显的，而且较之原始氏族村落的空间等级要复杂得多（图 3-33 ～图 3-35）。

3.2.2.3　合作的建造与规则的建造

如果说，在前节中提到的"惹罗"建造模式是一种血亲集团在"原始共产主义"状态下的"共同的建造"的话，那么与之不同的是，以地缘性村落为主的"元—本主"建造模式则可以被认为是一种"合作的建造与规则的建造"。

(b)

(a)

(c)

图 3-33　白族村落的寨门、牌坊
（a）沙溪的寨门；（b）云南驿的牌坊（欧阳国元摄）；（c）周城的牌坊

图 3-34　宗祠与宗祠前部广场的世俗化：石屏郑营村陈氏宗祠

图 3-35　周城的戏台广场成为集市

由于地缘关系不是建立在人们的血缘氏族基础上而是建立在土地资源和地域基础之上，也由于氏族公社解体为个体家庭，因此，村落的营造在性质上已不再可能是原始共产主义的共同建造，它必定呈现出新的性质和新的关系。在村落及建筑营造中，这种新性质及新关系一定与地缘村落的生产方式高度一致且密切相关，而这种生产方式就是"家庭个体小农经济"。认识到这一点，就可以首先看到村落与建筑营造是以小家庭为单位的，换言之，建造行为是在家庭的层面上展开的。然而，地缘性乡土村落毕竟是一群人们长期依附在某一块土地上的熟人社会，农耕生产的功能需求也使这些"小家庭"之间必须建立千丝万缕的联系。况且，在乡村不少地缘性村落中，原有氏族的血缘纽带关系还常常具有一定的支配作用，家族与国家治理系统也都在乡村中有着很强的凝聚力和统合力。同时，村落的营造既有住居这样的私家房屋，也包括了村社中属于集体的公共建筑及设施；因此，村落与建筑营造又不可能仅仅是靠小家庭自身的，换言之，建造又必然是互帮互助的，必然是在一定规则、秩序条件下的"合作"的。

在云南很多地区的农耕型地缘村落中，均可以发现和总结这种"合作建造、规则建造"的现象及其背后的规律，这也是"元—本主"建造模式所应该包含的重要内容；这些内容主要包括以下方面：

（1）组织体系下的集体建造。这是一种来自于国家治理体系下的有组织的建造活动。如由官府组织当地各村村民成夫役，以工代赋、以工代赈或有偿进行农田水利设施、公共设施（如：道路、桥涵等）、宗教建筑等的建造，这显然形成了一种大规模的集体建造。这种集体的建造在很多地区的历史文献及历史研究中都有记述，如大理地区有关兴修水利的《重开水峒记》、《开瀁公新河记》、《羊龙潭水利碑》等历史文献及高力士先生的《西双版纳傣族传统灌溉与环保研究》等，这里就不再赘述。

（2）家族与宗法礼制基础上的共同建造。在国家政治体系无法渗透到底的乡村，宗族或家族往往成为村落中的实际权力组织，族老、族长也就成为了村落中最有权力及威信的人，常常是其一言九鼎、无人不从。这在村落营造中也一样，村中的公共设施与公共建筑，多为在族群组织完成筹款以及号令的情况下由村民们共同建造完成的。然而，这里更加重要的则是族群在村落营造及房屋建造方面所制定的村规民约成为了所有建造活动的共同准则，这实际上可被视为在有规则的前提下的另外一种意义上的共同建造。

（3）亲朋好友基础上的帮工与换工。在村社中，一家要建房，亲朋好友、左邻右舍前来帮忙是常有的事情。这既是一种合作建造，也是一种村社有社会凝聚力的社会活动，但这其中却有其潜规则，这种潜规则就是帮工与换工。这次，我帮了你家的工，下次你家自然地会轮换来帮我家的工；大家心照不宣，共同遵守着这种约定俗成。这一规律几乎可以在所有从事农耕生产的云南少数民族村落中发现。

（4）契约关系下的建造。随着乡村社会经济的演进和区域之间的交流，户主通过契约方式雇佣本地或外地工匠有偿为自己建造住屋逐渐成为乡民们越来越多的选择。这种方式对于建房户来说最大的好处是：一是可以免去帮工换工做法中繁杂的人情世故；二是可以请到专业的工匠，从而使自己的房屋有更好的建造质量。从社会文化的角度看，这种方式既通过需求的内动力造就了乡间工种齐全的工匠队伍（如：木匠、石匠、瓦匠、泥水匠、夯土墙匠等），又使各地的建筑技术与文化得以互相传播和流传。这种方式也被认为是后来商品经济社会中契约式建造房屋的初期萌芽。

3.2.3　作为广义"元—本主"建造模式的意义

3.2.3.1　西南民族地区传统农业社会村寨营造普遍方式的抽象

村落营造的"元—本主"模式就具体而言是大理白族人民聚落与居住环境营造的规则与方法体系的抽象提炼，但就广义而言，这种模式却是西南少数民族传统农耕地区乡村聚落营造一般性规律的典型。更确切地说，"元—本主"模式代表了西南地区历史及当代众多的地缘族群为主、血缘族群与地缘族群结合的乡村聚落营造的基本规则、过程和方法。相对于在此以前以血缘族群为主的村落的"前"建造"惹罗"模式及以后在乡村中出现的农工仕商多种业缘族群的乡村而言，"元—本主"建造模式是一种中间的形式，它形成了村落营造历史维度上的中层积累。笔者认为，基本可以将其称为西南少数民族乡村聚落营造历史进程中的"中期建造模式"。

在西南地区的其他少数民族族群那里，我们可以看到很多与"元—本主"模式相类似的村落营造活动及其方式。

在傣族村寨中，一方面，一户户傣家竹楼灵动而精美，内部房间及功能整体而完善，这在家庭住居层面上，也就是在"元"的层面上明显体现出逐渐走向成熟的过程。而在另一方面，佛寺及佛塔的建造也是傣族建寨之必须，因为，傣族人民信奉小乘佛教，并认为这就是保佑一方水土的保护神。在西双版纳地区，与农耕相关的祭祀活动极其丰富，这与白族地区的本主崇拜以及本主庙在村落中的建造是极其相似的。同时，傣族地区稻作文明发达，以各种灌溉系统和蓄水系统为主的村寨公用生产设施的建造是傣族村寨的一项十分重要的工作，也因此产生了"先有沟后有田，先有百姓后有官"的民间谚语。由此可以看到西双版纳地区傣族村寨营造中几个方面的明显特征：既重视住屋的建造，也重视宗教礼仪建筑及场所的建造，还注重农耕灌溉系统极其他生产生活公共设施系统的建造（图3-36、图3-37）。

在滇中一带从事灌溉农耕的彝族及汉族村落，也显现出同样的村落营造特点：功能较为完善、技术较为成熟的"一颗印"或"土掌房"民居；村落中土主庙、土地庙、龙王庙、祠堂等宗

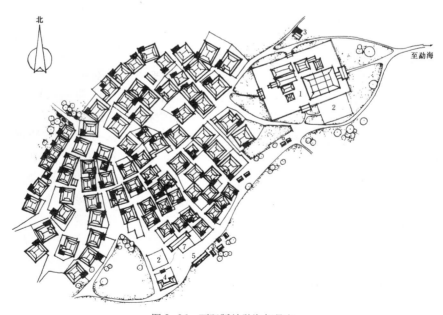

图3-36　西双版纳勐海贺曼寨

1—佛寺；2—晒场；3—水井；4—乡政府；5—医务室；6—草棚；7—仓库

（图片来源：云南省设计院. 云南民居 [M]. 北京：中国建筑工业出版社，1986）

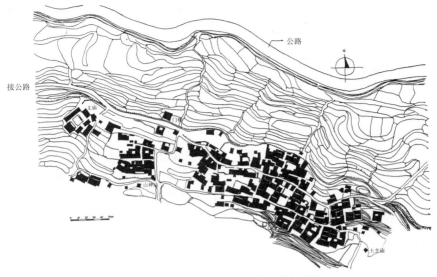

图 3-37　滇中建水大板井汉族土掌房村落

教祭祀建筑及场所的建造是村落营造之必须；同时，村落周边也都有较为发达的灌溉与蓄水系统。而壮族村落完整的干阑住居；集巫、道、佛于一体的庙宇、坛台、塔阁等祭祀性建筑（如：土地庙、龙王庙、药王庙、社坛等）；各种满足农耕生产与生活的公共建筑（如：便于交通和避雨歇凉的风雨桥、有防御功能的寨门及围墙、村民娱乐的戏台、储存粮食的谷仓、功能多样的田棚建筑）也都体现出与"元—本主"模式一脉相承的村落营造特点。

　　以上叙述也试图说明，大量的田野调查资料显示，与"元—本主"模式相似的村落建造几乎存在于西南所有在坝区、半山区从事灌溉农耕的少数民族的乡村聚落中。

　　3.2.3.2　"元—本主"模式的精神内核与现代意义

　　前述章节中曾提及美国学者费正清曾在他的《美国与中国》一书中认为中国农村社会单元是家庭、家族，这些家庭既是社会单位，又是经济单位和生产单位，其成员靠耕种家庭所拥有的田地生活，并根据其家庭成员的资格取得社会地位（费正清，1987）。在费正清看来，"家庭、家族、土地"是理解中国农耕乡土村落的基本切入点。而在这里，"家庭、家族、土地"同样也可以作为我们理解农耕村落营造与建筑的基本点。

家庭、家族、土地可以说是决定农耕村落营造的三要素。有了家庭才有可能有真正的住居，家族的存在促成了村落营造的公共性和集体性。土地资源以及它与生命繁衍的关系既使村落营造具有了宗教神性，也使村落营造形成了与环境资源的适度关系。因此，笔者以为"元—本主"建造模式的精神内核就是：基于家庭生产生活的"精致建造"、基于家族社会下的"合作建造"和基于土地资源的"和谐建造"。

显然，中国当代农村绝大多数尚处于传统农耕阶段，家庭、家族、土地仍是制约与影响乡村社会经济的基本因素，但其中的内涵与外延却在发生着深刻的变化。因此，"元—本主"模式对时下农村建设的当代意义也是不言而喻的。

3.3 "公本芝"建造模式解析

所谓"公本芝"建造模式，是笔者对云南很多有相当农耕生产基础的民族地区村社在进入农商社会后，村落在地缘族群的基础上开始出现向业缘族群的转化，而在这一变化的影响下，聚落人居环境和住屋营造所显现出的总体的规律以及相关的过程、特征的概括和抽象。

在纳西古语磨些语中，"公本"为交换背子，"芝"为集市或做美事。连起来解释意为交换背子做美事的地方，即集市也。[❶]因此，丽江古城的四方街在磨些语中被称为"公本芝"。在西南少数民族地区的村镇聚落中，有类似"四方街"这样的集市场所的村落不在少数。如在大理白族地区，这样的集市空间也都被称为"四方街"。因此，"四方街"可以被认为是农商村镇业缘社会的一种标志。以集市为核心的农商村落的营造，虽然基本是在原来传统农耕村落的基础上进行的，但是，在营造内容、性质、进程、方法等方面均与前述的"惹罗"建造模式和"元—本主"建造模式有很大的不同（图 3-38、图 3-39）。

---

❶ 参见：木丽春. 丽江古城史话 [M]. 北京：民族出版社，1996：23-49 及郭大烈，和志武. 纳西族史 [M]. 成都：四川民族出版社，1994：377.

图 3-38　丽江大研古城四方街

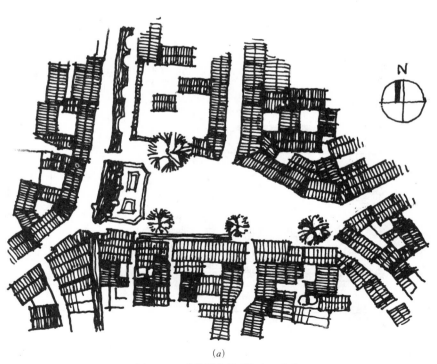

(a)

图 3-39　业缘社会的兴起与四方街

(a) 丽江大研四方街

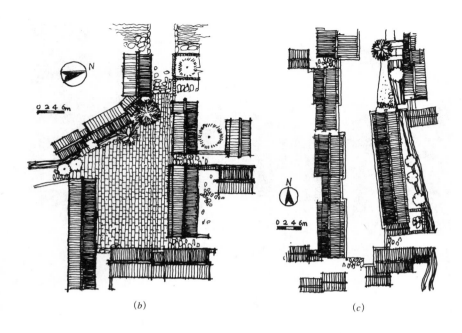

(b)   (c)

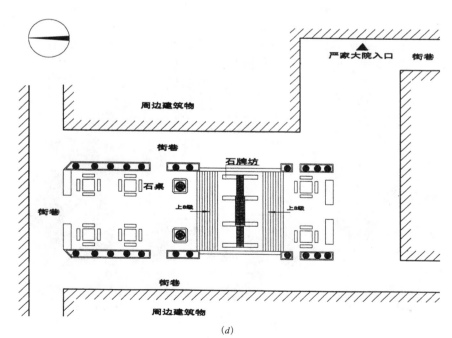

(d)

图 3-39　业缘社会的兴起与四方街（续）
（b）丽江束河四方街；（c）丽江白沙四方街；（d）大理喜洲四方街

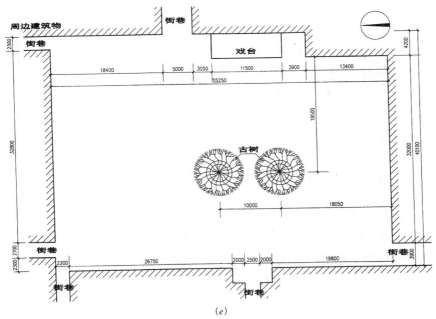

图 3-39　业缘社会的兴起与四方街（续）

（e）大理周城四方街

3.3.1　"业缘"族群与"公本芝"模式的塑造

3.3.1.1　业缘族群与建造模式

农商社会最突出的特点是产生于农耕基础之上的、但又高于农耕生产的社会分工及其业缘性的社会组织。在农耕生产较有基础的、有一定范围的乡村地区，其一是必然出现农耕商品的交换以及满足这些交换行为的场所，这样就出现了市场和铺面，市场最终形成空间意义上的"集市"，铺面则最终形成空间意义上的"街道"；其二是一定会在原有血缘族群和地缘族群的基础上形成从事多种职业的社会群体，即业缘族群，其中包括：农、工、仕、商这样的职业群体（再加上政权治理而产生的官、兵、丁等群体）。而业缘族群在空间、场所上的建造则一定会超越于原来村落中用于农耕生产的空间、场所以及建筑等，由于业缘族群所使用的空间、场所多为非纯粹的居住建筑并带有公共性，因而，这一类空间场所或建筑一般也多与集市、街道等村落公共空间产生密切的关系。这样就在村落的营造中，形成了一系列以集市、街道为核心的各种建筑物、构筑物的建造需求、建造过程以及建造结果，它们包括：

府衙、庙宇、牌坊、商铺、酒肆、作坊、学校等。

在前章中曾谈到，在丽江的大研、束河、白沙等聚落的形成过程中，尤其是在明、清两代逐渐浓厚的农商社会的氛围中，聚落的业缘族群越来越整体而多样，其村落营造活动也越来越丰富和复杂。而仔细分析这些营造活动，可以寻觅与归纳出一个有规律的内容、方法与过程，也即"公本芝"建造模式：

修集场、兴集市

开商铺、构街坊

重教化、盖学堂

拓住屋、成宅院

在这一时期与过程的建造中，建庙宇、宗祠，修水利灌溉设施，整治道路与基础设施等满足农耕生产、生活需求的建造活动仍然是持续不断的。但在该模式中，最突出的内容则显现在"商"与"居"的辩证关系之中，具体而言则在三方面展开：一是"市井"、二是以学堂为主的"公建"、三是"宅院"。

3.3.1.2 农商社会组织对建造的作用

在原始氏族社会和农耕社会时，就已有了简单商品交换的集场了，在西南少数民族乡村地区，原始的集场起初非常简陋，被称为"草皮街（或叫露水街)"、"草棚街"。这些集场没有任何市场设施或仅仅是搭建了极其简易的"货棚"，集时人聚、集散人散、人散场空（龙建民，1988）。而当发展至农商社会时，简单的集场已不能满足各种业缘人群交易的需求，因此，修整集场、完善设施，使之成为新兴的集市就成为聚落营造的一种必然。在丽江的大研、束河、白沙等地，现在的四方街早期均是原始互市的草皮街，只不过在明、清时进行了重新的修整：铺砌了五花石、完善了排水设施、周围建盖了商铺等。同样，村落原来的道路与街巷也因"商"而起，经过重新的营造而成为繁华热闹、商铺林立的"街坊"（图3-40、图3-41）。

追溯这些集市与街坊建造与形成之缘由，农商社会的社会组织、不同的业缘族群及其活动无疑是其主要的内在动因。

首先，由于重要的地理区位，丽江地区历史上一直就是"茶马古道"和"茶马互市"的所在地，像大研、束河、石鼓等聚落也一直就是古道上的重要驿站，因此，这些村镇成为了服务业与

图 3-40 集市上的商贩

（图片来源：赵廷光主编. 中国西南丝绸之路 [M].

昆明：云南民族出版社，1992）

图 3-41 沙溪寺登街集市（杨阳摄）

图 3-42 云南的马帮和贩运者

（图片来源：赵廷光主编. 中国西南丝绸之路 [M]. 昆明：云南民族出版社，1992）

手工业最为集中的地方，也成了各种行业及其匠人们云集的地方（图 3-42）。在 20 世纪 50 年代以前，大研镇 80% 以上的人口主要依靠手工业和商业谋生，曾有过独立的手工业者 2500 多人，从事着铜、铁、木匠、皮匠、纺织、染业、泥瓦等十多种行业。在这里有专营某一行当的"一条街"，有手工工厂、行会组织、工业合作社等（杨福泉等，1999）。束河，从明代开始成为滇西北重要的商品集散地和皮革加工中心。至民国初年，仁里、中和、街尾、松园等村从事皮革业的有 336 户，其中仁里村 120 户人家中有 80户皮匠，当时每日生产皮鞋约 500 双。束河工匠沿茶马古道开拓业务，并因此造就了束河、中甸、永宁等地的"皮匠街"，为此，在滇、川、藏交界一带，民间有"一根锥子走天下"的说法。其次，丽江地区采矿业发达，据历史记载，当地的金矿、银矿、铜矿、盐业在历史上都曾长时间繁荣兴旺（郭大烈等，1994）[374-376]，因此也造就了一批商人、产业工人和贩运者。另外，在明代木氏土司时期和清朝流官时期引进的汉文化及其各种手工业技术人才、商家也使得当地不同职业的业缘族群构成更加复杂和多样。从以上所述中可以看出，在近现代的丽江地区，显然已经产生了一个庞大的手工业与商业的职业群体，而也正是这样的业缘族群及其社会组织促成了村落中集市、街坊、商铺的建造，并同时完成了村落建造由农耕型向农商型的转换（图3-43、图3-44）。

在中国乡土社会中，由不同业缘族群构成的农商社会往往也是重视教化与文化的耕读社会，这在丽江这样的西南少数民族地区乡村社会中也不例外。在明代，木氏土司大力推崇儒学，形成学习汉学的浓厚风气；同时，木氏还从中原请来一批教师、医生、画师、开矿以及建筑方面的技术人才，使汉族先进文化得以在丽江传播开来。清朝时期的"改土归流"也更加使以儒家礼教为主的汉文化在丽江进一步普及，并出现了一大批当地的文化人，从而形成了当地的知识分子和文人阶层，即"仕"的阶层。至清光绪年间，丽江城乡已有3个书院、31个义学馆，到"五四"运动前后，当地村村都建有小学校，仅公立初、高小就有91所，各种民办学校更是不计其数。因此，在这样的文化背景之下，学校的建造也就成为了村落营造的一项非常重要的内容。同时，相对

图3-43　四川汉代画像砖中的"羊尊酒肆"图可见当时聚落中的"市井"
（图片来源：赵廷光主编.中国西南丝绸之路[M].昆明：云南民族出版社，1992）

杂货提手篮   猪血担子   花生担子

收　荒   收毛钱及烟灰   牛肉担子

补衣妇人   更　夫   挑粪者

蒸蒸糕   卖零菜油   水果担子

图3-44 《成都通览》中的七十二行现相图表明了当时西南地区乡村的多种业缘群体
（图片来源：蓝勇.西南历史文化地理 [M].重庆：西南师范大学出版社，1997）

于宗教寺庙，学校也造就了村落中空间秩序里的另一种圣化的场所——文化空间。

而随着农商社会的到来，居住建筑也开始发生变化。原来只是满足农耕生产生活的住屋必须满足商业和家庭手工业的要求，住户也由原来的从事农耕的乡民而转变为手工业者、商人、文化人等各种职业兼而有之，因此，乡民们纷纷将原来平面与空间类型相对简单的住屋拓展、改建、甚至重建成为等级和形制较高、规模较大的宅院，从而使村落的营造出现了"深宅大院"的住宅建造类型及其建造活动。而明清及近代以来，在云南部分地区依托西南丝绸之路通过"走夷方"❶致富后而将资金大量投入家乡"立基建宅"的云南商帮也更加强化了这种建造的势头。

3.3.1.3 建造模式与业缘族群生活的互动

人类学的功能主义认为，族群的任何一项活动都是有其功能原因的，而这些活动本身也一定会对族群组织及其生活产生功能作用。以这样的观点来看待"公本芝"建造模式，可以分析这些建造活动与族群生活的互动关系。

显然，集市、街坊是因"商"而起。但反过来，集市与街坊的建造则以空间和场所的方式促成了不同业缘族群的聚集，强化了业缘族群内部的亲密关系。像束河的皮匠街，聚集了一批最好的皮革工匠在此建立作坊，并形成了专门的业缘人群及其社区。与此相似的还有很多街坊、街区和专门市场等，如：鹤庆新华村的石寨子银器市场及作坊聚集了当地一大批银器工匠及其他们的家庭，现在全村1100多户人家，有800多户都在从事与银器相关的手工艺品制作（图3-45）。与丽江比邻的大理地区的周城是扎染之乡，全村8800多人至少有4000人在从事扎染及相关营生，全村有扎染作坊100多家。另外，像大研镇的鸭蛋市场、卖鸡豌豆的鸡豌豆桥市场、卖草鞋的草鞋巷等，也都聚合了从事相同行业的人员，使得整个社会构成和组织系统显得清晰而有序。

---

❶ 这里的"走夷方"泛指的是明清及近代云南滇西北、滇西、滇西南乡村地区，人们在人多地少或农耕条件不佳的背景下离开家乡，依托西南历史上所特有的南方丝绸之路，从事商品长途贩运、玉石珠宝买卖、开采矿山等行当的商贩活动。如民国《大理县志稿》卷三中就有："至清中期，太和县民'合众结队旅行四方，近则赵、云、宾、邓，远则腾、顺云，又或走矿厂，走夷方，无不挟一技一能暨些许资金，以工商事业，随地经营焉。"流于腾冲和顺的《阳温墩小引》中也有"穷走夷方、急走矿厂"的说法。作者注。

图 3-45　鹤庆新华村打造的银器及银匠使用的工具（欧阳国元摄）

集市、街坊、学校等公共建筑的建造也是一种公共活动。在建造过程中，社会各方的参与起到了各阶层交流、增进了解并提高社会整合度的作用。显然，这种建造活动较之社会其他活动更容易形成大众在不同层面的参与与合作，因此，这种公共建筑的建造活动对社会进步以及形成和谐的业缘社会是有极大的作用的。另外，这些公共的建造促成了社会生活的丰富和多样，各种各样的建造活动以及相关的仪式就如同是地方戏剧表演、跳舞、听故事、民族节日一样使人们不断感觉到每天生活的新鲜和生机，而也就是在这样的活动中，才有可能孕育出真正来自于族群生活的本土文化。

集市、街坊等公共性设施和建筑的建造的开放性也起到了文化与技术传播的功能作用。事实上，在丽江地区村落民居建筑从原始的井干房向土木结构的院落式民居的转化中，公共性设施及建筑的建造所引进的外地工匠、先进的建造技术以及建筑文化起到了极其重要的作用。历史记载表明，活跃在丽江大理剑川地区的工匠、四川成都地区的工匠、中原的工匠都对当地的建筑技术以及建造文化产生过重要的影响。

3.3.2　"公本芝"模式的建造特征与内涵

前述章节已经说明，在明清及近代以来的云南乡村地区，商业的兴起以及随之形成的不同业缘的族群是村落建造再次发生历史变化的主要原因。因此，在理解"公本芝"模式建造方面的一般性特征与内涵时，关键是要把握村落商业形态的兴起以及农耕、商贸、居住三者之间的辩证关系在建造过程与方法上的具体体现。

3.3.2.1 商业、公共建筑建造的世俗化和多样统一

集市及其街坊以及其他公共建筑（学校等）的成形与成熟是这一时期村落建造中最重要的特征。在较为具体的层面而言，这些建造又体现出明显的世俗化与多样统一的特征。

对一般村落而言，农商生活所需求的集市、街坊的建造多数并非新建而是从过去村落中已有的公共场所和空间中转化而来。而这种转化主要有四个方面：一是由从前用于宗教祭祀活动的聚落礼仪中心转化而来，也即是过去的宗祠、庙宇的室外空间由主要是从事宗教祈祷活动的场所而变为农贸场所。像很多大理白族村落本主庙前的空间场所就明显表现出这种转化，如：沙溪寺登街兴教寺前的四方街广场、建水团山村依附在家族宗祠前的集市小广场。二是由过去较为原始简陋的草皮街、集场等交易场所转化而来，如：丽江大研古城、束河古村落的四方街均是属于这种情况。三是将村域范围内的其他一些空地加以利用和修葺，从而转化成为集市。四是将沿街巷两侧的宅院辟为商铺而转化成为商业街坊，这在一般的村落、集市、乡镇都可看到，是一种非常普遍的情况（图3-46、图3-47）。

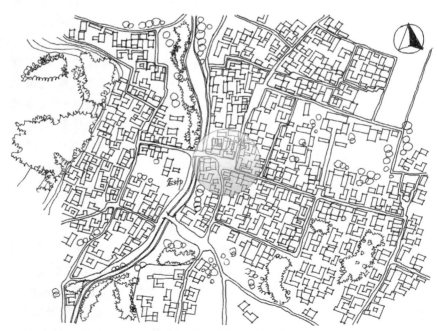

图3-46 束河四方街与村落关系

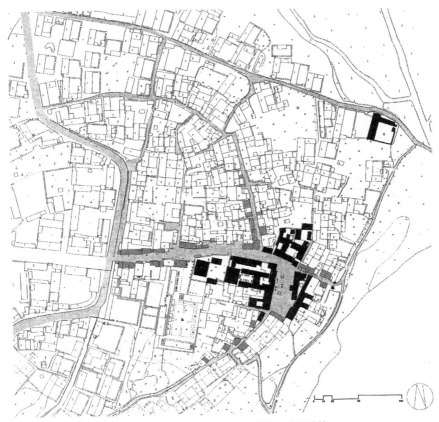

图 3-47　沙溪四方街周边的宗教及商业建筑
（图片来源：沙溪古镇四方街复兴工程文本）

　　从这里可以看出，不但过去的礼仪活动中心被转化为世俗化
场所，而且新的公共场所也是在世俗化的功能需求下而形成的。
这种世俗化的倾向还从这一时期的村落寺庙向学校的转化，村寨
旁的神林向村落休闲、嬉戏场所的转化等现象中得到体现。

　　所谓多样统一，指的是集市、街坊、公建的种类上，各类建
筑建造中平面空间的形制上以及建造技术的手段上，在越来越丰
富多样的基础上也保持了互相之间的关联性和完整性。

　　这一时期，集市和街坊不只仅仅包括商铺和作坊，还有大量
与商贸及各种职业相关的商肆建筑，像马店、客栈、饭铺、典当、
钱庄甚至是会馆等，也有为农商居民提供日常生活用品的米粮店、
杂货铺、布店、鞋帽店等。由于这些商业形态内在的要求，在建

造中又显现出这样的一些过程与规律：一是由分散逐渐走向集中；二是由单个铺面相连而逐渐走向连续的街市；三是在建造中逐渐形成类型与风格上的相似性和一致性；四是在设施完善程度与建造技术水平上逐渐走向成熟。

丽江的大研、束河、白沙、石鼓，大理的喜洲、周城、云南驿等一大批云南的乡镇都体现了这种建造上的集中、连续、相似和一致的特点，这些在相关学术成果中已有较多论述，此处不再赘言。而在设施完善程度与建造技术水平逐渐成熟方面，则有众多的事实与历史记载予以说明，如：腾冲和顺乡的十字路为集市中心所在地，店铺云集。早上买卖蔬菜，白日则为集市。这里道路均用石块铺筑、路下排水设施良好，故路面平整，雨季无泥泞之患（蒋高宸，2003）。又如：据乾隆四十七年（1782 年）丽江知府吴大勋所记"丽江街市"中称：

> "郡城西关外，有集场一所，宽五六亩，四面皆店铺，每日巳刻，男妇贸易者云集，薄暮始散，因逼近象山，山水流渐如市，然后东注于溪湖，市廛之民向以泥泞受困，余思另辟一沟，使水从市外行；非不便民，惧于街市风水不利。因谕街旁众铺，各就门面铺砌石街，于进水之口筑一小闸，晨则下闸阻水不得入街，暮则启闸放水涤场使净，俾入市者既免于泥泞，又免于尘埃。而水仍由市流行，当无所碍，各铺家所费无几，而便益无穷，城乡之民无不感惠焉"。❶

在中国传统文化中，"耕读传家"与"仕途"、"经商"等多种业缘的追求从来都是紧密相连的，明清及近代以来，以"商"为主的不同职业的兴起又对读书和求学产生了极大的推动力，加之历史上云南基础教育的薄弱；因此，此时的"办学"与"兴学"之风更烈，而这样的结果则使乡村中学校的建造呈现出极其兴盛的状态。如丽江在改设流官后，在兴学上就有了很大的发展，不但建盖了丽江府学、雪山书院，还在"穷乡僻壤，广设义舍，俾有志向学者，得渐次教育之"，分别在忠孝、东河、白马、剌沙、吴烈、七河、巨甸、通殿、江西、树苗、小川等地建立义学馆（郭

---

❶ 《滇南见闻录》，转引自：郭大烈，和志武. 纳西族史 [M]. 成都：四川民族出版社，1994：377—378.

大烈等,1994)[371-372]。这里,虽然有关具体建造的文献记载无法寻觅,但从这种规模以及现在这些村落内历史传承下来的学校的空间位置来看,也可以判断出当时学校建造在村落整体与多样化建造中的重要地位以及在形制上的成熟。

3.3.2.2　住屋及村落景观营造的再精致化

在以"四方街"为代表的集市、街坊建造的同时,另一个建造方面的趋势也明显呈现出来,这就是住屋及村落景观营造在原来农耕村落营造基础上的再度精致化。

宅院建造的再度精致化主要也是由以"商业"为主的不同业缘族群的形成引起的。明清及近代以来,云南的民族工业、商品长途贩运、玉石及珠宝生意、开采矿山、产盐与贩盐、走私毒品等行当催生了一批富商。而由于云南当时社会经济发展的落后,云南商人与商贩所从事的商业是不从属于产业而是依附在小农经济自给自足状态下独立发展的,因此,他们经商所获得的利润和资金也不可能投入到产业的再发展中,这样就形成了大量富商用金钱在家乡的村落中大兴土木、营建豪华宅院(同时,也修建村落基础和公共设施)的现象,同时,也产生了一批类似腾冲和顺乡(图3-48)、建水团山村这样的"寄生型"村落。

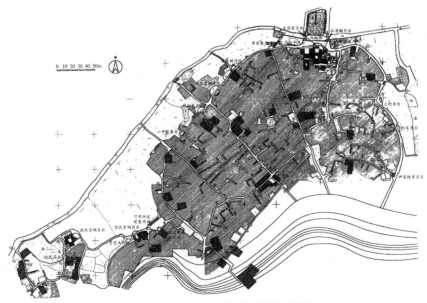

图3-48　腾冲和顺乡"再精致化"的聚落

(图片来源:杨大禹,李正.和顺环境[M].昆明:云南大学出版社,2006)

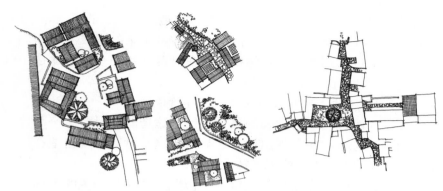

图3-49　建水团山村精致化、有序化的公共空间

　　这些宅院的建造一般来讲极其精致甚至奢华，主要体现在这样一些方面：在院落空间上规模宏大，形成几进院落和多重院落的格局；墙高、巷深、内向院落，有明显的防卫性、封闭性与私密性；木结构体系已相当成熟，并显现出自己的特色与个性；建造讲究精细，用材与装饰装修竭尽豪华；院落空间与环境营造庭园化，花鸟鱼虫、叠山造水，有浓厚的中国传统文化审美意向。

　　大理喜洲的"喜洲商帮"就是云南这一现象中的典型。喜洲经商者有悠久的经商历史，早在1000多年前，他们的足迹就已远涉"骠国"、"弥诺"、"弥臣国"、"昆仑国"、"女王国"、"真腊"等东南亚地区，在清朝光绪年间已形成了有名的"喜洲商帮"，并与当时的腾冲商帮、鹤庆商帮比肩齐名。到民国年间，更形成了以"四大家"、"八中家"、"十二小家"的民族资本家为主的商业集团。❶ "喜洲商帮"富贵发达之后，在家乡营造了一批精美华丽的大型住宅，它们包括典型传统的"严家大院"、中西合璧的"董家大院"、精美典雅的"杨品相宅"等，其中也不乏有"一进四院五重堂"、"六合同春"的走马转角楼这样的豪华形制的住宅（图3-49）。

　　与此同时，这些村落的景观营造也随之呈现出一种"刻意营造"的精致化的特点；这种刻意的营造实际上是将村落生产及生活功能设施的建造与有意识的审美需求的相互结合，这包括进入村落、街巷与宅院领域的"门"和"坊"、跨越河流之上的"桥"、镇水

　　❶ 参见：薛祖军. 略论经济因素和消费观念对喜洲白族民居建筑的深层次影响[M]∥赵怀仁主编. 大理民族文化研究论丛（第一辑）[M]. 北京：民族出版社，2004：296.

害之用的"塔"、用于休息和纳凉的"廊"和"亭"、为解决饮用和救火之用的水塘等。

这些景观设施的营造既精美雅致，又自然朴实，与村落地理环境和场所条件充满了顺应与和谐。这正像管仲在《管子·乘马》中所说的那样："凡立国都，非于大山之下，必于广川之上，高毋近旱而水用足，下毋近水而沟防省。因天才，就地利，故城郭不必中规矩，道路不必中准绳。"体现了春秋时期就已总结出的我国城市与人居环境建设的理论思想。

在束河，可以看到与流水相伴相依的自然蜿蜒的村中小路，适应生产与生活的水闸、分水灌渠以及河溪两岸的绿色林地。在腾冲的和顺乡，可以看到村口的大门、双虹桥和远处的田畴，可以看到文昌宫、和顺图书馆的飞檐和起翘，可以看到供女人们取水和洗衣的亭台，可以看到正对着街坊门口的月台……在云南的很多村落中，这样精致而美丽的景观还有很多、很多……

3.3.2.3 多种方式下的共同建造

在云南少数民族村落中，"公本芝"建造模式在营造过程中涉及官、商、民、匠这四种角色。另外，在农商性质的村落中，外来经商者逐渐增多，如谢圣纶在《滇黔志略》卷十七中就有"滇黔各处，无论通衢僻村，必有江西人从中开张店铺或往来贸贩"的描述。因此，村落中又有外来人与本地人之分。在这各种社会角色和不同族群之间何以实现村落的共同建造，这显然是一个值得关注并可以对今天有所启迪的问题。

在农商型村落建筑、设施、景观的营造中，虽然其集体建造的组织方式是多种多样的，但不外乎也就是已在前节中所归纳出的"组织体系下的集体建造"、"家族与宗法礼制基础上的共同建造"、"亲朋好友基础上的帮工与换工"、"契约关系下的建造"等几大种类。虽然其中"契约关系下的建造"的方式显然增多，但这时建造方式仍是上述几种类型方式的结合，换言之，农商型村落房屋建造的组织方式与农耕型村落基本是相同的。而为何社会发生了演变但建造组织方式却未发生根本的改变？究其原因，可以有这样的认识，即：这时的西南少数民族地区仍然处于小农经济的社会结构之中，农商型的村落形态仍然是以小农经济生产为其基本特征的，换言之，这仍然是一个农业文明时期的乡土社会，只不过在此基础上增加了多种业缘族群和商业的复杂因素。因此，笔者认为，将不同角色和族群结合在一起进行村落共同建造的因素有三个：第一是传统村落中延续与传承下来的礼制、文化规则和乡规民约；第二是村民们作为主人来为自己和自己所在的社区进行建造，即村民是建造的主体（文中所提到的富商也是村民中的一员，外来人也逐渐成为村中的居民，官员和外来工匠也必须为主人和村落负责），任何人的任何房屋建盖均是在村落共同居住利益下的建造，所以必须被纳入到这一介乎于有形和无形之间的"共同体"之中；第三是农商社会中越来越被凸现出来的契约经济关系。

3.3.3 作为广义"公本芝"建造模式的意义

3.3.3.1 西南民族地区传统农商社会村寨营造普遍方式的抽象

虽然村落营造的"公本芝"模式是丽江地区乡村聚落与居住环境营造的过程与方法体系的抽象提炼，但就更大的范围而言，这种模式却代表了西南少数民族传统农耕地区历史及当代众多的以业缘族群为主的乡村聚落营造的基本规则、过程和方法。相对于在此以前以血缘族群为主的村落的"前"建造"惹罗"模式以及以地缘族群为主的村落的"元—本主"建造模式而言，这种在农工仕商等多种业缘族群的农商型乡村聚落社会背景之下的建造模式，是一种较为晚期的形式，它形成了本土村落营造历史维度上的上层建构。因此，笔者将其称为西南少数民族乡村聚落营造历史进程中的"晚期建造模式"或"近代建造模式"。

西南少数民族乡村地区在明清及近代以来出现的农商社会究其本质仍是农耕经济下的"商"，而不是近代工业产业以及城市经济下的"商"，因此，"商"和"业缘族群"所激发的"公本芝"建造模式仍然只是村落营造的模式。然而，重要的是，这种与手工业及商业的兴起而同步发展起来的建造模式也开始孕育了城镇的建造，可以被认为是城镇形成与建造的最初萌芽。

纳西语"公本芝"的汉语意思是"四方街"，这是一个典型的集市或街坊，它既是一种空间形态，也是以业缘族群为主的农商社会的标志。在云南，或在整个西南的少数民族族群以及乡村聚落中，可以看到很多类似这种围绕"集市与街坊"进行村落营造的活动及其方式。

在大理白族地区，村落中的集市多被称为"四方街"，四方街

族群、社群与乡村聚落营造

周边也多是商铺林立的街坊，村落明显形成"集市—街坊—巷道—宅院"的空间秩序，大型宅院的建造也多将与"集市、街坊"的关系作为重要的考虑内容，如喜洲著名的严家大院就紧邻旁边的四方街。在楚雄、禄劝等彝族地区，一定乡村范围内的中心村落必定有成形的集市或街坊，而也只有这些具有相对完善的集市贸易场所的聚落，在村落整体营造上才显示出与周边其他自然村落的不同（图3-50）。在保山地区，腾冲的和顺乡、博南古道上的板桥镇、水寨等聚落的整体营造都与街坊及集市的形成有着密不可分的关系。同样，在滇中地区

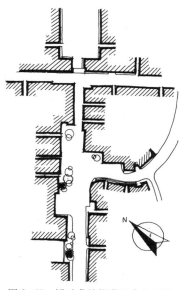

图3-50 禄劝彝族撒营盘中心广场

的官渡、晋宁……在滇东北的会泽、娜姑……在滇南的郑营、宝秀……都可以看到与"公本芝"模式本质上相同的、类似的建造过程、规律及其方法。

3.3.3.2 "公本芝"模式的精神内核与现代意义

重农轻商，是中国传统文化中根深蒂固的观念。小农经济及家庭个体生产长期使中国乡土社会处于凝固、封闭、缺乏竞争的状态之中，对地处西南边陲的少数民族就更是如此。无疑，多种业缘并存的农商社会使原来相对静止的乡土村落社会发生了流动和变化，商业的兴起逐渐打破了这种凝固与封闭，这正如马克思在《资本论》中所说："商业对各种已有的、以不同形式主要生产使用价值的生产组织，都或多或少地起着解体的作用"。❶

"公本芝"建造模式是因"业缘"、"商业"的内动力而产生的村落营造的模式；因此，相比较于"惹罗"模式和"元—本主"模式而言，"公本芝"建造模式中有着明显的"开放"、"竞争"、"经济"等精神内涵，而这些精神内涵又与世界近现代历史上的现代理性的精神走向是一致的。尽管西南少数民族乡村地区的贸易与商业形态仍是建立在农耕经济基础之上的，但是，这已经让乡村

❶ 马克思. 资本论（第3卷）[M]. 北京：人民出版社，1975：371.

社会和乡民们改变了许多。各地"商帮"们在故里建造的大型宅院的雕栏玉砌和雕梁画栋让乡民们看到了资本的力量；人员的流动及外地工匠的技能使乡民们看到了色彩斑斓的异域文化及其先进的建造技术；建造过程中的雇佣关系使乡民们了解到了契约制的理念及内容；街市、学校等建筑、场所的功能性作用也让乡民们自觉地对村落宗教礼仪场所逐渐淡化……

而在看到"公本芝"建造模式有向现代理性靠近的趋势时，还应该辩证地看到这一建造模式毕竟存在于少数民族农耕经济之中，因此，这其中必定还蕴涵着深厚的传统文化以及地域人文特征。这其中，乡土聚落中所一贯秉承的与自然生态和谐共存的精神内涵以及保持"社会共同体"以形成和谐社会的精神内涵仍然深深地扎根于村落建造的任何一个环节之中。

综上所述，笔者以为"公本芝"建造模式的精神内核就是：在保持传统乡土社会"和谐建造"、"共同建造"的同时，不断走向与商品社会、现代社会发展趋势一致的"开放性的建造"。

当前，中国乡村的建设在实际运作中似乎总陷入这样一种悖论之中：是坚守历史和地域的传统，还是建立现代产业平台下的新农村？这一矛盾模糊的思想在具体的村落营造中往往造成茫然不知所措的状态。在对当代中国农村村落建设之"道"进行思考的时候，"公本芝"建造模式似乎在向人们昭示：二元对立的认识方式是值得置疑的，新农村建设的"新"字是可以在通过消除二元对立、消解上述悖论的基础上得以实现的。因此，笔者以为，正是在这样的追问与思考中，村落建造的"公本芝"模式也就具有了现代意义。

3.4　本章小结

（1）在对民族村落进行分析的基础上，提出了云南少数民族村落营造的历史发展中的三种模式，即："惹罗模式"（最早为蒋高宸教授提出）、"元—本主模式"、"公本芝模式"，并认为这是一个整体的历史演变过程和体系建构。

（2）笔者认为村寨建造"惹罗"模式的一套规则与方法体系是西南欠发达山区民族乡村聚落营造一般性规律的典型。也即"惹罗"模式代表了西南地区历史上、甚至是现在依然存在的众多血

族群、社群与乡村聚落营造

缘氏族族群聚落营造的基本规则、过程和方法；它可以被认为是西南少数民族乡村聚落营造历史进程中的"前建造模式"。

（3）笔者也认为村落建造"元—本主"模式的一套规则与方法体系是西南少数民族传统农耕地区乡村聚落营造一般性规律的典型。也即"元—本主"模式代表了西南地区历史及当代众多的以地缘族群为主、血缘族群与地缘族群结合的乡村聚落营造的基本规则、过程和方法；它可以被认为是西南少数民族乡村聚落营造历史进程中的"中期建造模式"。它使村落营造出现了明显的"精致化"和"整体化"的趋向。

（4）笔者还认为村落建造"公本芝"模式的一套规则与方法体系是西南少数民族传统农耕地区历史及当代众多的以业缘族群为主的乡村聚落营造的基本规则、过程和方法。这种在农商乡村社会业缘族群背景之下的建造模式，是一种较为晚期的形式；它可以被认为是西南少数民族乡村聚落营造历史进程中的"晚期建造模式"或"近代建造模式"。它使村落营造出现了明显的"再精致化"和"再整体化"的趋向。

（5）在三种村落建造模式中，有相同的共性，其中笔者认为最重要的一点是在不同社会组织结构背景下的"共同建造"、"合作建造"以及"和谐建造"。这也是村落营造得以向现代转换的重要内在资源之一。

第4章　云南乡村社会经济发展与"社群"组织建构

4.1　当代社会变迁对族群的冲击及对村落建造的影响

　　自 1949 年中华人民共和国成立后，中国农村先后经历了土地改革、农业合作化、人民公社、以联产承包责任制为代表的农村经济改革等剧烈的社会变迁。中国农村的社会变迁有着非常复杂的历史、政治、经济因素，云南民族地区乡村社会变迁也有其特殊性，但对这一时期中国乡村社会变迁的主线索作简要的回顾和适当的剖析，可以为探讨乡村建造的相关问题在认识论上建立一个较好的平台。

4.1.1　行政动员体制下族群社会的逐渐消解

　　中国共产党人对农村问题、农民问题、土地问题一直是有着非凡的洞察力和颇有心得的，从"农村包围城市"到将夺取政权的斗争视为"土地革命"均说明了这一点。今天，客观地看待土地改革、农业合作化、人民公社运动，我们都可以发现其中充满了共产党人的政治理想。这里，包括了两个方面：一是从认识论层面，党的领袖们认为到中国近代时，历史上各种形式的土地私有化已使中国贫富悬殊加剧，并由此形成了阶级对立，这是民不聊生、国家衰微的根本原因；二是从行动论层面，认为必须无偿将土地收归集体所有，打破地主对土地的所有，满足农民对土地的需求。认为小农经济必须被公有经济所代替，这是实现共产主义社会的历史必然，前人"乌托邦"的理想即将被实现；认为农业合作化是实现国家工业化和现代化的基础，这是国家治理之必须。在这样的认识的基础上，于是就有了下面这样的历史进程。

在 1946～1949 年中华人民共和国成立前，解放区普遍进行土地改革运动，主要内容为斗地主、分田地：即将土地从地主及领主手中没收，使之成为国家和集体所有并分配给广大农户，尤其是贫下中农进行耕种；同时实现发动群众推翻旧秩序和建立党的农村基层组织。这就是现在所谓的"农民取得土地，党取得农民"（朱玲，2006）。

1949～1957 年，共和国在农村推行农业合作化运动，目的是改造个体农业，从供销合作到生产合作，形成合作的集体经济和有规模效应的农业。这期间，农业合作社发展迅猛，到 1956 年年底，全国参加合作社的农户比例已占所有农户的 96.3%（高化民，1999）。其发展的基本过程为：农业互助组—农业初级社—农业高级社。

1958～1984 年，中国农村在中央的倡导和领导下，推行了全面的人民公社化运动。人民公社将家庭生产的土地、生产工具等资源全部变为公社集体所有，甚至将农户的家庭生活也部分纳入公社的体系之中。总体地讲，人民公社并没有将中国农村带入"共产主义"的理想社会中，其结果反而是极大地伤害了农民的生产积极性，后期的极端化甚至使农业走到了极其危险的边缘（图 4-1）。

中国农村千百年来就有"自上而下"的朝政治理体系和"自下而上"的族群、家族的治理体系互为结合的乡村治理模式，只不过这种模式依时空不同而在侧重上有所不同。而从 1949 年起的农业与农村合作化运动的兴起，到 1958 年人民公社和大跃进的滚

(a)   (b)

图 4-1　欢庆人民公社成立

（图片来源：(a) 番禺半个世纪历史图片展；(b) 罗平汉. 农村内人民公社史 [M]. 福州：福建人民出版社，2006）

滚洪流，再到 1984 年人民公社的正式解体（1985 年全部消亡），这 35 年国家对农村的治理模式却基本是表现了强化"自上而下"而弱化"自下而上"的性质的，这在现在的学术界被认为是一种"行政动员体制"。

"行政动员体制"对传统乡村社会、尤其对以血缘和地缘为主的村落中的族群社会产生了极大的消解作用，这种消解作用体现在以下几方面：

（1）传统中国王朝的行政统治并没有深入到乡村田野。"王权止于县政"，帝国的力量是通过征派税役等形式而外在于乡民生活与乡土社会的。因此，乡村的生产和生活主要依靠血亲和地方性的传统习俗、权威进行自我整合，自我满足共同体的需要。而行政动员体制则是通过人民公社这样的方式将国家治理体系一直延伸到了乡村的基层，政社合一，农民甚至按照半军事化的方式被组织起来。这样，强势的国家系统必然对地方系统产生压制作用，而族群所依赖的社会组织与制度上的基础则受到破坏。

（2）人民公社倡导的是一大二公。所谓一大二公就是"一曰大，二曰公"。人民公社首先是"大"。公社化前，全国共有 74 万个农业社，平均每社约 170 户、2000 亩土地和 350 个劳动力。而公社化后，变成了 26500 多个公社，平均每社约 4755 户、6 万亩土地和 1 万个劳动力（罗平汉，2003）[56]。这样庞大的生产体系早已远远突破了原来村落族群或家族所能控制的土地范围和农耕生产空间。而人民公社的"公"，则是将农业社和农户的财产和生产工具（如：牲畜、设备、器具等）无偿划归公社所有，由公社统一经营、统一核算。同时，失去生产资料与工具的"人"只能在统一安排的前提下进行农业生产，人与人之间的生产关系较之从前彻底改变。因此，族群过去所依赖的生产要素及经济基础也几乎不复存在（图 4-2～图 4-4）。

（3）人民公社的"半共产主义"的生产与生活模式与物质产品提供上的匮乏形成悖论。同灶共食、吃饭不要钱、大跃进的热情、狂热的理想和雄心壮志成为了那个时代的文化；而传统乡土社会的那种勤勉耕耘、勤俭节约、量力而行、推崇善举、追求和谐的礼俗文化被肢解和破坏，族群所依赖的文化力量和精神核心也发生了本质的改变（图 4-5）。

（4）像西南这样的少数民族地区，由于复杂的历史与地理的

图 4-2　人民公社列队下地生产
（图片来源：番禺半个世纪历史图片展）

图 4-3　生产机器为人民公社集体所有
（图片来源：番禺半个世纪历史图片展）

图 4-4　劳动工具集体所有
（图片来源：上海"人民公社"万岁图片展览作品选集 [M].
上海：上海人民美术出版社，1960）

图 4-5　社员在公社食堂吃"大锅饭"
（图片来源：罗平汉 . 农村内人民公社史 [M]. 福州：福建人民出版社，2006）

原因，各个少数民族从社会形态到生产生活方式、从社会组织到文化精神都有着极大的多样性和特殊性，如：族群中的族长、土司或头人在村寨中的地位与作用至今都是巨大的。另外，边疆地区生产上的原始和落后也使得这些少数民族村寨更加缺乏农业大生产的条件。而人民公社化一刀切的做法在边疆少数民族地区产生的肢解作用就更大，负面影响也就会更大。尽管当时在行政区域治理下有过一些微观调控，如当时云南省委也曾经有过一段实事求是的做法的阶段，致使云南为此付出的代价少了许多。但在人民公社化时期，云南的许多地区仍出现了大量村民饿死、边民越境外逃等现象。

在经过了农业合作化、人民公社后，乡村中在权力结构上最突出的特点是村组织行政力量的强大，它在承担日常生产和事务中大量的行政功能以外，还强有力地渗透到乡民的日常生活中，村落被纳入了集行政、经济和社会生活管理等多功能于一身的地域政治共同体——人民公社体制之中。乡村原本在总体上依靠礼俗力量来凝结的家族体制和族群体系逐渐失去了其功能作用，并在显形层面上在村落治理结构中隐退（例如，当时传统的自然崇拜、祖先崇拜、家庭祭祀、宗族聚会、宗教仪式等活动几乎都被禁止和取消，一些有丰富传统文化和知识的老艺人和巫师被迫害致死等）。而这种内在的变化几乎带来了所有乡村——也包括民族地区的村寨的表象特征，即：村落内没有村民自发组成的、承担特定功能的民间组织，村民缺乏对村落与族群传统、历史、宗教、文化、道义的认同感和归属感，因此，在这一意义上，"族群"的社会基本已被消解。

4.1.2　联产承包责任制与当代乡村社会

在人民公社后期时代，中国乡村基层已悄然孕育变革的波澜。

1978 年 11 月，在安徽凤阳小岗村，已是穷困潦倒的小岗村几户人家的 18 个人在一份有关实行"包产到户"的保证书上秘密签字。这就是后来在全国实行的联产承包责任制在底层农村社会的最初萌芽。

此后，经过若干年政治、社会、经济的风风雨雨后，1983 年 1 月，中共中央一号文件全面肯定了家庭联产承包责任制。到这一年年底，在中央的推动和支持下，全国农村实行包产到户、包干到户的比例已达93%。1985年，全国完成了乡政府重建，并在此同时，在乡村普遍建立村民委员会。至此，人民公社、生产队被彻底取消。到1987年，全国有1.8亿农户实行了家庭联产承包责任制，占全国农户总数的98%。

家庭联产承包责任制的主要内容是：在土地公有制和将土地、大型农机具、水利设施由集体管理的基础上，在相当长的历史时段中，将土地承包给农户，实行农民分户自主经营、自负盈亏的农业生产经营方式。

家庭联产承包责任制确实极大地调动了农民的生产积极性，也极大地解放了农村和农户的生产力。这从20世纪80年代中期到90年代中期全国及各地有关农业、农村不断增长的粮食产量、工农业收入、人均收入等经济指标中都可以看到并得以证明。

然而，这里要关注的是，在农村普遍实行家庭联产承包责任制以后，乡村社会主要发生了哪些变化？

1. 权力与治理

随着"人民公社"式的农村政治组织的解体，政府的政治权力在乡村地区明显减弱。一方面，政府基本上放弃了对自然村落和农民行为的政治管控，村落在法理上从行政组织转变为基层群众自治组织；另一方面，政府很少在村落经济活动方面实施控制，而在农业生产上则更多地采用指导、帮助的办法。总体地看，政府的行政服务功能逐步向上集中到乡镇，而村落则通过自治与村民委员会的机制来承担地缘社会最基础的功能，换言之，村落在日常生活中自发的组织与互助功能得到明显的加强。因此，可以说："现阶段的中国村落既是地缘共同体组织，同时又是具有行政、经济和日常生活等多元功能的功能组织"（陆学艺，2001）。

2. 村落家庭经营及社会结构

在实行家庭联产承包责任制以后，原来已经被消解的"家庭"的生产功能重新得以恢复，家庭在村落中也重新成为基本的功能单元。尽管土地仍为集体所有，合作经济还有着统一管理大型农机具、水电设施、公共设施等功能，但家庭在生产经营中的主角作用导致了村落以家庭为基础的社会结构及其相互之间的关联，如家与家的关系、家与村的关系、家与村外的关系等。

农业的家庭经营极大地提高了农业的劳动生产率，农业劳动力因此而大量溢出，农民有了更多的从事非农生产与活动的可能，这就从本质上给乡村社会带来了更多的变化。空闲的农民千方百计寻找发家致富的机会，家庭也不断寻求多种经营的方式，能人们在村委会及各级政府的帮助下办起乡镇企业。而这些变化又导致了社会分异现象的出现：这其中一是由于乡村出现了以乡镇企业为主的多种产业与经营方式，从而使职业构成出现了愈加丰富多样的变化；二是由于分工而在乡村本土出现的家庭收入与经济状况的分化，贫富差别现象由此出现；三是大量农村人口流入城镇打工和谋取职业，从而使乡村人口构成发生重要变化（如：青壮年人离开农村、有文化知识的人离开农村等），出现了男工女耕、壮工老耕的现象。

3. "半工半耕"的过密型农业

由于土地耕种的家庭化，在农村出现了明显的农业生产过密化的问题。根据国家统计局的数字资料显示：2003 年农村人均分配土地是 2.4 亩、户均 9.2 亩、劳均（实际务农劳动力）7.3 亩。❶这种过密型的生产经营方式在联产承包责任制初期有了明显的产量增加及经济效益后开始出现停滞和徘徊现象，再加上前些年农产品价格的下降、各种赋税的提高，从而产生了目前从事农耕劳动者的低收入情况和农村出现的相对贫困的现象。

而由于我国城乡二元结构至今未有根本的改变，对农民进城务工的制度性制约与限制，"离土离乡"到城市打工的农民几乎无法长期立足城市而真正转移到城市，因此，"半工半耕"的劳动方式就成为很多农村剩余劳动力必然的选择。而总体上看，这种"半工半耕"的方式对已经过密化的农业生产是极其不利的。海外学者黄宗智深刻地认识到这一点，并提出了看待当今中国农村"半工半耕"过密型农业的学术观点，他说："过去的'男耕女织'是个非常牢固的经济体；今日已经形成了一个可能同样牢固的半工半耕的经济体。我们也许可以把这个状态称为僵化了的过密型农业经营"（黄宗智，2003）。

4. 乡村族群文化的复兴与嬗变

由于乡村政治体制的解体和国家权力在村落中渗透的逐渐减弱，同时也随着家庭生产经营方式的展开，农村中明显出现了组织与权力上的真空。而此时，传统礼俗社会中家族的力量、族群

❶ 转引自：黄宗智. 制度化了的"半工半耕"过密型农业 [J]. 读书，2006，323（2）：31.

的力量则又重新开始显现并发挥特定的功能作用，如：族老在村子中的协调、建议、甚至是决策的作用明显增强，增强家族凝聚力量的祭祀活动悄然兴起，增强村民对自己村落之认同感和归属感的族群及村落的传统历史文化被重新宏扬，不少村落甚至出现了狂热迷信宗教与巫术的现象等。

而与此相悖却又是同时出现的另一个方面，则是以家族文化、民族文化、地域文化为代表的传统文化和乡土文化也在发生着嬗变。这主要表现在商品社会的经济文化观念、城市及发达地区的强势文化、新的生活方式对传统文化的冲击、解构以及它们之间相互的融合。换言之，在乡村传统文化复兴的同时，其中也蕴涵着更多的变异，表现出更加的多样。

云南民族乡村地区在20世纪80～90年代，乡村社会经济发展除了与内地乡村在主要规律基本相同的情况下，尚显现出这样一些不同的特质：

一是不同的乡村地区，在不同的地理、历史背景下，呈现出千差万别的情况，因而在当下，各地的社会结构、经济发展、村落文化表现出明显的复杂性和多样性。如在滇中玉溪地区的20世纪80～90年代，不但农业生产已有较高水平，而且乡镇工业也已蓬勃发展起来，这种发展势头甚至使整个玉溪地区在当代已进入工业化发展的初期阶段；而在同时，云南沧源、西盟、孟连一带中缅边境附近的佤族村落，社会经济发展则极为缓慢，不少村落粮食生产虽能够基本自给，但人均收入长期低下，村民异常贫困。

二是虽然云南地区乡村社会经济发展有快有慢，但基本农业生产状况在总体上无法与内地相比，传统农业仍然是不少地区的主导产业，乡村社会经济发育较慢。就拿丽江地区来讲：因土地贫寒缺水、耕种水平低，且有大量的轮歇地，到1992年，玉龙雪山一带的村落中，农作物平均亩产尚不到百斤；玉湖村人均产粮381kg，文海村人均产粮232kg，大东乡黑水彝族村人均产粮281kg。同时，这些乡村由于交通不便、较为封闭，虽有一些有优势的自然生态资源（如：山林、天然草场等），但仍停留在自我隔绝的小农经济社会中。由于这样的原因，与外地在实行家庭联产承包责任制期间而发生的剧烈变化相比，这些乡村的社会生产和社会结构长期处于相对稳定状态，变化很小。

三是很多村落地处比较偏僻和边远的地带，因此，政府的控制力相对较弱，外界无论在社会经济及文化意识方面对其影响力有限，再加之历史上与中原地区汉族文化不尽相同的各少数民族文化的深刻影响，村落中以族群意识为核心的内发型的社会形态、地方化的亲族关系以及相应的传统治理系统仍在发挥着重要的功能。如在丽江的文海村现在还保留着族长制的遗风，家族族长由辈分大、有威望的长者担任，族长在社会组织结构和社会生活中仍然起着比较重要的作用。族长主要负责主持本家族的祭祀、婚丧礼仪、调解纠纷、家族聚会等事务，还负责对村民们讲述家族的传统规矩和礼节等。

4.1.3 传统建造模式的丧失与固守

4.1.3.1 乡村建造的停滞与萧条阶段

从合作化运动到人民公社的这段时间（1949～1985年），当时中国乡村在村落人居环境建设、生活公共服务设施建设以及农民居住建筑的建设上总体可以被认为是停滞阶段。但是其中也可分为两个阶段：一是1949～1957年的农业合作化时期，这一时期，虽然农村建筑的建设发展从量上看不是很大，但基本态势是处于发展之中的。第二个阶段则是1958～1985年的人民公社时期，乡村生活设施及农户住屋建设基本处于停滞状态之中。

在这一时期，国家总的战略是建立工业化体系，而在当时的国际环境下，建设工业化体系的大量资金只能来源于农业和农村。据有关资料显示，仅1958～1982年间，我国农业就为国家工业化提供资金5400多亿元人民币，年均达210多亿元（罗平汉，2003）[418]（而目前国家预计在建设社会主义新农村中投放的资金约为3400亿元），为国家工业化完成原始积累作出了不可磨灭的贡献。

在这样的背景下，对广大乡村地区建设的重点无疑只会围绕"生产"这个中心。如1959年在对公社社办企业进行的整顿中，就强调凡是与现代工业争原料的公社企业，要给现代工业让路。1960年国民经济进入困难时期，中央的"十二条"文件再次强调必须将人力、物力充实和加强到农业生产上，首先解决与人民生存密切相关的粮食生产问题。

因此，虽然当时没有针对乡村生活性房屋及人居环境建设方面的具体规定、要求及相关文件，但现在我们可以对当时村庄建设的基本状态作出如下推测和判断：

（1）重生产设施建设轻生活设施建设；

（2）重公共设施建设轻农户居住建筑建设；

（3）村庄建设在建设量的权重上应该依次为：农田水利设施、社队工业生产与农产品加工设施、乡村公共服务设施（基本上为中小学和医疗站）、农户住宅（图4-6）。

这种生活设施建设与生产设施之间出现的冲突和相悖是明显的。在传统的中国农村，冬季一般都是乡民们建盖自己房屋的时令。而在当时，几乎年年冬季，各地都有大规模的农田水利基本建设任务。仅在1957年10、11、12月及1958年1月，全国投入农业水利建设的劳动力就分别为2300万人、6700万人、8000万人和1亿人（罗平汉，2003）[418]。

另外，从当时的情况分析，农民在组织上基本被纳入半军事化的公社化管理与生产经营体制中，在公共食堂吃大锅饭（当时西南地区农村参加食堂的农户比例为：四川96.7%、云南96.5%、贵州92.6%）（宋海庆，2000），生产资料、工具、劳动产品均不属于家庭自己，农户家庭几乎没有经济收入的任何来源。在这种情况下，农户不可能有建造自己住屋的权力与政策保障，也不可能有盖房的经济能力，因此，要建盖自己的住屋是不可想象的事情（图4-7）。

而来自于这个时期意识形态的非理性和狂热更是让乡村地方富有优秀品质的建造传统受到极大破坏。这种情况在少数民族地区同样不能幸免，据很多资料记载：一方面，乡村地区的建筑工匠非但在本地和外乡很少再有建造的活计，对建造文化产生较大影响的彝族的毕摩、哈尼族的贝玛、纳西族的东巴、傣族的波摩

(a)　　　　　　　　　　　　　　　　　(b)

图4-6　以"生产"为中心的建设

(a) 平地开河：农田水利基本建设；(b) 集体砖瓦厂

（图片来源：上海"人民公社"万岁图片展览作品选集[M].上海：上海人民美术出版社，1960）

图 4-7　少数农村用集体之力建造的农民新村
(图片来源：上海"人民公社"万岁图片展览作品选集 [M]. 上海：上海人民美术出版社，1960)

等巫师群体受到压制甚至是迫害；另一方面，大量传统建筑被视为"四旧"而被拆除，民居中表达了建筑传统文化的木雕、石雕、泥塑、装饰、门楼、牌坊等大量被捣毁，村落及环境营造的禁忌被打破，传统建造工艺几乎濒临失传。比如，云南大理剑川的木匠及建房工艺历来享誉滇西北及川、康、藏地区，但在人民公社时期，当地工匠在传统住屋建造上的营生与活计几乎全部停止。

近年来，我们在对云南乡村地区许多村落进行的调查中发现，村民自家房舍的建盖多为 1949 年以前及 20 世纪 80 年代以后，而不在农业合作化与人民公社时期。如丽江的玉湖村在人民公社时期的房屋建盖极少，而在 1987 ~ 1988 年的一年间就盖了 70 多幢新房。这也从一个侧面说明那个时期传统建造所面临的危机与尴尬的情况。

4.1.3.2　乡村建造的恢复与高涨阶段

在 20 世纪 80 年代农村实行家庭联产承包责任制的生产经营方式后，随着农村社会经济的逐渐繁荣、农业产业与乡镇企业产业的快速发展，乡村中农户住屋的建造与村落人居环境的营造进入了恢复和高涨阶段。

非常明显，这一阶段的到来是与家庭联产承包责任制经营方式的实施，并在乡村地区产生了强大的内动力而息息相关的。这里的内在原因不外乎以下几个方面：一是经营方式的转变，调动了农户生产的积极性与主动性，从而使农业产量增加，加上当时国家几次提高农产品收购价格，使得农户收入增加，建房有了更多经济上的可能。二是由于农民们从公社大集体的组织体系与制度中解脱出来而成为自由劳动者和经营者，再加上农作物产量的提高造成家庭农业劳动力的空闲与溢出，这就内在地使得农户们建造自己的住屋具有了相当的自由空间和时间上的可能。三是在政府行政动员体制管理方式在农村中淡出的同时，族群、家族、宗族、家庭意识以及小农经济意识开始抬头，不少乡民认为盖房是家庭兴旺之必须，因而倾其毕生所有将子孙的房屋建好。

因此，20 世纪 80 年代中期以后，尤其是 90 年代以来，农村百姓兴建住宅如雨后春笋般发展蔓延开来，其势浩大、蔚为壮观（图4-8、图4-9）。

总的来说，由于除了在宅基地面积上有所规定以外，农户自建房屋并无多少限制；这样，房屋建造也呈现出多样化的态势。但是，在住屋建造上可以看到有这样几种模式：

（1）自己家庭使用的房屋自己建造。自家备料，请村中或家族中的亲戚朋友帮忙共同建造，这被称为"帮工"制。

（2）同样是自己家庭使用的房屋自己建造。但在建造中的用工是与村中其他农户通过"换工"的方式来完成的。

（3）自己家庭使用的房屋自主建造。但请专业建造工匠按自家的使用要求、在双方建立契约的条件下进行建造，这其中有自家备料但仅包工和包工、包料两种方式。

（4）有不多的村落由于集体经济发展迅猛，村民的房屋采取统一建造的方式，如河南的南街村、江苏的华西村、天津的大丘庄等，在云南则有玉溪的大营街、昆明的福保村等。

（5）由于某种特殊原因（如灾后重建、移民建寨、旅游开发、扶贫试点等）而由各级政府出资进行房屋建造的建造方式，这其中也有统一建造、补助自建等方式。

图4-8　丽江七河村的院落式新宅（金艳萍摄）

图4-9　香格里拉藏民新建的藏居

（6）近年来在一些有商业开发或旅游开发价值的村庄，开始出现在政府主导、开发商介入，在产业开发的背景下进行村落基础设施建设甚至是为农户建房（或改造旧房）的新的方式与动向，如丽江的束河、鹤庆的新华村等（图4-10～图4-13）。

客观地讲，20世纪80年代以来各地农村建房的热潮改善和提高了农民们的居住质量及水平；促进了地方社会的经济发展和文明发展；在建造技术不断提高的同时，又使地方传统建造技艺得到恢复与发扬。这其中在宏观层面上更大的价值和意义在于它使得我国城乡二元对立、城乡差距的尖锐矛盾得到一定的缓解。

然而，在农村建房热潮的背后也存在着大量的问题和巨大的忧患。如：村落建造中村民、政府、工匠、技术人员、投资商的分工与合作的角色不清，村落基础设施与公共服务设施仍然没有好的转变，家庭个体建房耗用了大量的自然资源和能源，村落建

图4-10　河南临颍南街村农民住宅　　图4-11　号称"云南第一村"的玉溪大营街

图4-12　孟连政府统建的佤族新聚居点（高娜摄）

图4-13　束河更新项目
（图片来源：束河更新规划设计——
"茶马驿栈"）

164

设混乱且生态环境得不到应有的重视，商品经济对传统建造文化形成新的冲击与破坏等。这些都牵扯到农村建造的机制、模式与方法问题，而这些问题又都是目前在理论及实践上亟待解决的。

4.2 云南民族地区乡村生产方式转变与族群的裂变

4.2.1 产业结构变化与当代乡村社会转变

20 世纪 80 年代以来，尽管云南在农村社会经济发展上较之发达地区有相当差距，农业走向规模化和现代化的速度不快、农业产业化水平不高、农民收入和生活水平有待提高，但 20 多年来仍然在农民吃饭问题、增加农民收入、乡村基础设施建设、特色农业与产业结构调整、农村市场经济体系建立等方面取得了长足的进步。仅就 2002 年来讲，与 1985 年相比，云南第一产业 GDP 由 66.1 亿元上升为 469.9 亿元，增长了 6.1 倍；农林牧渔业总产值由 88.9 亿元上升为 737.6 亿元，增长了 7.3 倍；农民人均纯收入由 326 元上升为 1533.8 元，增长了 4.7 倍；农村贫困人口由 1210 万人减少到 286 万人（郑保华，2004）[27]。

云南农村经济迅速发展的内在原因应该是多方面的、综合性的，但其中的一些因素所起的作用又是尤为重要的、甚至是决定性的，而农村产业结构的变化就是这样的关键性因素。有了产业结构新的提升和发展，生产力水平就大为提高，整个乡村的社会经济也才会有全面的发展，这一道理不言而喻。而这里的关键在于当代云南乡村的农村产业结构发生了哪些变化？这些变化又导致了怎样的乡村社会转变？

4.2.1.1 产业结构变化分析

综观 20 世纪末 20 多年的发展过程，相对于传统农业，云南乡村地区的产业结构至少发生了这样一些变化：

（1）一是云南在乡村农业经济的发展中着力于传统农业产业结构的调整和现代农业产业的培育。因此，从整体区域的角度看，在云南乡村地区，已形成这样一些产业群：一是传统的粮、油、烟、糖、茶、胶、药以及林业、畜牧业、渔业等，但由于长期生产的历史积累，更由于这些产业依托于种、养、加一体化和农、工、贸产业链的良性循环方式，依托于区域化、集约化、商品化的发展，依托于科学技术的应用和推广，这些产业正在走出传统农业以粮食生产为主的一元化结构，并逐渐成为乡村的支柱产业；二是以热带及亚热带水果、花卉、蔬菜、绿色食品等新产品为龙头的新兴产业群，这些产业群往往伴随着产销一条龙、农工贸一体化的产业化经营模式；三是随着市场需要而产生和发展起来的与高科技紧密相连的产业群，如生物资源加工、生物制药、农作物辅料等，这些产业正逐步壮大起来，并在农业经济发展中起着越来越重要的作用。

（2）二是云南乡村地区、特别是除了几个中心城市及经济较为发达的区域以外的民族地区和欠发达地区，在产业结构关系上有了明显的改变和得到进一步的优化，整体趋势是第二产业和第三产业的发展势头大于和快于第一产业。就拿 2001～2002 年的数据看，在民族自治地区，仅仅一年的时间，一、二、三产业在 GDP 中的比重就由 31.5 : 32.7 : 35.8 发展为 30.2 : 34.0 : 35.8；第二产业的增长率为 13.8%，第三产业的增长率为 9.5%，而同期第一产业的增长率仅为 4.8%；其中可以看出第一产业所占比重明显下降，第二产业所占比重明显提高，同时，第二产业和第三产业的增长速度远远超过第一产业（格桑顿珠等，2004）。

（3）三是乡镇企业与乡村工业的发展。自 20 世纪 80 年代以来，云南很多乡村地区，依托自己所特有的资源禀赋，建立和发展了自己的乡镇企业。"八五"时期以来，这些乡镇企业由小到大、由弱到强，不少产品不仅有一定的产量和质量，而且占有一定的市场份额，有的产品还填补了省内工业的空白。2002 年，全省乡镇企业实现增加值 373 亿元，占全省国内生产总值的 14%；乡镇企业吸纳农村富余劳动力 301.1 万人，占乡村从业人员数的 15.8%。同年，云南家庭人均收入为 2491.6 元，而其中的家庭经营收入中来自工业、建筑业、商饮服务等行业的为 264 元，比上年增长 14.3%（郑保华，2004）[36-37]。这些乡镇工业产业主要包括：农产品加工、手工业、铁矿冶炼、磷化工、建材、纸业、小水电以及以餐饮、娱乐、交通、旅游为主的第三产业等。乡镇企业不但增强和壮大了农村经济，提高了农民的收入，改变了单一的农业生产结构，而且还有力地吸纳了乡村富余劳动力，解放了农村生产力，并成为全省的经济支柱之一和最具活力的经济增长点。

（4）四是充分利用云南所特有的自然风光、生活习俗、民族文化发展旅游产业、文化产业以及新兴的创意产业等。云南旅游

166

得天独厚，在建设"旅游大省"的发展目标下，旅游产业一直发展很快。2002年，全省实现旅游外汇收入4.19亿美元，实现国内旅游收入255亿元，旅游总收入达到289.93亿元，比上年增长12.84%，高出国民经济总体增长速度4.3个百分点（董棣，2004）。而在这些收入中则有相当比例来自于农村自己的旅游开发以及与乡村有关的旅游产业。文化产业及创意产业虽然在云南属于起步阶段，产业收入以及对GDP的贡献率也不高，但在云南以及云南的乡村地区已蓬勃地发展起来，而且发展速度很快，并已经在全国产生了较大的影响，其社会效益、经济效益已初见端倪。云南的产业结构一直比较单一，而旅游、文化、创意等产业的出现恰恰可以有力地改变这一状况。

（5）五是云南农业产业化已具雏形。农业产业化的核心在于走市场化、规模化的路子，将农业的产前、产中和产后的诸环节连接为完整的产业链条。经过20多年的发展，云南的农业产业化取得了较大的成效，农业产业化已开始初具规模、逐渐成形并日益走向正轨。由于省内经济发展的不平衡性，在资源条件较好、农业开发较早、生产力水平较高、商品经济观念较强的中部和南部地区，已逐渐形成规模化生产，建立了自己的主导产业，出现了一系列生产基地，有了龙头企业的带动及其专业化生产。而在自然条件以及生产、生活条件较为恶劣的贫困、边疆地区，农业产业化属于夯实基础阶段，主要表现为提高生产力水平和生产效率，改变贫困状况，建立商品意识，在解决温饱的基础上引导农村经济向市场化、规模化发展。到2002年云南农产品商品率（包括农民之间的交易）为48.2%，比1978年的34.3%提高了13.9个百分点；农业机械总动力达1460.4万kW，为1978年的5倍。

近年来，在产业链、一体化生产经营、龙头企业建立等方面积累了不少经验，目前云南省农业产业化发展的形式主要有这样几种：①龙头企业带动；②商品基地推动；③农村合作经济组织；④农村股份合作制；⑤专业市场带动。

4.2.1.2 产业结构变化作用下的乡村社会转变

产业及产业结构的变化其实也是人类生产力水平由低向高的发展过程，这是一种人类文明的客观发展规律。因此，只要存在人群和社会，就会存在和衍生这种规律。同样，产业结构的不断发展变化也使得人们的生产关系发生变化，而社会也因此发生变化，这也是一条必然的客观规律。事实上，在中国广大的乡村地区，当代农业产业结构的变化已经引起乡村社会的嬗变。

在当今全球经济一体化的背景下，云南少数民族每一个乡村地区，产业结构变化都在发生，只是有些地方已是轰轰烈烈，有些地方则正悄然兴起。它们所引起的乡村社会变化则更像是一波波袭来的浪潮，不论是经济发达的村庄，还是经济发展落后缓慢的村寨，任何地方都要受其波及，任何地方都概莫能外。我们仅通过以下两方面现象的分析，就可明显看到这种无处不在的变化：

（1）从农村人口与劳动力情况来看，尽管整个云南省城镇与乡镇企业对农村富余劳动力的吸纳作用还不够强大，但农村劳动力向城镇、企业的转移现象仍然是极其明显的。在乡村中常常可以发现，村落中中青年人的身影越来越少，在有些较为贫困的村落中，村中常年留下的只有老人、中老年妇女和孩子。以孟连县富岩乡佤族大曼糯村为例，20 世纪 90 年代中期时尚有人口 3000 多人，而现在常住人口仅为 1000 多人，且多为老人和妇孺。这其中的原因是，20 世纪 90 年代末期，在政府和企业的主导下，一部分村民进入企业，进行香蕉种植而变成产业工人；另外，则有相当一部分青壮年人在外打工和生存，而其中又有部分人常年在外，几乎不再回村。

而从数据资料的显示，这一趋势也非常明显。如："十五"期间，丽江市农村累计转移农村劳动力由 2000 年的 1 万多人，增加到 2005 年的 12.1 万人，其中，对外劳务输出 3.8 万人，农民人均增加收入 187 元，农民工资性收入已占农民人均纯收入的 24.6%。个旧市农村 2006 年累计完成转移农村富余劳动力 36548 人；农村劳动力转移到云锡公司、乡镇企业、私营企业等当地工矿企业的农村劳动力人数达 31066 人，占农村劳动力转移人数的 85%；农村劳动力转移到餐饮、运输等第三产业的人数达 5482 人，占农村劳动力转移人数的 15%；农民人均工资性收入达 1095.53 元。而从全省情况看，仅 2005 年一年，农村劳动力实际转移就业就达 492 万人，实现收入 108 亿元，农民人均工资性收入达到 348 元。❶

显然，农村人口的变化源自于乡村产业结构的变化。但人口的变化却给乡村社会带来了巨大的影响，其产生的变化是深刻的、内

---

❶ 上述数据由笔者在 http://www.ynagri.gov.cn/zjlt/search.asp 中综合搜寻并集合而成。

在的，也是全方位的。如原来从事小农生产的家庭如今不再完整，传统家庭组织正在被解构；村落中常住人口构成上的变化使得族群内部的链条发生破坏，进而使传统农业社会族群内部的整体秩序及有机构成产生裂变，族群社会原有的维系功能在效率上出现问题。

（2）再从生产关系的角度看，产业结构的变化使乡村社会传统的人际关系正在被改变和突破。比如，一个家庭要想从事养殖业生产，其必须到银行或信用社争取贷款以解决资金问题，这样其就与金融机构产生了信贷关系；其在养殖过程中要学习科技知识和新的养殖技术，就与外界产生了信息上的联系；养殖过程中一个家庭的风险过大，力量不足，其就可能与其他家庭合作，共同投入、风险共担、利益共享，这样他们之间就又产生了合作关系及契约关系；另外，当其劳动力不足时，其可能会雇佣一些临时或长期的工人，这样其与工人之间就发生了雇佣关系和合同契约关系；如此类推，不胜枚举。总结起来看，人与人之间的关系、家庭与家庭之间的关系、村与村之间的关系已不再局限于原来单一的小农农业生产上，不再局限于原来的"土地"上，也更不再局限于原来血缘关系的"亲情"上和有着朴素乡情的"熟人社会"上，而是在此基础上更多地加入了经济上的联系、生产合作上的联系、商品经济上的联系、契约上的关系以及信息交往上的联系等。

总之，产业结构变化而引起的乡村社会变化是一种突破传统农业社会的转变，是一种向着现代社会契约和法理精神方面的转变，更是一种人的意识观念和文化精神的转变。

4.2.2 转变过程中的若干类型与模式

4.2.2.1 类型

从当前社会经济发展的角度来看，云南的绝大部分村落可以分为这样三种类型：农业主导型村落、非农产业主导型村落和特别发展型村落。

农业主导型村落：在民族地区的乡村中数量最多、历史最久、分布最广。村中主要以农业生产及其生活为主。

非农产业主导型村落：可分为两类，一是资源主导型村落；二是市场主导型村落。

（1）资源主导型村落主要指和利用自然环境或历史文化的禀赋条件来促进社会经济发展的村落。在云南，常见的有以下几类：

特色产业村——如：鹤庆新华村（银器）、剑川狮河村（木雕）、大理周城村（扎染）、丽江束河村（皮具及贩运）、禄丰黑井（盐业）等。

旅游村——这一类村落是利用自然资源与人文资源来发展第三产业中的旅游产业，在云南，这一类村落数量越来越多，也越来越有其发展的优势。如：景洪曼景兰村、建水团山村、元阳箐口村、石屏郑营村、大理周城村、丽江束河村、腾冲和顺等。

（2）市场主导型村落主要指以市场需求为导向发展乡镇企业从而带动了社会经济发展的村落。这些村落在滇中、滇南居多，如：号称云南第一村的玉溪大营街村、早期发展的昆明福保村等。这些乡镇企业的产业面向既包括第二产业，也包括第三产业。

特别发展型村落：主要依托历史和社会发展中特殊的机遇及事件而发展起来的村落。这其中，又有这样一些类型：

（1）城郊型村庄：城郊型村庄的特征在两个方面表现得较为明显：空间位置方面，一般位于城市近郊区；经济形态方面，以面向城市、服务城市的产业为主，同城市有着密切的经济联系。至于产业门类，既有农业为主的，也有非农产业为主的，还有兼而有之的。

（2）移民村：可分为三类，即：水库移民村、扶贫移民村、灾后移民村等。

（3）城中村：广义而言，城中村似可归入非农产业主导型村庄，但其综合形态、属性及内涵过于特殊，完全是村庄中的另类，故列为一个单独类型。❶

4.2.2.2　转变的几种模式及相关问题

村落在产业结构发生变化的情况下引发乡村社会整体的变化，在这一转变过程中，由于各种背景、动因及相关因素的不同，其进程与规律也都有所不同，而这些不同的转变方式又表现为这样一些不同的模式。在云南民族地区村落的发展变化中，大约可以总结出这样几种模式。

（1）政府扶持、村庄自主发展模式

这是一种由村落中的基层组织（村委会、党支部等）、村民

　　❶ 施维克. 云南乡镇聚落 [M] // 王冬. 国家自然科学基金项目《西南少数民族贫困地区聚落营造学》结题报告. 昆明：昆明理工大学，2007.

以及村落中的民间组织系统（结合了原有的族群组织）作为主体，在来自于国家治理系统的各级政府的各种政策、措施、甚至是具体的项目及资金的引导与扶持下，在整个社会的支持下，自主地在农业产业结构调整上、生产力发展上、村落环境与设施建设上，依托和利用村落既有的条件与资源进行发展，从而提高了生产力水平、改善了村民的生活、增加了村民的收入并带动了乡村社会组织、民主、文化的和谐进步以及乡村社区综合发展的发展模式。

弥勒西三镇的可邑彝族村就是这种发展模式的典型村落。可邑村属云南省弥勒县西三镇蚂蚁行政村，据村志记载已有 358 年历史。是一个全部居民均为彝族支系阿细人的自然村，全村面积约 30km²，海拔 1780m，人口现有 201 户共 804 人，没有自己本民族的文字。具有人多地少，农作物单一，土壤贫瘠，用水困难等特点。

20 世纪 90 年代末期，可邑村在学者的推动下开始了"可邑彝族文化生态村"社区能力建设项目的实验和建设。项目的主要目标是：在保持文化原生态的前提下，以目标人群为本，以社区资源为依托，建立社区参与机制，在政府的引导下达到社区自我管理、自我发展、脱贫致富的目的。在生态村建设中，政府积极支持，学者竭力推动，全体村民积极主动参与，乡村文化精英主动配合。先后完成了村落规划、民主选举了"可邑彝族生态文化旅游村管理委员会"、制定了旅游发展规划、村规民约、管委会工作制度等规章制度、整治了村落环境、配合政府修通了连接交通干线的道路、有组织地展开了一系列旅游服务产业的各项工作及行动。仅从 2001 ～ 2003 年，村管委会就已累计取得了数十万元的收入，村落旅游经济初见成效（图 4-14）。❶

图 4-14　可邑村民分组研究讨论村落 3 ～ 5 年的发展规划（彭多意提供）

目前，可邑村已基本形成了村落自身的发展能力和机制，村落发展正在村民自主的参与和建设中平稳地向

---

❶ 彭多意. 社区能力建设——民族社区参与机制的实现途径 [Z]. PPT 演示文稿. 昆明：云南大学，2003.

前发展。该村落的发展模式已引起社会广泛的关注。2000 年以来，先后有教育部社科司科研处处长张保生、云南省委常委、宣传部长晏有琼以及省、州、县政府领导多人到可邑村视察、考察。红河州已将"可邑彝族文化生态村"纳入州"六个一工程"建设之中。

显然，该模式基本上属于一种村落内发的、渐进的发展方式。它可以综合协调政府与民间的关系、外界和内部的关系、现代转变与传统继承的关系；因此，它的整合度较高，村落及村民可以在一种相对平滑和稳定的渐进过程中完成传统农业社会向现代农业社会的转变。对于民族地区广大的乡村来讲，这是一种普适性的发展模式。

（2）政府引导、乡镇企业带动发展模式

这是一种由乡村中的能人及所属的乡镇企业，在各级政府的各种政策、措施的引导与支持下，在市场经济的大背景下，以市场作为导向，紧紧抓住市场动向、产业链需求；利用乡村丰富的人力资源及其他相关条件，大力发展了第二、第三产业的乡镇企业；并在乡镇企业发展壮大的情况下吸纳了大量的农村富余劳动力，增加了农民的收入，带动和促进了农业产业结构的调整和升级，并进而实现了农村社会经济整体发展的模式。相对而言，这种模式更加有力地改变了村落原有的传统社会关系，并可以对乡村社会组织、民主、文化的文明进程以及乡村社区综合发展产生至关重要的影响。

玉溪市红塔区大营街的发展堪称这种发展模式的典型。大营街原来也是一个以农业生产为主的村镇，20 世纪 80 年代以来，大营街利用玉溪烟草工业的优势及资源，大力发展乡镇企业。1992 年，经济收入即突破 1 亿元，1995 年经济收入达到 10 亿元，2003 年经济收入已突破 20 亿元。2005 年，全镇经济总收入已达 41.2 亿元，农民人均纯收入达 5082 元。❶ 经过多年的努力，大营街镇已逐渐发展成为一个"具有中心城市互补功能，集工业、休闲度假、康体娱乐、生态观光、商务会展为一体的综合性小镇"。❷

这一类村镇在云南尚有不少，实践证明，这种模式对农村落后面貌改善、乡村经济发展、城镇化进程产生的作用更为明显。

❶ 玉溪市红塔区大营街镇. 云南省省级建设示范镇申报材料 [Z]. 昆明：云南省建设厅，2006.
❷ 玉溪市红塔区大营街镇. 云南省省级建设示范镇申报材料 [Z]. 昆明：云南省建设厅，2006.

而且，这种模式是在外界外力的刺激下，主要由乡村内力来完成和实现的，是在乡村中成长起来的，它有一定的整合度和持续稳定性，并对村民内在思想意识的冲击和改造有着较强的作用。因此，总的来讲，这也是一种积极的发展模式。

（3）政府引导、企业开发发展模式

这是一种由乡村以外的外来企业在看中乡村某一方面资源的前提下，在各级政府的各种政策、措施的引导与支持下，在市场经济的大背景下，以市场作为导向，以市场运作的方式，利用村落资源进行投资开发并获取收益；但在操作中综合协调村落与村民利益，并在客观上带动了当地农业产业结构的调整、生产方式的转变，提高了生产力水平，增加了村民的收入，吸纳了当地农村富余劳动力，部分实现了村民就地进行产业转换，促进了村落环境与基础设施的建设，并影响了乡村社会组织、民主、文化、社区建设等文明进程的发展模式。

丽江束河是这一发展模式的典型代表。束河位于丽江城区西北部 4km 处，海拔 2440m，现有人口 20650 人，是纳西族先民在丽江坝子中和茶马古道上最早的聚落之一。由于历史的原因，束河原有的商业与手工业繁荣逐渐衰落，"并最终在半手工业状态与农耕状态并存的条件下停滞不前"。● 2003 年，丽江人民政府通过招商引资，由昆明鼎业集团五年内总投资 5.6 亿元，负责对束河古镇进行总体规划和开发建设。项目开发尽可能保护原有生态景观，在老村东南以外以"指状"模式发展了新的区域，对老村的基础设施进行了完善改造，对文物建筑和部分传统建筑进行了修缮和保护。

通过将近三年的开发建设和项目实施，束河在村镇发展和旅游产业上实现了快速跃进，其开发经验被总结为"束河模式"，并成为"2004 年中国经验（云南篇）"的代表作。其时，前来观光旅游的游客平均每天达到 5400 多人，旺季时游客高达 12000 人，2005 年束河古镇的旅游综合收入达到 2500 多万元。项目开发解决了 326 位失地农民的就业问题，带动了 60 多户本地村民投身旅游餐饮业和 150 多户村民出租自家房屋和参与商铺经营，此项纯收

● 丽江市古城区人民政府束河街道办事处. 云南省省级建设示范镇申报材料 [Z]. 昆明：云南省建设厅，2006.

入每年即可达 500 多万元；统计数据显示，束河古镇居民人均年收入从 2002 年的 800 多元跃升到了 3500 多元。❶

这种模式是近年来随着市场经济发展而出现的一种新兴的发展模式，除束河外，云南腾冲的和顺乡、鹤庆的新华村都在采用类似的方式。无疑，对于村落和村民而言，这是一股强大的外力，对于村落社会的冲击最为巨大，它可以迅速改变村落的面貌、产业结构、生产方式、思想意识和文化观念。但问题在于，这种改变在多大程度上是内在的，其持续性如何？稳定性如何？当村落本身的内发力和自组织能力弱小的时候，是否会出现内外力量的失衡以至于造成乡村社会某些方面的断裂。因此，笔者以为，这种模式是值得研究的，至少在现今，它并非是一种能够广为推行的模式。

（4）政府主导、村庄配合发展模式

这是一种在某些特殊的条件与因素下，由各级政府为主导，在政府部门统一的计划安排、下拨资金和组织实施下，在乡村基层组织及村民的配合下，对乡村中的资源进行开发利用，对村落基础设施、居住环境、农业生产条件进行建设，从而带动了当地农业产业结构的调整、生产方式的转变和生产力水平的提高，改善了农民的生产和生活条件，增加了村民的收入，并带动了乡村社会组织、民主、文化、社区建设等文明进程的发展模式。如：移民村的建设、示范村的建设、旅游村的建设等。

该发展模式总的来讲是积极的、惠民的，对贫困农村生存条件及落后面貌的改善、农村经济的发展、农村弱势群体的扶助作用是巨大的，是一种通过扶持而将贫困、落后的村落带入现代社会和市场经济体系中的方式。但该模式最容易出现的问题是带有"行政"色彩，常忽略村民真正的利益诉求。

4.2.3 "族群"的裂变及功能的转换

从以上的分析中可以看到，在原始农耕及传统农耕文明时代中生发出的"族群"社会在当代农村产业结构、生产方式发生改变的背景下产生相应的转变是没有疑义的。但是，有两个方面的

---

❶ 丽江市古城区人民政府束河街道办事处. 云南省省级建设示范镇申报材料 [Z]. 昆明: 云南省建设厅, 2006.

问题仍需要进一步明晰：一是"族群"发生了哪些方面的转变和什么性质的转变？二是在转变中，"族群"的传统功能是否还能发挥作用和将向何处去？

4.2.3.1 "族群"的转变与裂变

如果将传统乡村社会的"族群"视为一个结构系统，那么，首先是这个结构系统所存在的时空发生了变化。这个时空已经由原始农耕社会及传统农耕社会进入到全球化的工业社会及后工业社会时代。在前者的时空中，土地是根本，有了土地就有了一切，整个族群结构都是围绕土地、农耕生产而构成的；但在后者的时空中，土地不再是决定一切的根本，土地只是诸多资源中的一种资源。这也就是说，两个结构系统构成的基础发生了根本的变化。其次，原来族群结构系统中的纽带是家庭小农经济及宗教礼制。"鸡犬相闻，老死不相往来"、"熟人社会"正是其结果写照。而当代社会人与人之间的纽带则凸现出这样一些要素：资金、信息、产业、契约、法律等。再次是族群结构关系基本是单向的和封闭的，而在当代，人们的社会关系是多向的和开放的，即便仍然是从事农业产业，最终的走向也只能是建立在更开放平台上的现代农业产业。

综上所述，笔者认为：

第一，在当代社会中，传统的"族群"结构体系正在发生着一种裂变。所谓裂变，其含义是结构系统中的基础以及要素之间的关系发生变换。这种裂变将最终使我们现在称之为"族群"的社会结构逐渐被消解并进而被转变成为一种将在后文中引入的"社群"的社会结构。

第二，中国乡村社会的地域差别极大，云南少数民族贫困地区更是如此，因此，传统的"族群"结构体系发生着的裂变对不同的地域、村落、民族来讲在程度上是不尽相同的。总体而言，发达地区的裂变程度高，欠发达地区的裂变程度低，甚至只有裂变的趋势。

第三，不应将这种裂变简单地视为一种新结构对旧结构的取代，而应视为一种原有结构的转变及其转变的过程。从另一个角度看，这也是传统经济向工业化经济转变的过程，也是一个向现代化与全球化转换的过程。

美国西雅图华盛顿大学社会学教授 M·赫克托（Michael Hechter）在《内部殖民主义》（Internal Colonialism）一书中提出的"扩

散模式"（diffusion model）被认为可以作为研究族群现代化过程问题的分析工具，具有一定的启发作用：

该模式假设一个国家中有两个族群，其中一个居住在核心地区，经济发达，政治势力强大，掌握着中央政权并拥有控制国家政治、经济等各方面事务的主导权。而另一个族群则居住在边缘地区，通常在政治、组织、经济、文化上都比较落后。在这样一个条件下，M·赫克托提出的"扩散模式"认为，国家的发展和族群的融合的过程大致可以有三个阶段：第一个阶段是两个地区之间基本没有联系，在经济活动上各有自己的方式和自己的市场，生活和消费水平有很大差距，社会结构与分层也不尽相同。第二个阶段是两个地区在工业化过程中的联系逐渐增加，核心地区的行政机构、企业及商业、社会组织机构、文化形式、消费方式逐渐向边缘地区扩散，原有的差距逐渐缩小，边缘地区开始步入工业化的进程。第三个阶段则是边缘地区的工业化和经济得到了充分发展，核心和边缘地区的财富均匀分布，社会、经济方面的差异已经消失，残存的文化差异也失去社会意义，核心地区与边缘地区在政治、经济、文化等方面完成了整合。❶

4.2.3.2 "族群"传统功能的转换

然而，问题的另一个方面是在"族群"的裂变过程中，其传统功能是否将随之而消失，还是将自我更新并得到转换？

从历史及现实情况看，中国乡村现代化的问题是复杂的。可以这样来梳理一条中国乡村现代化历程的主线索：

中国乡村是由一个个具有超稳定性结构的村庄构成的。长期以来，村落的这种传统的小农经济社会针插不入、水泼不进，有学者将其比作"一个具有强大吸纳力的'循环的陷阱'。资本主义的萌芽，商品经济的渗透，小城镇的兴盛，城市工业的发展，新式学校在农村的建立，党派向农村的延伸，一切进步的因素一旦进入农村，就被强大的传统势力所化解"（张乐天，1998）。

在 20 世纪 30 年代，以梁漱溟、晏阳初等人为代表的知识分子就主张进行"乡村建设运动"，并试图通过在乡村建立新的社会组织，振兴农村以引发工商业来解决中国的整个社会问题。他们

---

❶ 参见：马戎. 民族社会学——社会学的族群关系研究 [M]. 北京：北京大学出版社，2004：188—189.

(a)　　　　　　　　　(b)　　　　　　　　　　(c)

图4-15　一组"乡村建设运动"的图片
(a) 晚年的梁漱溟；(b) 晚年的晏阳初；(c) 晏阳初与平教总会员工及家人
（图片来源：http://www.ngocn.org）

在河北定县和山东邹平进行乡村建设的实验虽取得了一定成绩且意义非凡，但其实验并未成功，实验地农民的经济生活也没有发生根本的变化（图4-15）。梁漱溟因此而感叹："名曰乡村运动实则农民不动"。

共产党的领袖们同样看到农村的小农经济将永远只会使乡村社会陷入一种没有前进的、无休止的循环。因此，他们想到合作，想到组织与集体，想到破除迂腐、落后的家庭小农生产和经营方式，想到"乌托邦"的公社理想。可是，他们的理想和愿望非但没有实现，乡村社会反而在崩溃的边缘时又重新回到家庭式的小农经济状态之中。

虽然20世纪80年代开始的家庭联产承包责任制极大地解放了农民的生产力，就当时而言也是代表先进生产力的。然而，这样家庭式的、分散的、过密型的生产经营方式注定还是没有走出小农经济的范畴。而且就时代发展看，这种经营方式在实行近30年后，在农业生产上已无多少上升空间，伴随着"三农"问题的出现终于显现出了其内在的弊端与危机。历史惊人地出现了又一个轮回！

前文提到的农村产业结构的调整和生产方式的转换确实是农村的必由之路，但现实是中国乡村社会巨大的差异性导致的发展的不平衡性。海外中国农村问题研究学者黄宗智对中国当今农村错综复杂的状况有这样一番贴切的景象描述："一方面，近20多年来农村收入有相当程度的提高；另一方面，农村和城市的差距越拉越大。一方面，农村出现了不少新兴富户；另一方面，贫穷的困难户比比皆是。一方面，部分地区许多村庄显示出可观的经济发展；另一方面，许多村庄经济反而倒退，同时人际关系、社区共同体又明显衰败。一方面，产业化了的农业企业其劳动生产率显著提高；另一方面，家庭农场的劳动生产率相对停滞。一方面，部分地区乡村工业高度发展；另一方面，乡村工业增长率又明显降低，环境污染也越来越严重……"（黄宗智，2006）[30]。

需要指出的是，西南少数民族乡村社会除有着与内地乡村共同的家庭小农经济的问题外，还有一个在经济及乡村工业化上被更加"边缘化"的问题。换言之，20世纪80～90年代内地农村农业生产的兴旺和乡镇企业的迅速发展使得西南少数民族乡村社会与之产生了更大的差距，发展的道路愈加艰难。比如说，内地农村相对高效的农产品及乡镇企业尚且面临市场空间狭小的问题，那么，民族地区乡村在这方面的发展空间就更加尴尬。

显然，乡村社会产业结构的调整和生产方式的现代化仅仅是乡村社会经济发展的一条腿。这里的问题是，是否还需要另外一条腿？是否还能寻找到这样一条腿？

如认真考察云南民族地区近些年来乡村社会变迁时就会发现在很多经济收入已很高的村寨中，传统社会的族群、家族的功能并未完全失去并反而在某些方面有被强化的趋势。比如，大理剑川东岭乡的下沐邑村，村中因有73%的农户从事建筑业而使这些人家家庭收入很高（一般能达10000元左右，高的可达35000元左右）。但近年来村中家族的影响力已经明显超过基层政权，从村中的道路由家族出面组织建成、家族主持重修家谱、村中重大事情由家族内协商解决的比例已达68.3%等事件中都可窥见其内发与传统的巨大力量。

而更值得人们思考的是，近年来云南民族地区乡村都出现了这样的现象：一方面，在观念、生活方式、居住方式、消费方式等显形方面越来越趋近于现代社会。如在建盖自己的房子时，很多不同民族的农户们都将使用了现代材料与结构的建筑形式视为自己理想的居所，而不再坚守过去传统的建筑风格与类型。而在另一方面，村落中祭祀崇拜、宗教仪式、民族节日等传统文化活动又重新恢复和并愈加兴旺起来，不少村落中的族群都对自己族群的历史认同充满了渴望和期待，族群差异正在依旧保持下来。

大量的乡村社会现实显示，未来族群在经济生产活动及其发展上，在政治制度与经济制度上，在国家意识与法理观念上必将融入当代社会；而在乡村基层治理、合作生产与经营、村落生活形态、文化精神重建等方面又将融入更多的族群传统。只有在这样的平台下去培育乡村自身的发展能力（即：内发力），去形成一个作为主人的和现代意义上的农民群体，才能使乡村自我发展和持续发展。

笔者认为，这就是前面所提到的另外一条腿！

在这一背景下，乡村中传统意义上的"族群"（不论血缘族群、地缘族群还是业缘族群）就又有了特殊的意义，其原有的功能就有可能发生提升和转换。笔者认为，这些提升和转换大约有以下几个方面：

（1）村落的"族群"是乡村中历史既定事实的群体组织存在，在建立现代意义上的乡村"草根民主"中，"族群"无法完全绕过或避开。因此，"族群"是建立"村民自治"制度的基础。

（2）传统的"族群"体系正逐渐自然地演化成为一种能够与国家行政体系进行对话的民间组织体系，其与国家在村落中的治理互为补充，互为整体。

（3）传统的"族群"正在自觉不自觉的自我调适中融入乡村现代化的进程中，并成为农村各种合作组织、特别是生产经营合作组织的媒介、平台和基础。

（4）在今日的乡村中，尤其是民族地区的村寨中，"族群"在宏扬优秀传统文化、乡村新文化及精神重建、建构新型和谐社会中正发挥着重要的作用。

4.3 "社群"与当代乡村社会发展

4.3.1 "社群"概念的提出

前节谈到，在目前中国乡村社会中，族群的传统功能正在发生向着现代性的转变。于是，这样一个问题也随之出现：当"族群"结构组织在乡村社会中逐渐失去传统的内容并面临转变时，何种新的结构组织才应该是"族群"转变的最终落脚点呢？

在前述章节中，曾提到德国社会学家滕尼斯的"法理社会和礼俗社会"的理论：相对于旧秩序体现的血缘、等级、辈分、礼俗而言，近现代社会以现代法理为其主导的新秩序则表现为人们对社会的权利和义务，体现的是理性、平等、法律和民主。因此，法理社会的特征是：规模大，有复杂的分工与角色分化，经济的、政治的、职业的社会组织取代了家庭的核心地位，非个人的、不具感情色彩的次属关系居于统治地位，人们的行为主要受正式的规章、法律等约束，社会具有很强的异质性。

无疑，随着中国农村现代化的进程，礼俗社会肯定会逐渐向法理社会转变。因此，传统社会中依靠血缘、地缘、简单业缘而凝结起来的社会结构也将会变为由分工、理性、契约、法律、民主等因素组成的社会结构。

但是，这里需要注意的是，现代社会并不等同于理想的法理社会，在现代社会基础上构成的人际关系也有很多存在的弊端及问题。当代社会的商品经济以及契约经济导致了排他性的利益追求和人与人之间的冷漠、隔阂，也造成了拜金主义、个人主义、自由主义和道德失范。因此，一个既有现代法理，但又蕴涵了传统族群精神的社会组织结构就成为了乡村社会的期盼！

于是，这里就有必要引入"社群"的概念。

"社群"的英文名称是 Community，在中国也常被翻译成"社区"；这与第 2 章中所谈到"族群"的英文名称 Ethnic 显然有着明显的不同，从英文名称的差异中大致可以感到"社群"更凸现人群关系构成中的现代社会性，而"族群"则更多地意指在血缘、地缘、家族、礼俗等基础上的人群关系构成。

"社群"较完整的意思出自于西方政治哲学研究中，对"社群"作出较为系统的论述的学者还当推德国社会学家 F·滕尼斯，他于 1887 年发表了《共同体和社会》一书，滕尼斯在该书中指出：社群是基于自然意志，如情感、习惯、记忆等，以及基于血缘、地缘和心态而形成的一种社会有机体，包括家庭、邻里、村落和城镇。从上述论述中可以看出滕尼斯所说的"社群"多多少少与传统的"族群"概念有些相似，因此，后来的学者在此基础上又对"社群"的概念作了一些修正，如 20 世纪初英国社会学家麦基弗（R.M.MacIver）则强调社群并非一定是天然的，它是可能被社会有意识地再造的，它在传统的血缘及地缘认同的基础上更多的是建立在成员的共同利益之上，是追求共同的"善"或公共利益的，是有组织或团体作为载体的。❶

❶ 参见：俞可平. 社群主义 [M]. 北京：中国社会科学出版社，2005：73~74.

对于"社群"的理解还可以通过对社群主义理论的生成过程的认识来达到。在近现代西方政治哲学的流变中，首先是 19 世纪后期至 20 世纪上半叶功利主义思想的大行其道。功利主义认为社会的最终价值只能是个人的幸福和个性的自由发展，所有社会行为的最终目标都是为了确保人的行为完全独立和自由，因此，应该承认并推崇对个人利益及功利性的追求。功利主义还认为个人在自由追逐功利的同时，全社会的功利也随之增加。但到 20 世纪 70 年代，一批学者对功利主义进行了猛烈的批判，认为功利主义所说的个人幸福并不是所有人的幸福。因此，他们认为每个人都具有一种基于正义之上的不可侵犯性，每个人都有自己的权利，如：自由的机会、收入和财富、被尊重和个性发展。这就是当时风靡一时的新自由主义的核心思想。而到了 20 世纪 80 年代后，针对新自由主义强调个体而淡化社会群体的问题，社群主义的思想应运而生。社群主义者认为应以群体而不是个人的范式来分析和解释社会，认为社会历史事件和政治经济制度的原始动因都源自于家庭、社区、团体、阶级、民族、国家等社群之中。因而，社群主义从方法论上强调集体主义，强调普遍的"善"和公共利益。

社群主义在认同当代社会契约性的基础上，更突出强调成员的合作精神和互助友爱精神。按照社群主义者的理念，假如有一个虽然是自由的社会，但却没有政党、社团、工会及各种公民团体的社会，也许是一个公正的社会，但肯定不是我们想要的最美好的社会。"只有社群给个人和社会以美德，诸如爱国、奉献、牺牲、利他、团结、互助、友睦、博爱、诚实、正直、宽容、忠心等都是可以通过社群形成的"。❶

将社群的概念以及社群主义的思想引入到对我国现阶段乡村社会组织结构的认识与建构中，使人们可以更加清晰地意识到，当前中国农村需要进行乡村社会的再组织，需要农民全面的合作，需要新集体主义。而这种新集体主义理想的社群组织结构，既不践踏人的自由权利，也不是完全离散的无组织结构；既有现代法理精神，又不失传统族群社会的内聚力和美德；既满足个人的生活需求，又强调最大的公共利益。

---

❶ 参见：俞可平. 社群主义 [M]. 北京：中国社会科学出版社，2005：84.

4.3.2 社群与村落基层社会组织

在目前中国的乡村，分散的小农经济与社会化的农业生产是一对相互矛盾的事物，而这种矛盾的状况又确实需要用"社群"的文化理念和组织模式加以整合。因此，接下来的问题是：社群中的集体主义和合作精神在中国乡村能够通过什么样的组织模式来实现呢？

早在 1980 年，农村刚刚开始实验包产到户时，广西宜州合寨行政村的果地和果树自然村的干部群众就创造性地开始了村民自我管理和自我组织的实验，他们选举村里的领头人，制定村规民约，成立了村民自己的村落管理委员会。这就是中国当代农村的第一个村民委员会（简称村委会）。1982 年年底，村民委员会被正式载入《宪法》第 111 条，该条并同时强调村民委员会的群众自治组织性质。1998 年，《中华人民共和国村民委员会组织法》正式公布并开始实施，从而在法律层面上确认了村委会的村民选举的生成模式与组织方法。

村委会这一组织从一开始就体现出"自我管理、自我教育、自我服务"的群众自治组织的性质，体现出"民主选举、民主决策、民主管理、民主监督"的原则精神。而如果留意一下，就会发现这种性质及原则与社群主义思想以及社群理念在精神上是一致的。因此，可以认为，乡村中"社群"的社会组织结构的直接表现形式就是以村民委员会为主的自治组织以及嫁接在这种组织之上的各种生产经营共同体和社会团体。

村委会的重要工作是搞好村民自治，执行村民会议或村民代表会议的有关村落重大事项和公共事务的决定，处理村中日常事务，协调各种关系，处理各种矛盾。同时，还需协助政府处理有关"自上而下"的行政事务。它的功能实际上是在国家行政系统与村落自发系统之间、在现代法理和传统族群及家族之间、在合作生产经营与家庭生产之间、在生产经营与建构和谐村落社会生活及文化之间形成一种有机整合的内发动力。

与国内其他地区一样，在云南民族地区也普遍在乡村中推行了村民自治的村委会制度。但与内地农村地区有所不同的是，村委会这一乡村基层组织与少数民族传统族群之间的关系更加相互缠绕和更加复杂，表现形式也更加多样。根据多年的调研和观察，笔者对此有如下分析和判断：

（1）原有的族群社会结构与村委会组织都会产生影响，但影响力的大小因地而宜。在生产力较为发达的民族村落，族群以组织的形式对村委会的构成及工作产生影响力的情形越来越少，更多的则是以族群的传统文化、习俗、意识等隐性的方式对村委会产生影响。而在生产力水平欠发达的民族村落，有形的族群组织结构（如：族老、族长、巫师、毕摩）则对村委会的构成及工作产生较大的影响，如：一些偏远的彝族、佤族、景颇族、基诺族山寨。

（2）在乡村社会向现代性演变的过程中，传统的族群更多的是以"仪式"的方式而在文化、习俗、意识层面上对村委会基层组织产生影响，比如少数民族村寨中的各种传统节日、祭祀典仪、红白喜事、建房活动等。反过来，村委会组织也需要借用这些仪式活动来融洽与村民的关系和建立威信。事实上，近年来，越来越多的民族仪式及庆典活动都是由包括村委会在内的乡村各级政府来组织的。

（3）在少数民族村寨中，族群组织中的原有成员由原来的组织者蜕变为现在的协调者，在日常生活中，他们往往成为村委会与村民之间的中间层次力量而在其中产生影响和发挥作用。

（4）与内地及发达地区农村相比，不少云南少数民族村寨由于社会经济发展水平、观念意识、远离县乡政府等方面的原因，很多村委会的职能及功能并未得到充分体现，村委会在现实工作中的操作能力不强。在"自下而上"和"自上而下"两种相对的工作过程中，要想形成有效的、有凝聚力的社群组织的核心，还需要一段时间的过程。

4.3.3 社群、合作化组织与农村社会经济发展

当前中国农村农民在"社群"和新集体主义等思想的影响下、在村民委员会和村民自治的基础上正在形成广泛和不断深入的合作，合作的范围与领域逐渐扩大，类型与形式也越来越多样化。为了在后面的章节中探讨在村落建造方面的合作与组织，这里有必要简述一下目前农村合作化组织与社团组织的具体类型。

总体地讲，这些组织分为三大类型：第一类是农民的综合性政治组织；第二类是农民专业合作经济组织；第三类是农民社区生活社团组织。

1. 农民的综合性政治组织

这种组织是生产农产品的所有农民的共同组织，它的主要作用是代表农民整体在整个农业产业层面上维护农民群体的利益，在农业立法和农业政策上往往起到重要的作用。这一类组织在目前的中国尚未能发育起来，即便有诸如农民协会等组织也是形式成分居多。在云南的少数民族乡村中，这种现代性很强的组织更难以出现。但在西方发达国家，这种组织一般发育都比较成熟。

2. 农民专业合作经济组织

当前中国农村专业合作经济组织是在某一个地域由从事同类产品生产经营的农户自愿组织起来的。它在技术、资金、信息、购销、加工、贮运等环节上实行自我管理、自我服务、自我发展。它的发展是建立在家庭联产承包经营基础上的，因此，它不改变现有的生产关系，不触及农民的财产关系，适应了农村现有的改革发展现状。这些农民专业合作经济组织是多样化的，有的叫农民专业协会，还有的叫农村专业技术协会、合作协会等，一般又可具体划分和归纳为协会型、专业合作社型和股份合作型三大类。

总体而言，建立农民专业合作组织，有利于繁荣新阶段农村经济、促进农民收入增长，有利于提高农民进入市场的组织化程度、增强市场竞争能力，有利于创新农村经营体制、完善农业社会化服务体系，为建设现代农业，提升农业整体素质和综合效益发挥了重要的作用。特别是这些合作组织在农业产业化经营中表现出的组织、中介、载体、服务功能，更是加快了产业化进程。而在少数民族贫弱的乡村中，结合族群组织向社群组织的转换，这些合作组织对于培育村落自我发展能力也是非常有利的。

在云南乡村地区，农民专业合作组织的发展也呈现出良好的势头。在很多乡村地区，农户们自愿组织起来，形成了一批专业协会及合作组织。目前，云南乡村地区农民专业合作组织已经遍布种植、畜牧、水产、林业、运输业、加工业以及销售服务行业等领域，成为实施农业产业化经营的一支新生力量。

3. 农民社区生活社团组织

这一类组织主要是指在农业产业生产以外，在社区生活、文化娱乐活动、村落公共事务等方面由农民在自愿的原则下形成的社团组织形式。这种组织相对于生产经济组织更加灵活，也更加自由，但也更加具有活力。它在目前乡村社会文化活动缺乏、生活形式枯燥的现实情况下，对丰富农村业余生活、提高生活品位及质量、调节村落人际关系、增强信息传播、文化知识学习、宏扬传统文化、加强社区凝聚力、构建和谐社区等方面均起到非常重要的作用。

这类组织虽然与农业生产经营没有直接关系，但一般而言都能对合作生产经营产生正面的影响，甚至可以直接促发合作经营组织的产生。比如被《人民日报·海外版》称为中国第一个正式注册的山西"永济市蒲州镇寨子村农民协会"就是乡村女教师郑冰在组织乡村妇女集体跳舞的基础上逐渐扩展其活动内容而形成的合作经济组织。到2006年，该协会已容纳了附近35个村庄的3800多农民，工作的内容已涉及乡村基础设施建设、兴办工厂企业、高产农田实验等方面。这是典型的"娱乐—学习—合作"模式（图4-16）。

在云南，由于少数民族乡村地区丰厚的民族文化，这一类社团组织就更有了存在与发展的良好土壤。依托这些文化资源，各地的民族文化演出队、民间古乐演奏队、文化书社如雨后春笋般发展起来。如弥勒可邑村的阿细跳跃舞蹈队，全部由村中

图4-16　纳西妇女自娱自乐的舞蹈（陆莹摄）

图 4-17 丽江民间东巴乐队及古乐会
(图片来源：人文地理杂志，1998（3）)

的彝族青年组成。近年来，在村中的庆典喜事中，他们大显身手，为村寨发展旅游产业、对外宣传、宏扬民族文化、丰富村落生活、促进和谐社区建设等方面均作出了重要的贡献；又如丽江大研的东巴古乐演出队，楚雄云龙乡的业余文艺演出队及龙狮表演队等（图4-17）。

　　然而，在目前中国乡村各种形式的合作化组织中，还基本未能见到有关乡村人居环境建设以及村落建造方面的合作组织形式。而在当前的新农村建设中，这方面的组织创新和机制建立也是急需在理论与实践上进行研讨的。

4.4　本章小结

　　（1）新中国成立以来的行政动员体制对传统农业社会的族群社会结构形成了强大的冲击，而这种试图让农村摆脱小农个体经济走向"大集体"的理想由于策略的错误而告失败。这一时期乡村的村落营造的基本情势是"重生产、轻生活"，村落营造基本处于停滞和被扭曲的状态之中，传统村落建造的模式也几近丧失；云南少数民族乡村地区的情形也是一样。

　　（2）20世纪80年代以后的农村联产责任承包制看似退回到了家庭小农经济中，但这时由于整个社会的变化使农村已面临着产业结构调整和城乡互动发展的整体冲击和风雨欲来的变化。从云南少数民族乡村地区来看，尽管这一发展势头较之沿海及内地为慢，但对村落人居环境建设的影响却是巨大而深刻的。虽然，云南各地乡村产业调整及社会转型有若干不同的走向及模式，但

"族群"社会再一次产生裂变和向现代"社群"社会的转变却不可避免。

（3）在乡村产业结构调整的同时，符合现代法理及契约精神的乡村社区的建构也更为重要；因此，这里引入了"社群"的概念。"社群"组织结构既具有现代性，也承继着乡村共同体的历史传统，在这一背景下，乡村正逐渐走向全方位的合作和培植村落集体的自我发展能力，而村落营造也自然可以纳入这一框架体系之中。

第5章 "村落建造共同体"与云南民族地区当代村落营造

5.1 "村落建造共同体"概念的提出

前章最后提到，在目前中国乡村"社群"背景下的合作化组织形式中，还基本未能见到完整的有关乡村人居环境建设以及村落建造方面的合作组织形式及其内容。在过去，农村社会经济发展多被认为是产业的发展，而对农村人居环境、基础设施、公共服务设施、住屋的营造相对轻视，也未看到这些建设内容对产业发展、乡村内发力提升的巨大作用以及自身成为产业的可能。因此，有关这些方面理论的建构与实践就显得非常重要。

5.1.1 "村落建造共同体"的相关概念

本书认为："村落建造共同体"就是乡村聚落中有关人居环境、基础设施、公共服务设施、住屋营造方面的人的聚合体、合作组织及其相关工作。

这里，需要指出的是，"建造共同体"的特质是人们聚合起来合作进行村落的营造，这样，"合作建造"就成为其中的核心。因此，虽然"建造共同体"的理想状态是一种有机的组织，但一些非严密组织或非长期组织的"合作建造"同样可以纳入"建造共同体"之中。就这一意义而言，"村落建造共同体"也可以被认为是一种"合作建造"的行动及思想意识。

还需要指出的是，这里的"村落建造共同体"是一个较为广义的概念，它并不仅指具体的村落而是泛指乡村地区，其构成也并非只是村民而还包括社会其他阶层；因此，村落建造共同体所做的工作也是有层次划分的，其中各种角色的工作内容以及能够做的工作也应该是有分工的。

但是，要解释"村落建造共同体"，就应该先明确"共同体"的概念及其相关含义。因为，理解了"共同体"，则对"村落建造共同体"的理解也就水到渠成了。

从广义上理解，"共同体"应该是有某些相同共性的人群的聚合体。但一般在学术上，"共同体"被理解为工业化或非农化以前的传统小农社会的社会聚合关系。在传统小农社会低下与相对静态的生产力水平的制约下，村社内部的各种关系在生产与再生产过程中维系着一种"天然或自然"的整合，形成了一个能够自我调适、自我平衡的传统的共同体。这种村庄共同体以自然村落为单位，以传统小农耕经济为基础，以血缘、地缘为主要社会网络关系，具有生产、生活上相互协助、相互依赖的功能。正像费孝通所说，这是一个"熟人社会"。马克思也曾对这种古代所有制形式说道："个人被置于这样一种谋生条件下，其目的不是发财致富，而是自给自足，把自己当成共同体的成员再生产出来，作为小块土地的所有者再生产出来，因此，它们没有脱掉自然发生的共同体脐带"。❶ 同样，在德国著名社会学家 F·滕尼斯看来，有共同意志的族群，只要能统一地对内和对外发挥作用，就是一种结合，而这种结合被理解成为现实的和有机的生命——这就是共同体的本质。滕氏认为，共同体里的人们与同伙一起，从出生之时起，就休戚与共、同甘共苦，过着一种亲密、秘密、单纯的共同生活，因此，共同体中同质性强，有一致的集体意识（图5-1）。

这里，传统小农社会的共同体显然与前文所述的"族群"的基本含义是一致的。

然而，这里的问题是传统小农社会的共同体在当代是否还具有功能？它能否被转换为面向现代性的共同体？

F·滕尼斯在他的《共同体与社会》一书中认为有血缘、地缘、精神三种共同体，血缘共同体发展为地缘共同体，地缘共同体又发展为精神共同体。滕尼斯指出："精神共同体在同从前的各种共同体的结合中，可以被理解为真正的人的和最高形式的共同体"（F·

---

❶ 转引自：蓝宇蕴. 都市里的村庄——一个"新村社共同体"的实地研究[M]. 北京：生活·读书·新知三联书店，2005：8.

图5-1　白族边歌边舞祭本主：一个典型的有"共同体"性质的熟人社会
（图片来源：山茶 [J]. 人文地理杂志，1999（1））

滕尼斯，1999）。

　　笔者认同这样的学术观点并认为：如同人类所有文明产物一样，当这种共同体中的内容上升至精神层面时，它就成为了一种资源——一种可被后世利用的资源，换言之，这种"精神共同体"是构建现代农村共同体的支撑之一。这是因为：第一，小农生产方式在社会联系纽带上虽然具有"天然"和"框定"的因素，但与此同时，它又是在村民们不断的"再生产"的过程中产生出来的，它又必然地具有一种"建构"性。这种"框定"性和"建构"性相互作用，相互催生，给村落共同体预设或潜伏了逻辑上的转承关系和开放性。第二，传统小农社会共同体是建立在当地自然环境和历史传统中的，而自然环境和历史传统是人类发展的永恒要素，因此，这其中的延续性是明晰和肯定的。第三，传统小农社会共同体由于在历史发展的过程中，既聚集了许多乡村社会的本土资源，也沉淀了许多人类生存的共性资源，所以这些本土的、共性的资源无疑又是后续不断发展的宝贵财富及其依赖。比如，在云南少数民族地区村寨住屋的建造中，人类中共同存在的相互帮助的精神与传统就一直延续下来；但在不同的时空中，这种相互帮助进行住屋建造的行为又有"义务帮工"、"交换帮工"、"契约帮工"等不同的形式。

在本研究中所关注的"共同体"显然是指与传统小农社会共同体在逻辑上有内在转承关系的、面向当代生活与现代性的、经过再组织或整合的乡村社会聚合体。这种共同体既在精神上保持有族群历史传统的认同，又能够面向当代进行自我调适、自我发展和自我建构，这种"共同体"最终将超越和终结传统乡村的共同体而真正成为现代乡村的社会组织。

而"村落建造共同体"既是村社"共同体"下面的具体分支，又是构成村社"共同体"的重要方面。"村落建造共同体"在历史中的线索、雏形和过程中的表现较之村社"共同体"更加具体、生动、容易观察和易于把握，这是因为：一是建造行为一般都是在一个特定的场域发生和完成的，而在中国乡村，特别在西南少数民族乡村地区，一个特定的场域（如一个村寨）就是一个可观察的族群或共同体。二是村落的房屋建造大多与居住生活密切相关，因此，建造行为与相关的生活方式是可以具体观察的"事件"。三是由于中国乡村生产力的长期低下，建造行为也表现为互相协助、互相依赖的村社共同体的行为。

5.1.2 "村落建造共同体"的性质、功能与建构

5.1.2.1 "建造共同体"的性质

笔者认为，当代"村落建造共同体"的性质应有以下几点：

（1）与所谓"国家共同体"不同，它是由村社、聚落中的村民自主和自愿形成与建构的，是自下而上的；任何积极参与并认同社区者都有权利加入进来，甚至包括妇女、新来的移民等弱势者。

（2）它一定是村社居民之间、村社与外界之间合作的；是共同体中各个利益方在利益上均可以共赢的。

（3）这种共同体有传统共同体的精神和基因，但在当代社会的法理和契约层面，它一定是有现代规则及秩序的。

（4）由于以上三点，因此，这种村落建造共同体是可以自我调适、自我转换和自我完善的。

5.1.2.2 "建造共同体"的功能

对于村落建造共同体的功能，本文的认识是这样的。首先，几乎所有研究都表明，人类任何形式的共同体都有强大的社会功能作用；其次，村落建造共同体有着明显的、易观察的显性功能，

而且，这种显性功能直接与房屋、村落、环境的营造产生对应关系；再次，村落建造共同体虽然是被乡村社会演变的历史与现实所塑造而成的，但反过来，这种共同体又对乡村社会的整体建构起到推动和刺激作用，这种功能可以被认为是一种隐性功能。

因此，村落建造共同体的显性功能就应该有以下几个方面：

（1）以多样化的合作方式来进行和操作村落中住屋、基础设施、公共服务设施、环境、景观等人居环境的营造工作。❶ 这种合作可以弥补不同时代及不同条件下因生产力水平而带来的各种局限。

（2）由于村落建造共同体的性质，在建造过程中，它可以兼顾家庭个体利益和村落公共利益，同时，这种合作建造也使得村落中公共设施的营造得到一定程度上的保障。

（3）由于共同体的合作与共赢性质，因此，它可以较好地维系村落建造中的各种制度、规则、约定、习俗，同时，也可以自觉地维系和利用乡村中优秀的建造传统以及更新这些传统。

（4）由于村落建造共同体并非一定局限于具体村社的村民而可能包含社会的其他角色，还由于这种共同体的组织性和非个体性，因此就有可能整合村落以外的更大的社会资源来进行村社的营造。

而村落建造共同体的隐性功能也有以下几个方面：

（1）由于村落建造共同体所营造之物均为房屋、村落等生产与生活的场所和庇护所，因此，这种共同体就自然间接地具有了保护与维系村落的基本生存、安全、繁衍功能。

（2）由于共同体在建造过程中的合作品质，因此，这样的建造行为能够极大地造就村落中互助、互帮的和谐氛围，这对建构乡村社会中祥和、稳定的格局无疑是有巨大作用的。而大量在乡村中各种形式的合作建造也都有效地证明了这一点。

（3）在村落中，尤其在少数民族村寨中，一次住屋的合作建造活动无异于村落中一次盛大的庆典。人们帮助别人建房，往往不会去考虑经济上的利益，而更多的则是在乎享受与体验。F·滕尼斯就在他的《共同体与社会》一书中谈到传统社会共同体的"享受和劳动的交互性"。因此，在这些热烈与和谐的仪式中，特定族

---

❶ 这里的营造工作在空间范围上更多的是指村落本身。而更大的乡村地区的营造（如区域间的道路建设、基础设施等）虽然也是广义的村落建造共同体的工作面向，但不是本文重点讨论的内容。

群的认同感与社群的集体意识被一次次地强化，这对村落传统的延续和传承以及对村落内发动力的积累都是极其有利的。

（4）由于村落建造共同体面向的是当代社会生活与居住的营造，所以，这种共同体及其建造活动本身能够刺激和促使村寨向着现代性方面的转变。不同于传统的个人自建方式，如今的建造需要签合同、订协议、筹资金、算成本、出工折价等，需要运用当代材料、动力机械工具、当代技术等，需要当代的组织管理、群体协作，需要解决自然资源消耗和节约资源的问题等，这些都无疑使村民们的商品观念、科学技术是生产力的观念、群体合作与分工观念、绿色生态观念等现代意识得到大大的加强。

5.1.2.3 "建造共同体"的建构

严格地讲，在当下中国乡村的农村建设中，理想的村落建造共同体建构与现实可能之间是存有一定的悖论的。

一方面，共同体的理想建构及其方式在现实中的可能性是存有疑问的。这其中的主要原因是，在目前的乡村社会，房屋的建造与能够产生效益与利润的产业是不能相提并论的，因此，相关产业的合作组织出现的可能性较之建造共同体或组织要大得多。同时，在一般意义上，面向现代社会的建造共同体应该是一个人力、人才相对齐备，有经济动力的支撑，村民们有高度公民意识的组织体系，但这些条件的具备，目前的中国乡村社会，尤其是少数民族欠发达地区是需要时间过程的。

而另一方面，村社中共同建造的传统在很多乡村社会中一直都被延续下来。在现实中，乡村中其实存在着建造共同体的胚胎或原始形态，反而是那些经济异常发达，村民异常富裕的"超级村庄"❶和"非农化的村庄"却失去了这种互助性的合作建造而变成了"统一的建造"。

因此，这在学术上提醒我们，就广泛的中国乡村现实而言，村落建造共同体可能没有最理想的模式及其状态，但它又会长期存在。因此，这种建造共同体的建构也就只能是一种相对的组织化、相对逼近理想目标的过程。而研究共同体构成的视野则应该可以放在更加基本和长远的方面。由此，本文在这里仅提出"村落建

---

❶ 学者折晓叶、陈婴婴在《社区的实践——超级村庄的发展历程》一书中提出的一种由村落内源性和外来要素相结合而迅速发展起来的村庄。

造共同体"构成中的一些认识和思考：

（1）在逻辑上，村落建造共同体的人员构成应包括：村民、工匠、村党支部及村委会领导、村社精英。这些角色已经可以构成村社范围内的建造共同体。而更大的、延伸到村社以外的建造共同体则还应包括：政府官员、技术人员（如：建筑师、规划师、工程师等）、非政府组织代表、投资方代表等。

（2）注意建造共同体与产业经营合作组织的区别，不可硬性推行和建立组织机构，也不可硬性照搬经济生产合作组织所采取的经济模式，如集资与股份制等。有条件的乡村地区在有可能的情况下，反而可将建造共同体依托在其他生产与经营合作组织上。

（3）利用国家建设社会主义新农村政策的机会，在村庄基础设施建设、公共服务设施建设上具体行动，才会使村民对建造共同体产生认同感和信任感，从而为建造共同体的存在和发展打下好的基础。事实上，我们看到很多所谓能人治理的村庄，其能人最初所建立的权威很多都是从改善村落基本居住条件与环境条件而开始的。

（4）应高度重视"村落建造共同体"建构过程中对相关优秀传统的延续和再利用，对于传统的"帮工"、"换工"等民间建房互助及合作方式，应积极挖掘其合理性，并将其用于新的共同体的构造中。最大限度地使村民参与到聚落环境及公共基础设施的营造中。

（5）用社会公益行为或文化活动的方式来组织村民参与村庄的建设，使村民们能够在生活、嬉戏、娱乐、劳动的过程中认知建造共同体与自己的关系，认知共同建造的意义所在。通过类似这样的方式去开掘村社内源性的资源，真正使村落建造共同体能够从村庄内部由内向外地构造起来而不是由相反的力量硬性拉结起来。

（6）村落建造共同体的建立、维系与发展一般情况下应有"能人"或"精英人物"的领导。共同体的架构从一开始就应该是开放性的，这种开放性尤其在于几个方面：一是与来自于政府的国家治理系统有所结合，寻求"自上而下"的支持与帮助；二是善于吸纳和利用技术人员（如：建筑师、规划师、工程师等）的技术资源；三是相对于社会有更大的面向，多方面争取乡村建设的资金支持以及其他方面的支持。

（7）村落建造共同体是一种村民自治的体系，它不可能替代村落行政管理系统，也不可能变成生产与经营组织，比较前两者，它的公益色彩要更浓重一些。因此，政府的支持和帮扶非常重要，但更重要的是在建造共同体的运作与建构过程中一定应体现"共同投入、共同拥有、共同维护"[1]的原则。

5.1.3 乡村建造传统向"村落建造共同体"的转化

正如前文论述过的那样，传统社会的共同体非但具有向现代意义上的共同体转化的内在潜质和资源优势，而且，乡村社会共同体的良好发育及发展也是一个良性社会持续发展之必须。由此，具体到"村落建造共同体"，也可以认为，在历史演变的长期过程中，沉积在乡村社会中的、以村落族群共同体为依托的聚落与住屋的建造传统，同样是可以获得现代意义的。

那么具体而言，什么建造传统可以转化呢？

应该说，在云南少数民族乡村地区的村寨中，千百年来积累与沉淀下来的聚落与建筑建造方面的传统是浩如烟海般丰富的。在聚落、建筑的每一个空间类型中、环境景观中、形式语言中、构造材料中，这些传统无处不在。但从村落社会合作建造模式的探寻以及"村落建造共同体"理论及思想研究角度而言，从有可能向现代性转型的方面而言，本文认为，这些丰富的传统最终可以被总结、抽象、提炼为三个内容，即：合作建造、自主建造、过程建造。

5.1.3.1 "合作建造"的传统

合作建造的意思容易理解，但笔者认为"合作建造"传统的含义却应该是广义的，而这里所指的"广义"应包括三个方面：一个是合作建造的精神方面的；一个是合作建造的内容方面的；另一个则是合作建造的形式方面的。

民族地区传统村寨合作造屋的传统历史悠长，在合作建造的精神方面积累颇丰，笔者认为这些精神品质可有这样一些描述：以族群共同体为依托的、以满足村落群体生存与繁衍需求为目的的合作建造的自觉性；同样以族群共同体为依托的、以族群中精

---

[1] 这是国际合作联盟（International Cooperative Alliance）1966 年提出的合作社的基本组织原则之一。

英人物与工匠为骨干的、以广大村民自建和参与的合作建造的有机整体性；以族群集体意识为基础的、以传统建筑与建造文化为手段的、以世代继承延续为特征的共同建造的恒久性；以村规民约、礼制习俗为基础的、大家共同遵从的制度性。

在合作建造的内容上，也可从浩大的传统中总结出这样一些方面：①合作和参与村寨中基础设施、宗教文化场所、商业集市场所、公益性建筑与场所的建造；②在互帮互助的精神下，合作和参与村寨中村民住屋的建造；③共同维护村寨中的建造秩序、公共卫生环境以及景观生态环境，扶助村落中老、弱、病、残、贫等弱势村民的住屋建造；④共同参与及合作，形成非个体的组织体系，努力维护本村寨在村落、房屋营造方面村民的权益，对所谓"自上而下"和"自外向内"的侵害村民利益的建造行为形成抵抗力量；⑤传习本民族的建造技术及其传统，在聚落与房屋营造的集体意识、规则、方法等方面对村民起到教化作用。

而在合作建造的形式类型方面，可分为有明确组织的合作建造和无明确组织的合作建造两大类方式。第一种有明确组织的合作建造一般为地方政权、族群、部落、家族组织的、对公共性设施及建筑的建造。第二种无明确组织的合作建造主要发生在民间的住屋建造方面，其中具体又可观察到有义务帮工建造、友情请工建造、互换帮工建造、契约帮工建造等形式。

5.1.3.2 "自主建造"的传统

建筑理论家保罗·奥立佛（Paul Oliver）在《世界乡土建筑百科全书》一书中对乡土建筑作概念定义时首先强调"它们通常由房主和社区来建造"（保罗·奥立佛，1997），1999 年在墨西哥召开的国际古迹遗址理事会大会上通过的《关于乡土建筑遗产的宪章》中也认为：乡土建筑是社区自己建造房屋的一种传统和自然的方式。从遍布于世界各地的乡土建筑及聚落来看，其让现代人感叹的优秀品质和建造成就本质地源于这些地方立足于本土的"自主性"的建造。

而在乡村地区，自主性的建造与合作建造是不可分离的一个整体。自主建造在民族村寨及乡野中从来都并不仅仅意味着一家一户的个体建造，而更多地意味着在相对更大的外界地域空间下以"村落"这样一个单位或这样一个共同体的尺度内的建造。

这种依托于村落共同体的自主性建造因其本身就建立在对族

群生存、繁衍功能的满足之上，它必须长久地在村落自身生活逻辑的制约中去生长并达到成熟，因此，这种自主性建造就蕴涵着一种内在的规律、内在的动力机制和自组织规则。总结下来，经过乡村千百年来的淘汰、筛选，每一个族群及地域都会在长久的自主性建造中积累出下面这样一些方面的建造传统：

(1) 朴素的忠实于材料、遵循于建造条件的技术理念及传统。

(2) 朴素的满足需求、有的放矢的技术理念及传统。

(3) 朴素的将其建造行为限制为"最小、最少"的技术理念及传统。

(4) 朴素的追求纵向技艺深度的技术理念及传统。

(5) 朴素的积累、修正、进化的技术理念及传统。

(6) 朴素的模仿、类推，从而形成集体意识的技术理念及传统。

5.1.3.3 "过程建造"的传统

在村社共同体以及村落合作建造的基础上，"过程建造"又是另一个重要的可以跨越过去与未来的村落建造传统。

"过程"可以保证进化，而进化则是乡村中乡土建筑最重要的特征之一，我们可以将它视为一个在自然、社会、经济、文化、生活等各种因素相互交织的复杂化状态中被反复选择、反馈、筛选、调整的自组织系统。这种自组织的技术体系的进化性，使得体系中的各因素之间、与外部因素之间不但都有着经长期磨合后的协调的关系，而且还有着可以依不同条件的变化而变化的自我调节功能以及广泛的适应性。

长期的"过程建造"既体现了它是一种对自然生态环境逐渐适应的产物，同时本身也体现了它是一种社会生活、历史变化下渐进发展、不断修正的产物。在这种长时间的"过程建造"中，村落中最适度、最恰当的建造模式为村落共同体的成员所接受和认同，其最基本的建造方式与技术也深入浸透到村民的集体意识甚至是血脉意识之中，族群在村落及住屋的营造上形成了最大的默契和一致，形成了建造方面的共同体，并由此推动和保证村落的营造能够在稳定、持续的状态下进行。因此，也可以看到，过程建造所要求的"不断地建造"既是村落共同体合作建造的内容，同时也是合作建造的重要保证。没有"过程"，"合作"的默契就无法达成，没有"过程"，村民的参与、能人的作用、各种资源的整合等所有合作建造的进程就无法展开与实施。

5.1.4 启示与借鉴：国内相关探索及实验

5.1.4.1 广西融水的探索

广西壮族自治区西北的大苗山山脉，是一个以苗族同胞为主的多民族聚居区，这里虽山清水秀，但社会经济发展缓慢，人们生活贫困，传统的以干阑民居为其特色的苗族村寨在人居环境和自然生态等方面均暴露出尖锐的矛盾以及相关问题（如：人畜混居、村落环境卫生条件不良，干阑木屋、存在严重火灾隐患，耗用木材、使周边山林生态环境不断遭到破坏等）。

1987年，融水县即在县委、县政府的支持与倡导下，由融水水泥总厂为主开始进行对传统苗寨及住宅进行改造工作。其间，成立了专门的民房改建公司和民房改建工作领导小组，在民房改建公司对干阑木楼进行改建的基础上，清华大学建筑学院"人与居住环境——中国民居"研究课题组的师生也于1990年与其合作，并在规划设计、建筑设计及相关专业技术方面上进行工作（图5-2、图5-3）。

而这一项目的全过程及典型意义在整垛寨的改建及实验工作中表现得最为完整和最为突出。改造前，整垛寨是一个年人均收入不足300元的典型的干阑木楼村寨。项目对整垛寨进行了统一

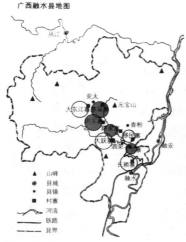

图5-2 融水与改造村落的区位关系
（图片来源：王晖，肖铭.广西融水县村落更
新实践考察 [J]. 新建筑，2005（4)）

图5-3 村寨改造前干阑民居的状况
（图片来源：http://www.abbs.bbs）

的规划设计和木楼改造建筑设计，实施了成片改造，在当地村民尽可能参与的基础上，将31户传统的苗族干阑木楼民居改造成为基本清洁卫生、敞亮通风、隔热保暖、防火性能良好的水泥空心砖砖混结构小楼。从总体效果以及历史的意义上看，这一从传统民居向新民居转化的实验项目得到了良好的社会效益、经济效益和环境效益，也对国内乡村聚落人居环境及民居的当代改造产生了重大影响。

今天，当人们重新回眸，并以"建造共同体"以及"共同建造"的思想来认识这一事件时，却能够发现其中不少令人深思的东西。

整垛寨民居改造项目能够在当时的历史条件下实施并实现实为不易，究其原因，笔者以为主要是因为项目背后有一个较为强大的、类似前文中所提出的"建造共同体"这样一个组织与机制的保证。尽管这个"共同体"并非是一个完整无缺的、理想的"建造共同体"，但这个组织体系中的各方角色确实在实施过程中显现出各自的无可替代的功能作用。

苗族村寨民房改建项目首先是与政府及官员的推动、引导和支持分不开的。早在1987年3月，融水县就成立了以县委主要领导为组长、副组长的，县里各有关科、局、部主要领导为成员的"县民房改建工作领导小组"，领导开展全县民房改建工作。并下发了一系列政策性文件，明确了改建工作以及旧屋料的购销业务统一由民房改建公司负责办理（单德启，1992）[2]。这些措施是以后工作得以展开的重要基础和保证，可以说，没有县委及政府在其中的重要角色和其出台的关键政策，这一项目的开展、实施和完成是无法想象的。在项目实施中，各级官员（自治区、柳州市）"自上而下"的支持以及逐级不断地把这一项目推向政府工作的前台始终是该项目的一个最为重要的内在动力。

整垛寨改建项目中不断建构与完善起来的组织机制也是项目得以顺利进行和成功的内在原因及强大保障。这一组织机制的具体表现为：上有"县民房改建工作领导小组"，中间层面有"水泥总厂及民房改建公司"，下面有由乡、村干部与改建公司组成的该项目的领导小组和由乡村干部、改建公司、村民代表组成的"整垛寨民房改建工程联合指挥部"，再加上清华大学建筑学院的专家与师生们。例如，项目中拆旧楼、买旧料、允许村民砍伐部分承包林、出工折价或自备砂石以代投资等解决贫困农户建房资金的创造性的方法，假如没有政府政策的允许、没有改建公司通过经营组织与商业渠道销售旧木料以获得最好的资金回笼、没有工程指挥部的拆迁力量、没有乡、村干部在村民中所做的积极的工作、没有村民与农户们的认同和响应、没有清华大学建筑学院所提供的最大限度地利用当地材料与适宜性技术以及针对每一户经济承受力的建筑设计方案，这一切都是不可能实现的。又例如，没有这一组织机制，整垛寨村寨环境的全面整治，寨门、芦笙坪、供电、给水排水、道路、公厕、学校改建等公建项目及公用设施同样也是不可能完成的（图5-4）。

然而，改建项目中更为重要的因素在于村民的理解、认同、响应和参与，这显然是项目实施最为重要的基础保证。村民的参与体现在这样几个层面：一是对于整个改建项目的理解、认同、响应和支持，当然，这是一个村民从开始顾虑重重到后来积极主动的过程；二是在规划设计与建筑设计中的积极参与，表现为提出自己的意愿和意向、对设计方案提出修改意见；三是建造施工过程中的参与，如31个改建户在改建中共出工5993个工日（平均每户为190个），出工最多的一户达328个工日，参与整个村子的改造，为建盖学校等公用设施，建设期间出工日达1522个（单德启，1992）[30]（图5-5～图5-8）。

另外一个重要的启示在于，在中国较为贫困的村寨进行改建工作，必须根据当地情况，创造性地解决农户改建资金的问题，也即必须解决经济问题，唯有如此，乡村中的"共同建造"、村民参与以及"自主建造"、各种具体的"过程建造"也才成为可能。整垛寨改建项目中，在农户资金筹措方面的创造性包括：

（1）充分利用旧房屋拆下的小青瓦、木橡檩等用于新宅的坡屋面中，为每一户村民设计了不同面积及户型的住宅，利用当地材料，这些都从不同程度上降低与节省了房屋的造价。

（2）民房改建公司以250～300元/m³这一价格购进改建户拆下的旧楼木料，仅此一项就使2/3以上的改建户解决了一半以上的建设资金问题。

（3）尽可能动员改建户积极参与取砂、碎石、制砖、刨槽、运输等工程施工建设，用自备部分材料和出工折价的方式解决部分建设资金问题。如改建一户民房平均需要2000多块砌块砖，而就地取砂、石制造空心砖就可节省和折合很大一笔费用；再如以

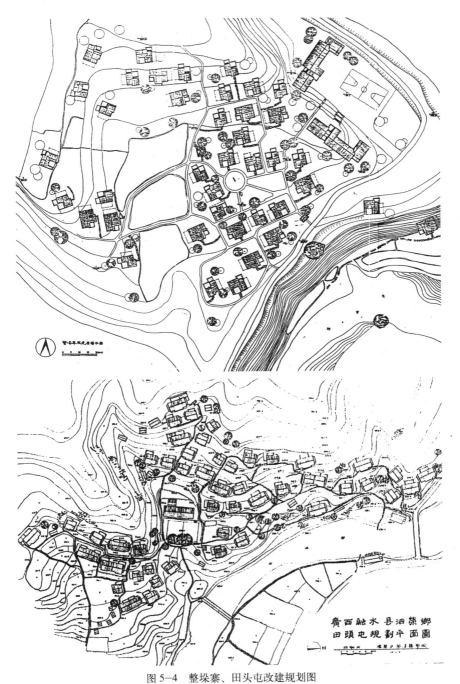

图 5-4 整垛寨、田头屯改建规划图

(图片来源：广西壮族自治区城乡建设委员会，清华大学建筑学院编印. 融水木楼干阑民居的改建——广西融水民房改建现场汇报会文件汇集及有关融水民房改建的论文 [Z]，1992)

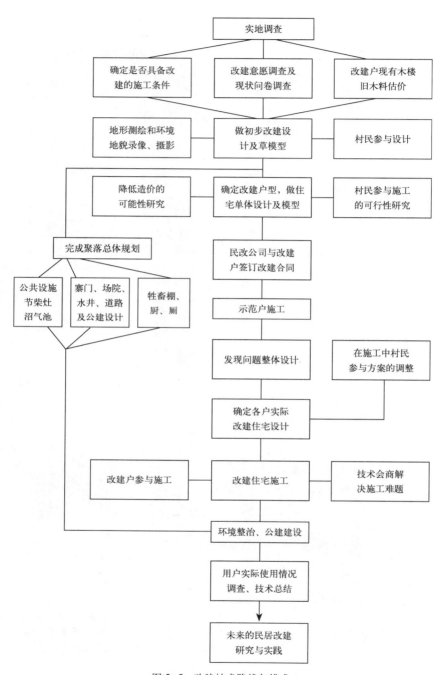

图 5-5　改建技术路线与模式

（图片来源：广西壮族自治区城乡建设委员会，清华大学建筑学院编印. 融水木楼干阑民居的改建——广西融水民房改建现场汇报会文件汇集及有关融水民房改建的论文 [Z]，1992)

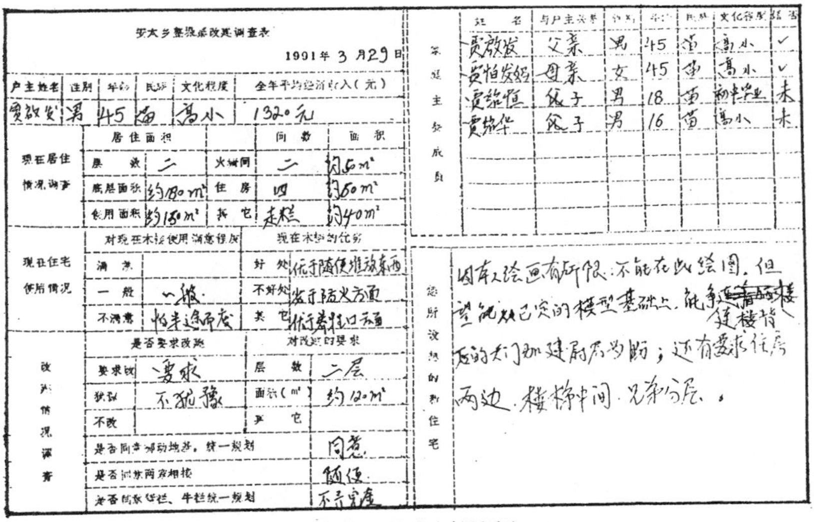

安太乡整垛寨改建调查表

1991年3月29日

户主姓名	性别	年龄	民族	文化程度	全年平均经济收入（元）
贾敬发	男	45	苗	高小	1320元

现在居住情况调查	居住面积			间数	面积
	层数	二	火塘间	二	约50m²
	底层面积	约180m²	住房	四	约60m²
	使用面积	约150m²	其它	走栏	约40m²

现在住宅使用情况	对现在木楼使用满意程度		现在木楼的优劣	
	满意		好处	便于随便堆放东西
	一般	一般	不好处	易于防火方面
	不满意	怕失火而废	其它	便于养牲口方面

改建情况调查	是否要求改建		对改建的要求	
	要求改	要求	层数	二层
	犹豫	不犹豫	面积（m²）	约120m²
	不改		其它	
	是否同意调动地基，统一规划			同意
	是否同意两房相接			随便
	是否同意猪栏、牛栏统一规划			不一定

家庭主要成员	姓名	与户主关系	性别	年龄	民族	文化程度	结否
	贾敬发	父亲	男	45	苗	高小	✓
	贾伯发妈	母亲	女	45	苗	高小	✓
	贾绍恒	儿子	男	18	苗	初中毕业	未
	贾绍华	儿子	男	16	苗	高小	未

您所设想的新住宅：因本人绘画有所限，不能在此绘图。但望能在已定的模型基础上，能多~~建~~~~看的~~楼（建楼背后的大门加建厨房＜隔断）；还有要求住房两边，楼梯中间，兄弟分居。

表1：整垛寨改建调查表之一

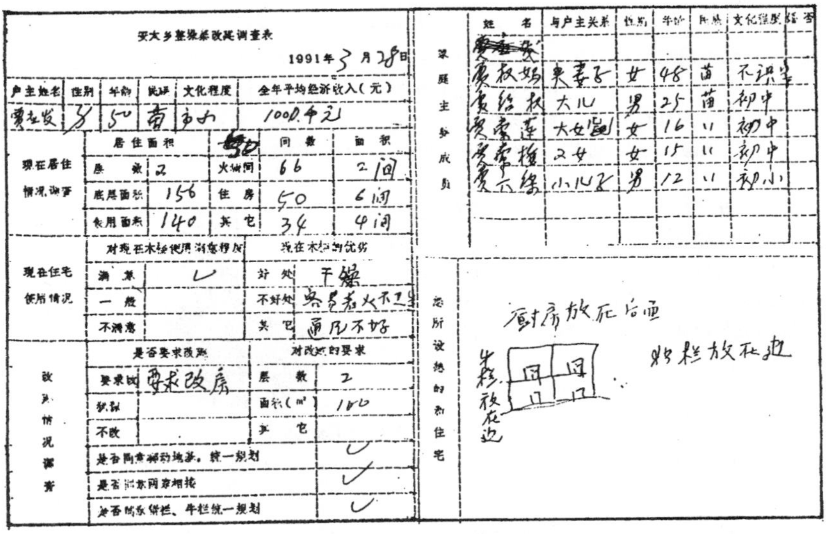

安太乡整垛寨改建调查表

1991年3月28日

户主姓名	性别	年龄	民族	文化程度	全年平均经济收入（元）
贾杏发	男	50	苗	高小	1000.元

现在居住情况调查	居住面积			间数	面积
	层数	2	火塘间	66	2间
	底层面积	156	住房	50	6间
	使用面积	140	其它	34	4间

现在住宅使用情况	对现在木楼使用满意程度		现在木楼的优劣	
	满意	✓	好处	干燥
	一般		不好处	容易着火不卫生
	不满意		其它	通风不好

改建情况调查	是否要求改建		对改建的要求	
	要求改	要求改房	层数	2
	犹豫		面积（m²）	160
	不改		其它	
	是否同意调动地基，统一规划			✓
	是否同意两房相接			✓
	是否同意猪栏、牛栏统一规划			✓

家庭主要成员	姓名	与户主关系	性别	年龄	民族	文化程度	结否
	~~贾杏发~~						
	贾叔妈	夫妻子	女	48	苗	不识字	
	贾绍叔	大儿	男	25	苗	初中	
	贾秀莲	大女儿	女	16	〃	初中	
	贾秀梅	二女	女	15	〃	初中	
	贾六绿	小儿子	男	12	〃	初小	

您所设想的新住宅：

表2：整垛寨改建调查表之二

图5–6　整垛寨、田头屯民房改建调查农户表

（图片来源：广西壮族自治区城乡建设委员会，清华大学建筑学院编印．融水木楼干阑民居的改建——广西融水民房改建现场汇报会文件汇集及有关融水民房改建的论文 [Z]，1992）

上所谈改建户出工折价的措施，这几项措施就使改建造价从每平方米预算的110元下降到65元。[1]

[1] 参见：单德启主编．融水木楼寨干阑民居的改建 [M]．广西壮族自治区城乡建设委员会，清华大学建筑学院，1992：30．

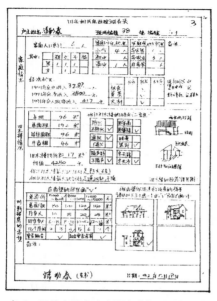 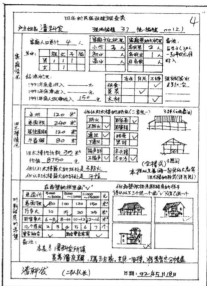

表3：田头屯民房改建调查表例1潘勤春户　表4：田头屯民房改建调查表例2潘科发户

图5-6　整垛寨、田头屯民房改建调查农户表（续）

（图片来源：广西壮族自治区城乡建设委员会，清华大学建筑学院编印.融水木楼干阑民居的改建——广西融水民房改建现场汇报会文件汇集及有关融水民房改建的论文 [Z]，1992）

注：村民出工备料折款数较为固定。旧料折款包括村民拆原住木楼的木料折价卖出价以及政府允许砍伐部分自有承包林出售价，视各户木料多少而定，它与村民的交款数之间约有20%的浮动金额，即村民需要交款占总造价的10%～30%不等。

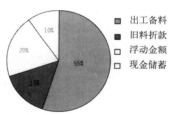

图5-7　村寨改建资金来源调查

（图片来源：王晖，肖铭.广西融水县村落更新实践考察 [J]. 新建筑，2005（4））

　　整垛寨以及融水相关村寨（如：路家寨、田头寨等）这一20世纪90年代的乡村改造项目随着时间的逝去似乎也在人们的视野中渐渐远去。但是，这一次"乡土大地上群众的创造"（单德启，1992）却在今天越来越显现出它的意义和价值，同时，也在今天显现出当时的一些历史局限性。

　　现在看来，笔者以为：整垛寨以及融水相关村寨民房改建最大的历史局限在于村落民房改造的主体者的角色并没有完全体现在村民身上。由于当时历史情境中村寨中没有村民自己的合作组织，因

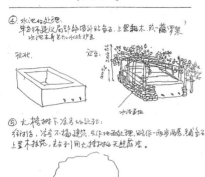
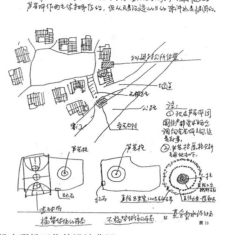

图 5-8　建筑师在整垛寨现场工作的设计草图

（图片来源：广西壮族自治区城乡建设委员会，清华大学建筑学院编印.融水木楼干阑民居的改建——
广西融水民房改建现场汇报会文件汇集及有关融水民房改建的论文 [Z]，1992）

此，村民作为建造主体的重要角色无法体现，而这一内在的原因使改造项目的主体角色基本上落在了民房改建公司的身上。也正是这一角色位置的错位使当时居民参与的力度打了折扣，也使得当 1993 年由于木材价格降价而使改建公司开始亏本并放弃了坚持近十年之久的民房改建实践之后（王晖等，2005），在体制中没有其他的角色可以转承这项工作，尤其是村民没有属于自己的建造共同体来继续进行可持续性的建造。因此，从"自主建造"和"过程建造"的角度看，这一改造项目给人们的启示是深刻和深远的。

5.1.4.2　乡村建筑工作室的探索

乡村建筑工作室全称为"中国人民大学乡村建设中心乡村建筑工作室"。这个工作室是由台湾建筑师谢英俊在 2005 年 8 月末在河北定州翟城村的晏阳初乡村建设学院内成立的一个开放性的建筑设计工作室。

谢英俊先生 1977 年毕业于台湾淡江大学，曾在服军官役期间在部队中从事建筑工程工作，以后从事过建筑工程第一线的营造工作和建筑设计工作，在来大陆设置工作室之前已经是台湾第三建筑工作室的主持人。谢英俊不仅提倡社区居民协力造屋、合作社、开放式设计的理念和操作、组织居民以自助的方式协力自建住房；作为建筑师，他也在探索用身边所能用的一切资源作建筑材料，比如树枝、芦苇、竹片、茅草等进行房屋建造。他既追求用最少的资源作最有效的运用，同时也不丧失建筑师本身对美学的要求，把建筑材料的特性发挥得淋漓尽致，并竭力达到结构、材料、空间、美学和可持续建筑理念的和谐统一。

谢英俊的主要建造思想是"永续建筑"和"协力造屋"。这些思想起始于台湾 1999 年地震以后，他在邵族灾区社区重建中组织居民运用木材、轻钢和其他地方材料协力自建住房的活动之中，并在以后逐步形成了为社会弱势群体造屋的工作模式和方式。由于意识到在为社会弱势群体造屋中所面对的问题与现在中国农村面对的问题几乎完全一样，所以，谢英俊来到河北定州翟城村的晏阳初乡村建设学院进行他的实验和探索。

在翟城村，谢英俊想做和正在做的事情有以下几个层面：

第一是探索和解决协力造屋的合作机制问题。由于协力造屋不只是解决建造的技术问题，而且要成立有关建造的合作社组织。谢英俊认为："营建体系……需要一个组织来控制，'合作社'显然比较理想。合作社由来已久，在世界各地特别是农村有长期的历史基础和经验积累。合作社在这个营建体系中对内是实现换工制度的基础，提供了合作社成员参与盖房的可能性，也保证了交换劳动几率的有效性。对外而言，合作社是经济实体，盖房的劳动力价值通过盖好的房子实现，因为房子可以作为抵押向银行贷款，这样通过形成一个良性的经济循环，合作社就可以有独立的能力给该合作社成员提供建房的贷款，进而就能实现更多没能力向银行贷款的人的住房权利。"为此，他们还计划建立微型经济——地球屋基金，基金可以支援建房的基本材料费，因此，只要农民有劳动力和愿意参加劳动，就可以盖房和得到属于自己的房子。而从另一角度看，这种合作社模式，就是把传统的换工组织化，形成组织机制和经济机制。所以，这一模式最大的好处就是，当人们没有钱、也没有工作的时候，就可以建造自己的房子（图 5-9）。

第二是探索组织社区成员进行房屋自建。就总体而言，谢英俊强调所有社区男女老少的共同参与，但在具体的营造项目中谢英俊则认为一是应组织乡民们在具体的住房建造中进行换工方式的建造参与，二是应更多地组织和利用农村中闲暇的、无所事事

图 5-9　地球屋 01 号的建造过程
（图片来源：http://www.atelier-3.com）

的劳动力参与建造。比如，在台湾邵族社区重建中，即通过合作社方式在台湾组织了一支由地方待业青年组成的施工队，其中包括残障、酗酒等被市场排斥的问题人士（图 5-10）。

　　第三是探索简单和标准化的房屋建造的技术及其手段。谢英俊认为："协力造屋依赖的是社区老小、无论男女的参与，现代技术在这里必须经由设计简化，尽量达到舒马赫提出的简单、低廉、小巧、无害的目标"。因此，他着力进行各种建造技术的简单化、标准化以及尽可能构件化的工作。这其中包括：更多地暴露节点，使连接的工艺与技术变得更加清晰易懂和易于操作；降低因审美要求而带来的工艺精度要求，简化多余的工艺；利用太阳能、风能等天然能源，设计简单装置，如生态厕所设计尿粪分离装置等。在简化技术的过程中，一是要充分结合当地技术，积极改良传统方法，尽可能使用当地的本土材料，如土、木、石头、草、树枝，并将它们与轻钢等材料进行"复合化"；二是在乡村当地建立对本土材料进行加工的"房屋组件加工厂"，使材料加工与组装自成体系，可以与主流营建体系相抗衡（图 5-11）。

图 5-10　组织乡村社区成员自建
（图片来源：http://www.atelier-3.com）

图 5-11　采用尽可能简单、清晰和易于操作的技术
（图片来源：http://www.atelier-3.com）

在翟城村，按照上述想法，谢英俊已进行了两幢房子的建造实验，一个是可供三代同堂居住的、木结构框架的、草土墙作围护墙体的两层民居——地球屋01号。另一个则是晏阳初乡村建设学院

图 5-12　乡村工作室设计建造的"粪尿分离式"厕所
（图片来源：http://www.atelier-3.com）

的一个粪尿分离式厕所，这一低造价绿色生态厕所只花了 2000 多元，谢英俊自己认为无论从时间、成本和质量、能源、生物多样性或废弃物等角度来看，这都是一个典型的可持续建筑（图 5-12）。

　　还有一点值得一提的是，谢英俊在办协力建造以及建造技术方面的培训班；同时他也认为协力造屋的推广将是一个长期、缓慢的过程，这是一个非常边缘性的和非主流的工作，但他相信：只要有人盖房，这工作就会火起来。❶

　　谢英俊的工作主要面向对中国农村剩余劳动力的开发，以及对农村人居环境改善之实际情况。这当然不是一个简单的实验，而是一个务实的、默默的工作，其影响自然应该是深远的。然而，谢英俊的工作，包括整个晏阳初乡村建设学院的工作，都可定性为一种学者推动下的新的"乡村建设运动"。在这其中，当地村民在多大程度上能够被动员和组织起来，并达到一种自觉的程度，确实还是一个疑问。因此，谢英俊的"协力建造"是否能够在当地形成一个可持续发展的"乡村建造共同体"，目前也只能是一件让人们期待或者是拭目以待的事情。

　　类似广西融水村寨民房改建和台湾建筑师谢英俊的探索在中国近期还有不少，如：西安建筑科技大学建筑学院的学者们在国家自然科学基金重点项目支持下在延安枣园与村民、政府共同进行的黄土高原绿色聚居单元的研究和建造实验；相关高等院校、设计院所与村民和当地政府合作的村落更新及民居改造与建造的工作等。

---

　　❶ 此节内容均参见：黄增军. 台湾建筑师谢英俊访谈 [J]. 城市环境设计，2005（5）：15—18.

然而，遗憾的是，上述建造的探索与实验的推动者和主体都还不是村民，而真正意义上的以组织化的村民为主体的建造共同体及乡村建造在国内仍然是需要大力培植的。在这方面，乡村建设的工作尚任重道远！

5.2 与 "村落建造共同体"相关的问题

5.2.1 "建造共同体"中各角色的定位

前文曾谈到，笔者认为村落建造共同体的人员构成上应包括：村民、工匠、村党支部及村委会领导、村社其他精英，以及政府的相关代表、技术人员、非政府组织（Non-governmental Organization，简称NGO）代表、投资方代表等。

1. 村民

村民在村落建造共同体及村落建造中应扮演"主体"和"主人"的角色。村民应在村落基础设施、公共服务设施、环境景观的营造上成为主力；在乡村规划、村落未来布局与发展、建设项目论证、房屋建造制度制定等方面均应有最大的参与；在自己住屋的建造过程中成为自我的主宰，并最终成为自己住屋的使用者和拥有者；在村落中应积极帮助他人建造房屋，使村落的合作建造真正具体到每一幢房屋的建造过程之中。

2. 工匠

工匠在村落建造共同体及村落建造中应扮演"具体实施与建造者"的角色。他们在建造以及建造共同体中将村社以及村民的居住理想、居住需求通过自己技术性的操作化为现实。聚落、房屋建造质量、效率与他们有着密切的关系，同时，工匠还将传统的建造技术与当下的技术、本土的适宜性技术与外来的技术进行融合并运用到建造的过程与体系之中。

3. 村党支部及村委会领导

村党支部及村委会领导在村落建造共同体及村落建造中应扮演"组织者"和"管理者"的角色。作为组织者村委会或党支部应对村落中公共品的建设负责任，这包括公共性的基础设施、服务设施、改善村落整体居住质量等，他们应组织村民及建造共同体成员对这一部分内容的建设展开工作。同时，村落的住宅与民居虽为农户自主建造，但党支部及村委会也应在建造过程中对于国家土地政策及相关政策的协调、处理一些民间矛盾纠纷等事务上起到管理者的作用。另外，作为与村民建造共同体关系最为紧密的一方角色，他们要在建造过程中努力维护村民有关方面的正当权益，维护村落的整体利益。

4. 村社其他精英

村社其他精英在村落建造共同体及村落建造中应扮演"出谋划策者"和"协调者"的角色。村社精英包括：政治精英（村干部）、经济精英、文化精英，而这里所说的"其他精英"指除政治精英以及工匠（因后文将专门谈及）以外的其他精英们。那些有资金或经营能力的精英们应在资金、外联、经济上对村落建造进行支持并作出贡献。而那些文化精英们则应用他们的知识、思想和头脑对村落建造起到参谋的作用，对村落及建筑营造的各种事件以及良性发展起到他人不可替代的"文化整合与文化协调"的功能作用。

5. 政府的相关代表

政府应在村落建造共同体及村落建造中扮演"守护者"和"支持者"的角色。他们应在聚落与建筑的营造上起到这样一些作用：在政策上提供支持和优惠；在财政与资金上提供支持和资助；对乡村基础设施与公共服务设施应负责实施；在教育与技术上提供大力的帮助；对乡村建造活动在相关的政策范围内实施监督和干预。

6. 技术人员（如：建筑师、规划师、工程师等）

技术人员应在村落建造共同体及村落建造中扮演"技术的引领者"的角色。技术人员基本上指那些来自于村落以外的某一方面的技术行家，由于他们并非是本土原住民，因此，他们的作用应主要体现在技术的提供、技术方法与策略的引导、技术咨询、建造知识的传播、对村民及相关工匠进行现代建造技术方面的教育和培训等。这里，需要注意的问题是，技术人员在向村落建造共同体提供技术引领的同时，也必须尊重民间技术、尊重本土工匠和艺人，虚心向他们学习本土的优秀建造传统和民间技术体系。

7. 非政府组织代表

非政府组织代表在村落建造共同体及村落建造中应扮演"帮扶者"和"示范者"的角色。在中国，随着时代进步，已有越来越多的非政府组织、民间社团组织、基金组织将援助及支持对象放在了乡村，这也将形成中国贫困地区农村扶贫的新模式。如很多非政府组织基金会实施的村落居住环境质量改善项目以及相关示范项目。由于这些组织工作的性质完全是公益性的，与国家及政府对农村的支持系统是平行的，因此，他们的工作也是有其自身规律和自主性的；只是由于中国乡村社会复杂的情况，这些非政府组织与民间基金组织对农村的帮扶和相关示范应注意与各方的协调。

8. 投资方代表

投资方代表在村落建造共同体及村落建造中应扮演"投资者"和"经纪人"的角色。随着农村经济的发展和社会各项事业的发展，部分投资者已将开发项目放在乡村地区，如旅游地产项目等。在乡村地区，投资方，特别是那些投资基础与房屋建设的投资方，应充分了解中国农村的乡情，尽力扶助农民这一弱势群体。在投资项目产生利润回报的同时，应兼顾村落基础设施的改善、居住环境质量的综合提高、失地农民的生活保障、保证村落及村民利益分配等事项。做到"经商时亦能深明大义，富裕时尚能善济天下"。

5.2.2 村民是"建造共同体"的主体

谁是村落环境与建筑营造的主体？谁又是"村落建造共同体"的主体？这不但是建筑师应该关注的问题，而且也应该是政府及官员们关注的问题。因为，对这一问题清醒与正确的认识，直接关乎村落营造的模式、过程及结果。

广义地讲，平民应该是城乡人居环境建设的当然主体。然而，实际运作却并非那么简单。相对而言，在城市建设中，由于资本、权利、社会分工等因素，平民在营造中的主体地位与作用是间接的和通过转换而完成的。

然而，在乡村的乡土社会中，情况则大不一样。首先，乡村中土地与人的关系与城镇是不同的。作为一个有着悠久历史的农业大国，中国历代当政者均致力于在农民和土地之间建立协调的关系，古代许多政治家和思想家早已看到这一点，皆认为："地者，政之本也"。由此，这便形成了自己所特有的、建立在土地基础上的农耕文化和宗族文化，乡民们也正是在同一地域的生息劳作中形成了有地缘关系的村落共同体和村落人居环境。可以说，正是村落中农民们与特定的土地之间血融于水的关系，才使得乡民们将在自己的土地上建造居所和聚落的行为视为自己生活的一部分，而且这一特质在当代社会仍没有本质的改变。因此，乡民（或者说农民）是村落与建筑营造和"村落建造共同体"的主体，应该是毫无疑义的。

但是，在历史上，中国传统乡土社会的社会单元不是个人而是家庭和家族。家庭是土地耕种的最小单元，一群家庭和家族单位构成了一个村落的社会结构形态和物质形态。因此，我们还应认识到，在村落的建造中，特别是民族地区村寨中，建造主体不但是乡民，而且还应该是基于家庭和家族单位背景之下的乡民，或者说是被置于家族文化系统下或族群系统下的乡民，这与西方社会中较为个体化的生活行为是非常不同的。虽然 19 世纪以后，由于中国社会、经济、文化的现代化进程，已使得家族文化在乡村地区也受到不同程度的冲击，其形态发生了一些变化，但家族文化依然大量存留于乡村地区人们的生活中和观念中。因此，当代中国农村聚落和建筑营造仍然是乡民们依托于乡村的社会网络而进行的，只不过原来家族的控制力逐渐减小而家庭的作用在逐渐增大。明确建造主体不完全是个体的乡民而更多的是被家族或家庭单位扭结起来的"乡民群体"是有其重要作用的。因为，任何有目的和有规模的建造都是集体的，而关键的问题在于我们必须明白，传统的建造依附的是何种性质的"集体"，而未来发展又应该在此基础上转换到一种什么样的"集体"之上？

有学者指出，以家族文化为基本核心的乡土社会的基本社会结构有以下特性：单一性、封闭性、地域性和情境性（王春光，1996）。辩证地看，这一社会结构既有僵化和需要变革的一面，也有其合理因素并需要转换和需要发展的一面。在经过了计划体制时代和经济转型时期的农村社会变迁后，当前乡村社会的社会结构已发生了重大的变化。比如，出现了类似乡镇企业家、私营企业主、农村干部、农村知识分子和企业管理者、农民工人和个体劳动者这样的社会阶层划分。从另一方面看，乡村与外界社会的关系越来越密切，生产力及技术水平越来越高。因此，当代村落与建筑营造的主体，就更应该向着现代理念及现代模式转换，也更应该有现代的诠释。

具体地说，当代村落与建筑营造应当是以乡民为主体的，但包含了政府管理者、本土企业家、知识分子与技术人员的"建造共同体"。在这里，作为建造主体的乡民在营造过程中以及在"建造共同体"中的自主性和控制性是不容置疑的。但同时，建造也需要其他各方从各自的角度，对其过程进行政策管理、资金投入、技术咨询等方面的引导和支持。而建筑师的工作也应该纳入这一大的框架之中。

5.2.3 村社精英、工匠与"建造共同体"

5.2.3.1 村社精英、工匠

前文曾分析过，在中国乡村长期以来以小农经济生产与经营为主的状况下，乡村地区的社会生产组织与结构呈较为分散的状况，但是，乡村又是一个"熟人"社会，从这一角度理解，乡村又呈现出社会的人际关系网络联系较为密切的状况，而正是由于这种社会结构的两重性使得村社的社区精英们在村落的各种事件及各种组织中都起到了重要的作用。这样，可以理解的是，这些精英也肯定地将在"村落建造共同体"中有着一定的角色定位和发挥不同的作用。

结合传统乡村社会和当代乡村社会的情况综合考察，笔者认为乡村社会中的精英可以分为下面几类：

第一是村社的政治精英。首先，在中国乡村近几十年的治理中，国家权力通过县、乡、镇、中心村曾长期渗透到乡村基层。而在20世纪80年代生产方式改革后，村社又获得了独立的经济权力。同时，国家的土地集体所有政策也使村社集体获得了更多的资源和经营范围空间。因此，在目前的很多乡村中，能够代表村民作出决策的、能够扩大再生产及集体财产的、能够为村民谋福利并带领大家共同富裕的，就自然多为原来体制框架下的村党支部书记及党支部一帮

图5-13 做过彝族毕摩的可邑村村支书陈荣在组织密枝节

人（王颖，1996）（图5-13）。另外，还包括在20世纪末，随着国家乡村治理村民委员会自治方式的推行，通过选举而产生的村委会主任及其一帮领导人。

笔者无意论述这两类政治精英在乡村社会的博弈，但想说明的是，由于，这些政治精英都是村落的实际领

214

导人，因此，"村落建造共同体"以及村落的建造的被操作、被领导、被引导或被支持无疑与他们有千丝万缕的关系。❶

　　第二是村社的经济精英。这是一些在生产与经营上作出了一番成就，从而首先富裕起来的农户，如：个体商品经营户、私营企业家、乡镇企业家等。与政治精英相比，他们不掌握村中的大部分社区资源。但是，这些精英在村落中的影响在于他们发展生产与经营的思路、方法及模式上对村民的引导与示范作用。另外，这些经济精英对村落社会的捐赠及善举、在资金拥有方面的优势、对外关系及引进村外相关资源上的条件，也都会对村社的生产和生活产生重要影响。而在村落及住屋建造上，这些经济精英对自己住宅的建造的方法、模式，甚至是技术、材料、形式常在村落中产生无可替代的影响力。

　　第三是村社的文化精英。这些人实际上是乡村社会的知识精英，他们虽然不掌控村落的各种政治、经济与物质资源，但他们却掌握着乡村社会中的文化资源，而这些文化资源又包括重要的传统文化资源和当代社会文化资源。这些文化精英包括：乡村教师、知识分子、技术能手、文艺骨干、宗教僧侣、族佬、传统艺人、工匠。而在民族地区及民族传统文化深厚的少数民族村落中还包括像贝玛、毕摩、达巴这样的传统民族文化的传习者。文化精英无疑是乡村社会的智囊和精神的传播者，所以，在乡村聚落的营造中以及在房屋的建盖中，他们所能起到的作用同样是巨大的。而本文认为，这些文化精英在村落建造以及村落建造共同体中起到的作用是一种"润滑"作用和"联结"作用。"润滑"作用在于他们在利益群体的矛盾冲突及博弈过程中可以起到缓冲和化解作用，"联结"作用在于他们可以利用其知识结构在历史传统与现实之间、在乡村本土资源与外部世界之间起到桥梁般的联系作用（图5-14）。

图5-14　张立永在接受记者采访
（图片来源：http://www.yntv.cnyntv_web）

　　建水团山的张立永退休前是建水一中的数学教师，也是团山张氏始祖的后代，作为村中的文化人，他一直奔走呼吁保护团山历史文化，为村落未来可持续发展作出了重要贡献。

---

❶ 由于这种联系在乡村的实际操作中情况复杂，故本文这里不再赘述。

5.2.3.2 工匠、工艺与经验

在村落建造共同体及乡土建筑技术体系的发展中，工匠的作用是非常巨大的。工匠既是房屋的建造者，又是技术的传承者和传播者，同时还是技术规则的总结者、遵守者和调整者。因为有了工匠，乡土建筑的技术经验与规则才可能得以总结和流传下来；因为有了工匠，房屋的建造才会采用一致或相似的建造方式与技术体系；从而使所有房屋的建造都纳入了一种秩序当中。不仅如此，工匠乃为工艺者，他们手艺高超、经验丰富、情感专注（图5-15、图5-16）。"建造"对于他们来说是一种生活方式，于是他们自然地将自己的经验和情感注入其中，这样一来，其中的创造性、流畅性和自由性也就在不经意中流露和表达了出来。吴国盛曾在《技术与人文》一文中写道："匠人高超的技艺出神入化、炉火纯青，其结果是达到一个高超的'境界'。在这个境界里，真正获得的是自由，所谓随心所欲不逾矩就是这种自由的境界。在这种有境界追求的技艺里，技术并没有片面化为达成某一单个目的的工具，而是一种全身心的修炼过程。他们所生产的技术产品勿宁说是附产品，而他们的工艺活动成了他们的存在方式，在制作过程

图5-15 云南香格里拉藏区的工匠

(a)　　　　　　　　　　　　　　　　　(b)

图 5-16　工匠们

（图片来源：（a）http://blog.daqi.comarticle32259.html；（b）http://dg.soufun.commarketzhuan-ti/）

中，他们领悟到存在的意义和自由的真谛。因此，古代的许多工匠、艺人，其所操持的手艺并非单单为养家糊口，而乃性命所系、生命的意义之所系。"

　　工匠在科学技术的发展中有着什么样的作用？有什么样的价值？在一般的认识中是不清楚的。科学史家斯蒂芬·F·梅森曾这样说过："学者和工匠以不同的方式促进近代科学的产生……工匠在近代科学的实验方法方面作出了贡献……可是科学革命的这两个因素最后都得依靠工艺和学术传统的合流和相互渗透，如我们看见的维斯夫和达·芬奇都表现了这种情况"（斯蒂芬·F·梅森，1997）[113-114]。现在，很多学者都认识到"技术"是现代科学体系得以建立的另外一股暗流，而在这种没有直接形成近代科学革命的暗流中，工匠又是其中重要的动作主体。在近代工业革命中，许多对机器的类比概念是从工艺中引申出来的，是由工匠直接或间接参与的。

　　总体来看，工匠及其传统技术不但对历史上的科学技术发展有着推动力，他们还包含着独特而又丰富的人性内容，他们有着被现代科学技术所沦丧了的"技以载道"的功能。在这一层面上，当代有必要尊重、重温和适度恢复传统工匠及其乡土建造技术。

　　然而，正是因为追求"道"和思辨，也部分地使多数中国文人及匠人们在工作中总是以经验为重，而对分析、逻辑推演和理论建构少有兴趣（除了少数像"样式雷"这样的工匠以外），从而造成理论与经验的割裂状态，这也是任何理性主义的学者们所无法回避的实际存在。而在这一层面上，当代有必要对工匠传统进行提升和改造。

5.3 "建造共同体"组织与云南当代乡村聚落营造

5.3.1 运作组织与动力机制

村落建造共同体是建立在现代乡村社会"社群与社区"结构关系基础上的、具有开放性和一定整合度的组织，但同时，它也是一种机制或是体制。一种机制既然存在，则一定有它的动力来源，这就涉及"动力机制"问题。就云南当代乡村聚落营造的现实状况看，"村落建造共同体"兴起的端倪是可见的。而在各地不同的村落营造中，可以发现、总结出三种类型的建造共同体的动力机制，即：以内为主、外部支持；以外为主、内部配合；内外互动、共商共谋。

5.3.1.1 以内为主、外部支持

这里所谓的"内"指的是在合作和组织前提下的村民和农村基层组织。而"外"则指的是村落村民以外的社会各方各界。在云南，很多少数民族村寨原有的族群社会是有内向力的，但能够将这种内部凝聚力转化成为在当代法理及契约社会背景下的自我发展力量，并进而初步形成"建造共同体"的却并不容易，也不多见。

云南迪庆霞给藏族村的村落营造可以称得上是这方面的一个典型案例。

霞给藏族村属香格里拉县建塘镇红坡村委会，距香格里拉县城 13km，是通往香格里拉属都湖、碧塔海及白水台旅游景区的必经之地。近年来依靠旅游业，村落经济获得了长足的发展。在发展过程中，村中能人创办的企业起到了至关重要的作用。这位人称为旺堆老板的企业家将企业利润中的很大一部分投到了家乡村落的基础设施、公共设施、旅游设施的建设中，并使现在村中的环境大为改观，村落公共基础设施初具规模。不仅如此，通过企业的带动，霞给村按照"互助合作，利益共享"的原则，建立了旅游接待经营管理、民族手工业作坊、村落营造等方面的合作机制，村内形成了村委会、村民、企业三位一体的合作共同体。而面向村外，他们以开放的姿态主动寻求与社会各方的合作。如 2002 年，

他们就请云南大学的学者、教授为他们制定了"霞给藏族文化生态村建设设想"，并邀请相关学者和专业人员完成了文化村建设的规划设计。2006年，经过他们的努力，在省建设厅、州建设局、美国大自然保护基金会、昆明理工大学的通力合作下，又启动了村内部分传统藏民居的改造项目。在项目工作中，旺堆董事长与村委会主任、村民代表一起与其他各方平等商讨，提出村民的诉求，维护村民的权益，甚至进行必要的博弈，同时也对学者及建筑师所做的民居更新改造方案提出了非常细致的意见。

类似这样的"共同体"机制，其动力来源在村落之内而非之外。建造过程中，村民通过合作组织的方式对营造工作实现最大限度的主导及参与，同时又与社会各方积极合作并寻求其支持。像这样的村落建造共同体，其动力机制就可认为是"以内为主、外部支持"的方式。当然，与霞给村不同，这种动力也可以来源于组织起来的村民自己、村委会一班人等，如弥勒西三乡可邑村等（图5-17、图5-18）。

5.3.1.2 以外为主、内部配合

显然，"以外为主、内部配合"指的是推动及刺激村落营造，特别是有一定规模的营造活动的动力并不是来自于村落本身，而是来自于村落以外的社会其他方面。而在建造的共同体内，虽有村民及乡村基层组织的配合，但外来力量却成为整个建造活动及机制中的主导。目前，这种外动力主要来源于三个方面：一个是政府，一个是企业，一个是非政府组织。

以外力为主导推动乡村建设与村落营造在内容和形式上是多样的，如新村统一建造（移民迁建、灾后重建等）、示范村建设（包括小康村、文化生态村、旅游村、文明村等）、示范项目建设、社会文化项目建设等。由于少数民族村寨普遍社会经济发展水平相对缓慢，所以外界帮扶力度较大。因此，这方面的实例也很多：如丽江束河的村落营造是以开发商的旅游开发作为其动力机制的（图5-19），大理剑川沙溪是以政府和国外非政府组织进行村落遗产保护项目而形成其动力机制的，红河元阳箐口村则是以政府进行文化生态旅游村及新农村建设示范项目而作为其动力机制的。

箐口村是一个有180户人家，855人的哈尼族山寨，地处距元阳老县城7km的元阳梯田核心区，具有哈尼山寨典型的山林—小溪—村寨—梯田"四素同构"的景观。原来，箐口村经济发展速

图 5-17　霞给村村落中心区景观

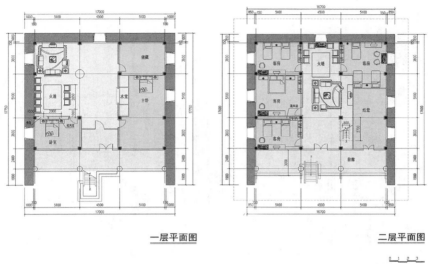

一层平面图   二层平面图

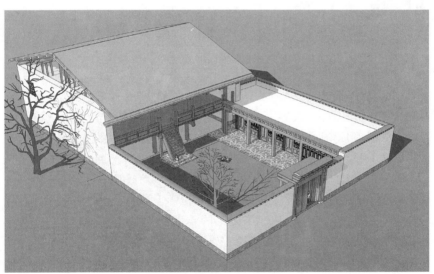

图5-18　藏族民居改造方案

　　度较慢，哈尼村民较为贫困，村子与外界没有公路联系，村民们思想意识较为封闭，村内环境及卫生状况较差。早在1999年，元阳县委、县政府就决定把箐口村建设成为哈尼民族民俗文化生态旅游村。在此之后，2002年，县里又将其确定为新农村建设的试点，并派县、乡干部进村指导工作。同时，争取了省旅游局的支持，并将旅游景点建设、乡村公路建设、农村电网改造、改水世行贷

图 5-19　丽江文荣村地震后的统建房（欧阳国元摄）

款，建设生态村、文明村、小康村、扶贫重点村等项目资金加以整合，分阶段组织实施了文化生态旅游村的建设。在实施过程中，政府邀请专家精心完成了规划设计；调动村集体的积极性并组织村民投工投劳，修建了与村外联系的弹石公路、村寨街巷的给水排水设施，进行了青石板路面硬化；另外，政府还组织对蘑菇房民居进行了统一的修整，修建了村内的环卫设施，建造了接待山庄、寨门、村寨中心广场、民俗文化展示等公共设施；修复了村旁小溪边的水碾、水磨、水碓等景观（图 5-20）。

　　这一系列的村落营造活动使箐口村的人居环境建设的步伐明显加快，村寨的公共基础设施、环境卫生、居住生活条件等方面得到了明显的改善。现在，箐口村的旅游产业发展势头良好，村民的收入水平和生活水平也都有了很大的提高。

　　显然，这种以政府为主导并产生了动力机制推动乡村建设与村落营造工作的方式在现阶段民族地区贫困村落这一特定的时空条件下是有其非常重要的作用的，其实施的总体效果也是好的和良性发展的。但这种方式最重要的关键点在于，在政府为主导的"村落建造共同体"中，村民、村民基层组织、村委会的参与、积极性、

图 5-20　箐口村改造后的文化传习馆和中心广场

主动性能否得到最大限度的调动，在村落营造过程中，他们是否能形成"主人、主体"的角色意识，因为，这涉及村落的未来能否有可持续性的发展。

5.3.1.3　内外互动、共商共谋

在现实的村落营造中，更多的情形则是村落内与村落外的"内外互动、共商共谋"。也即在乡村建设与村落营造的起始和过程中，并没有明显的、占优势的主导方，村落营造的动力机制是在村民、村民基层组织与社会各界的共同努力下形成的。只是在发展过程中的某一个阶段可能某一方起到的作用相对较大而已。

这里拿一个实例来进行说明：

1999 年，云南大学人文学院人类学系在美国福特基金会的资助下，在尹绍亭教授的主持下，选择了景洪巴卡基诺族巴卡寨、丘北彝族仙人洞村、腾冲汉族和顺乡、石林彝族月湖村以及新平傣族南碱村进行民族文化生态村项目的建设（图 5-21）。项目在生态村建设中努力构建和实现"政府领导、专家指导、村民主导"的运作机制（尹绍亭，2003），经过 5 年的建设，目前这几个村落已成为云南省内将民族文化、经济发展、产业结构调整、社区建设几方面结合起来进行乡村建设并取得良好成效的典型。

然而，项目建设中有两点是十分重要的。其一是在建设项目选择之初，除了有独特的民族文化外，这几个村落在村民组织、村委会建设、社区凝聚力等方面有较好的基础，村落内在社会经济发展上已做过相当力度的工作，并有着强烈的发展愿望。其二是在建设过程中，村民主导、自己管理、自我传承、自我发展的动力机制逐渐建立起来。具体讲就是村民有了自己的管理机构和管理办法，并在乡村建设和村落营造的共同体组织中发挥越来越重

图 5-21　新平南碱村的沼气池及卫生间一体化建设
（图片来源：施红摄）

要的作用。这也就是说，这些民族文化生态村的建设并非只是专家与村外相关各界的外力推动，其中村寨内力的作用也是明显的和不可或缺的，因此，这些村落在发展、建设上的动力机制可以说是内外结合的。

5.3.2 发展现状与未来趋势

5.3.2.1 村落营造与乡村社区建设结合

村落营造从来都不可能是纯粹的建造活动，它总是与乡村社会的各种事项紧密联系在一起的，同时，建造活动也有强大的社会工具功能。

从社会学的角度看，在民族地区，村落营造总是与当代乡村社会的社群结构建立、族群的生存和繁荣、民族文化传承等社会发展的方方面面紧密相联。换言之，村落营造总是与少数民族村寨的"乡村社区"建设有着不解之缘。

"所谓乡村社区，指以现代农业产业生产为主的、聚居在特定的乡村地理区域的、具有共同利益与精神意识的、有组织或团体作为载体的人们生活的共同体"。❶乡村社区不但是村民生产和生活所依托的场所，而且也是他们所希望的真正的"家"，这个"家"不仅仅要小康，还要求大同、和谐。因此，这就意味着乡村社区的建设不仅仅是物质性的硬件方面，还需要有精神和文化的软件的方面。

中国现阶段的农村社区，特别是西南少数民族乡村地区的贫困村落，近年来社区发展工作主要有这样一些方面：

（1）利用各民族的族群意识，以宏扬民族文化来恢复这些族群的民族自信心，在精神上与意识上形成产生社区内发力量的思想与文化基础。

（2）培养村民的自助意识与合作精神，鼓励村社内的互帮互敬，在村社内形成健康、积极、向上的文明新风。

（3）利用当前乡村自治的国策，形成村民们自己推举并信任的农村社区基层组织。同时，大力培育各种针对生产、生活、娱乐、公益等方面的村社地方性社团及合作组织，建立新形势下完善的和民主的社区组织结构。

---

❶ 笔者根据多种"社区"的概念而进行的定义。

（4）致力于地方社会经济的发展，帮助这些农村和村民在国家、外界支持和努力培育社区自己内发的可持续发展能力两方面结合的基础上，加快社会经济发展，努力摆脱贫困。

（5）培育农村社区在住房建造、公共设施建造、环境营造等方面的自我建设能力，改善居住条件，提高居住质量。联络社会各方，形成建造共同体，提倡自己建造和合作建造。

（6）以村民为本，建立社区服务体系（如医疗卫生机构、养老院、幼儿中心、智障与残疾康复中心、就业服务、商贸信息中心等），变政府管理为社区自我服务与管理。

图5-22 弥勒可邑彝族村村民为自己社
　　　　区的建造（刘肇宁摄）

（7）进行农业实验与技术推广，通过示范、实验、讲解、启发等多种方式使农民获得科学知识及技术体系，并以此来提高他们的生产力和生产水平。

（8）持续进行各种层面、形式与内容的教育和培训工作，消除文盲，提高村民的知识文化水平，不断将外界的各种信息引入乡村，使乡民们逐渐摆脱封闭并走向开放和自信。

而村落的建造也应该在上述方面整体工作的基础平台上进行，并与这些工作互相结合起来以整体推进农村社区的发展（图5-22～图5-24）。

事实上，综观云南少数民族乡村地区当前的村落营造，这种趋势也是明显的。就拿前文中提到的箐口村举例，村落进行较大规模的建设及营造工作是由建设民族文化生态村、发展旅游经济、传承民族文化、建设和谐乡村社区等工作而促发的，并且是互相结合在一起

图 5-23 丽江白沙街尾古
道整修纪念碑碑文（陆莹摄）
碑文中记载了建造中村民为
社区所作的贡献。

图 5-24 国外社区居民参与设计的"工作坊"
（图片来源：Stanley King. 参与式设计——本合作·协力·社区营造的技
术指南 [M]. 杨沛儒译. 台北：台湾崇智国际文化事业有限公司，1996）

的。而村落营造的结果也起到了促进村落社区各项工作发展的功
能作用。

5.3.2.2 村落营造与乡村产业发展结合

从经济和产业发展的角度看，当代村落营造总是与农村产业
的调整和发展密切相关的。从近年来云南乡村产业发展与村落建
设的情况看：一方面，乡村产业的调整（比如：乡镇工业及第三
产业的兴起、现代综合农业产业的发展）改变了传统农业时代乡
村的空间格局与空间形式。比如，有关政府部门倡导的"一村一业、
一乡一品"就使很多村落的家庭院落由原来的居住功能而演变成
为居住与家庭作坊相结合的功能。而乡镇企业和第三产业又需要
原材料、产品、商品实现最大限度的内外流通，这就导致了村落
对外交通及道路的建设并引起村落路网结构的改变。又例如，商贸、
手工业、旅游等第三产业的发展直接促进了乡村中集市、商业街
的再发展，这同样带来了村落空间的变化。另一方面，产业发展
使农村集体与个人的经济状况得到明显改善，经济的发展直接带
动了乡村各项基本建设和房屋建设的繁荣。村民大兴土木建盖自
己的住宅，村寨有了资金去修路、架桥、建公共建筑等。

从云南的情况看，乡村产业的发展势头越好，则村落营造的
情势就越繁荣，这是一种正比关系，反之亦然。如在丽江束河村，
由于昆明鼎业集团进入村落进行文化旅游产业的开发，带动了整
个村落各个层面的建造活动，使该村由于历史原因而停滞了几十

年的村落建造得以重新复兴，村落营造明显进入一个新的活跃期。

而从另一个角度看，繁荣的、成规模的村落营造又反过来促进了乡村产业的发展。又拿丽江束河村进行分析，一来可以看到，在企业以"茶马古道上的明珠"来进行打造并在束河新区、老村的建造活动如火如荼地进行了一段时间以后，束河的旅游产业确实得到了快速的发展。如2004年建设部中国建筑文化中心组织的中国知名地产评选，"束河古镇茶马驿站"获"中国知名旅游文化地产"称号；2005年1月，束河古镇旅游发展项目被称为"中国经验（云南篇）"而在中央电视台"经济半小时"中播出；2005年12月，束河古镇景区申报国家AAAA级旅游景区成功。二来还可以看到，村落大规模旅游设施的建设使慕名而来的游客在数量上和消费上都大大增加，在客观上拉动了村落经济增长。同时，项目的建设也刺激村民离开传统农业而转向从事第三产业，这同样在客观上更加促进了村落产业结构的转型。

5.3.2.3 村落营造与乡村人文自然环境保护结合

在云南，村落营造的另一个发展趋势是物质及空间的营造正逐渐与村落历史文化以及自然景观生态的保护利用有机地结合起来。而有一个值得注意的现象就是云南近些年来逐渐兴起的"民族文化生态村"的概念和项目建设。从文化学及景观生态学的角度看，一个村落或村寨既是一个生态系统，也是一个文化系统，或者可以说是自然生态系统与社会文化生态系统的复合。有了这样的认识，那么，不论历史上村落的营造，还是当代村落的营造，其建造的落脚点就自然应该是自然生态和社会文化生态复合系统的保护、更新和建构。从这样的认识出发，村落营造也才会更加清楚什么是可以拆掉新建的？什么是应该改造和有机更新的？什么是必须保护下来的？

从这方面的现实情况看，当前少数民族村寨的村落营造又呈现出这样一些特点：

其一，由于多数村落的形成、演变都与当地的自然地理、生态资源、气候等因素有着密不可分的依存关系，并由此而形成了村落的基本空间选址、空间布局和空间结构。因此，对村落这种原有的、具有生态适应性的基本格局的尊重、保护和利用就成为了不少村落营造所注意的方面。如近年来若干元阳哈尼村落的营造就对于"惹罗"建造模式中的"三段式"空间结构赋予了足够的尊重、顺应和保持。

其二，村落只是绿色大地基质上的"斑块"，要想维系"斑块"在"基质"上的持久性，就必须对"基质"上的自然生态要素进行保护而不是破坏。如河流、湖泊、山脉、森林、植被、地貌等。

其三，注意在村落营造中对在特定的社会文化背景下产生的村寨的结构形态、空间肌理、尺度规模等保持一种尊重、顺应、再利用和谨慎更新的态度。比如：保持原有的街巷和院落肌理，保护原来的集市、街肆、村落边界等（图5-25）。

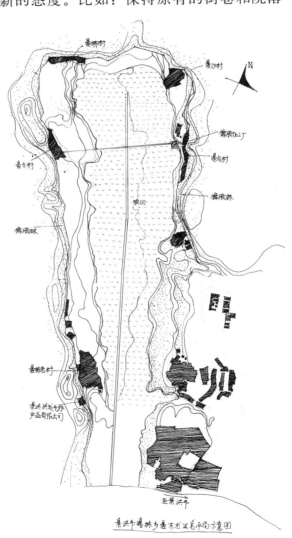

其四，在村落营造中，对村寨中有价值的传统建筑、景观节点、标志物进行保护和审慎的改造。这包括：寺庙、宗祠、塔阁、桥涵、府邸、牌坊、陵墓、门楼、碑刻等。

其五，当代乡村建设的关键在于和谐社区的构建。"在明明德，在亲民，在止于至善"也适用于这里。因此，在越来越多的村落营造中，真正为村民服务的公共建筑和文化类建筑的建造得到越来越多的重视。诸如：学校、商店、医疗所、图书室、娱乐室、民族文化博物馆、民族文化传习馆等。

图5-25　西双版纳曼东龙区示意图（高娜摄）
图中表示了村落、田野、橡胶林之间的"斑块"与"基质"关系。

5.3.3 存在问题与现实批判

5.3.3.1 村民的主导与主体性

前文曾经提过，在乡村的建造中，能够形成村民为主体、各方参加的"村落建造共同体"是一种理想的状态或是逐渐走近理想状态的一个过程。在目前建设社会主义新农村的背景下，虽然在实际的村落建造过程中，社会各方各面努力参与、融入乡村建造工作的趋势是在走向理想的"建造共同体"，但这个过程却是长期的，目前也是存在很多问题的。

我们说，"村落建造共同体"的核心是"自我建造、合作建造"。自我建造说的是以村民或乡村社区为主体的建造，合作建造说的既是乡村社区内各种角色的合作建造，也是社区与外界社会各方的合作建造。然而，在这方面，当下村落营造存在的最大问题是：在更为广大和多数乡村的村落营造中，村民以及乡村社区的主体性以及参与的力度是不理想的；在"村落建造共同体"中，他们的角色往往也是被动的，真正的村民主导机制并未建立起来。现在云南的很多乡村建造中普遍存在着两套机制，一个是外来机制（如：政府机制），另一个是按风俗习惯的传统机制。外来机制往往容易忽视村社内部力量，而传统机制则使建造活动仍停留在族群社会的封闭、个体、礼俗关系之中。

究其问题的原因，大约有两个方面。一个方面是在外来机制中的各种力量方对于自己角色定位所出现的错位和偏差。在实际运作过程中，政府往往对村落内部的潜质、力量和村民自我管理、自我发展的能力不够重视，常常有将自己的工作内容盲目扩大的趋向，极度者甚至越俎代庖，将本应由乡村社区自己做的事情放入自己手中独揽。在有些开发商以开发项目介入乡村建造的过程中，也常有过于相信权力和资本的力量，在建造共同体中重视政府的力量而忽视村民力量的趋向。另一方面是不少村落本身的社区发育尚不够完善，村民并没有形成相应的基层组织，村委会也常常并未起到将村民组织起来的作用，村中"村民主导、自己管理、自我传承、自我发展"的机制尚未建立起来，导致了在村落与民居建筑日常建造时仍然是各自为政、各行其是的松散状况。同时，这也使得在有外界以强大之力量介入村落营造时，村民无法形成合力来提出自我诉求并与之进行博弈。

5.3.3.2　硬件建设与软件建设

在村落营造中，特别是在较为贫困的民族村寨的营造中，不管其建设的动力机制来自于何方，现实情况中都有对硬件建设较为重视而对软件建设相对忽视的趋向。所谓"硬件"指的是生产设施、基础设施、住房的建设，而且是"有无"层面上的建造。而"软件"指的是影响村民生活质量进一步提升的公共设施，包括：环卫设施、文化设施、娱乐设施、福利设施等。

出现这种情况的深层原因还在于在目前的发展阶段，很多贫困的民族村寨仍处于亟待解决基本生活境况和迫切需要尽快发展经济的状态中，因此，建设内容及宝贵的资金投向都对村落整体居住环境、条件的进一步提升无暇顾及。而另一方面的原因则在于对贫困村落如何发展道路的观念认识上的直线思维方式，即总是绝对地认为，只有经济发展了，才有可能提升居住环境质量。

其实，经济发展与生活环境提高这本身就是一对辩证关系，怎样处理好这一对关系，关键在于针对不同村落的不同情况加以不同的处理。有时，充分利用适当的机遇，特别是在村民自己建造与合作建造的前提下，大力加强村落社区的环境建设、住屋建设、公共服务建设，以此促进乡村社区的和谐发展并进而带动产业调整、生产力提高和经济的发展，也可以是很多贫困村落的选择。从另一个角度看，少数民族乡村社区和谐、持续的发展往往有利于当地自然资源、民族文化的保护与传承，而这在当代、后现代社会又往往成为未来发展的最大资源。在云南，丽江大研镇、束河，腾冲和顺、大理新华村、香格里拉霞给村、云龙诺邓村、丘北仙人洞村、元阳箐口村的经验都说明了这一道理。

值得注意的是当代农村问题研究学者徐勇、贺雪峰提出建立一种"低消费、高福利"的新生活方式的学说。他们认为：当前的农民问题，不纯粹是一个经济问题，而更是一个文化问题；不纯粹是一个生产方式问题，而更是生活方式问题。因此，他们在湖北荆门农村实验建立老年人协会，用很少的投入，建设了必要的文化娱乐设施，增进了农村老年人之间的交往，提高了农村老年人闲暇生活的质量，使老年人感到"心情愉快了"、"身体好了"。这使中青年人看见了未来的希望，从而降低了生活的贴现率，提高了合作的可能性。他们还在实验区内提倡农民自发组织各种文化组织，如腰鼓队、健美操队等，使农民不仅有了生活的情趣，而且使他们有了生活的主体性，增加了村庄的社会资本，可称得上是"文化建设，收效最高"（贺雪峰，2006）。

其实，村落建造也有相似之处，农村建房传统的仪式性无异于村落盛大的文化活动，互帮互助的合作建造融洽了人们之间的社会关系并构成了积极的社会网络，自己建造房屋的过程增强了农民的主体性和自信心，延续传统风格的民居建造构成了族群的聚落历史和文化，各家各户出工出力进行村社公共设施的建设造就了社区利他主义的文明风尚，热闹而富有生气的建造场面又使社区看到了发展和未来的前景……总之，村落建造中的"软件"建设对农村社区发展的社会促进作用是巨大的，也是显而易见的；而且，这也与第3章所总结出的"惹罗"、"元一本主"、"公本芝"传统建造模式在精神上是相通的。

5.3.3.3 营造中的契约与法理

少数民族贫困地区乡村建造的另一个存在的问题是村民及村落社区在村落营造过程中以及在村落建造共同体中的利益博弈中，还缺乏现代社会的法理意识和契约意识，还不善于运用法律手段和经济手段来达到自己的诉求和维护自己的权益。这也直接造成了在村落建造共同体中村民及村落基层组织一方力量的失衡。

这一问题出现的内在原因虽然还是与社会文明进步程度有关，但其具体原因，笔者认为仍有三个方面：第一，村民及村落基层组织由于受教育及知识水平的不足而导致的对于有关民主、法律、经济、商业运作等规则的不了解；第二，农民组织化程度不高，集体力量不够强大；第三，村落以外的社会其他各方（如：政府、开发商等）也对民主、民生、公民权益等内容的意义及相关规则认识不清、体会不深。

这样的问题在社会经济状况较为贫弱的少数民族村落更加常见。以丽江束河开发为例，企业进驻束河进行开发之初，村基层干部在契约意识和商品经济意识较为淡漠的情况下，将村内著名的"九鼎龙潭"景点以很低的价格转让给开发商开发经营70年，并由此引起村民的强烈不满而将村委会主任罢免改选。新村委会领导虽然极力与开发商再次博弈为村落争回了一些利益，但终因原来已有合同在前，最后的成交转让价格仍然较低并使村民难以接受。❶再以云县红豆箐为例，这是一个澜沧江大朝山水电站开发的众多外迁移民安置点中的一个。1995 年，大朝山水电有限责任公司与云南省政府移民搬迁办公室签订了库区移民搬迁的实施包干协议，在"三结合"、"三为主"、"三先行"❷的原则下实施了移民搬迁工作。移民后，村民所得到的耕地一般都比原来的耕地要少，土地质量也比原来的差，附近没有了树林草地，经济收入来源减少，生活成本却大大增加。新建村落也采用的是统一设计、统一建造的方式而令村民并不满意，后来各家各户纷纷加建的各种房屋（如：住房、洗澡间、卫生间、圈房、加工房等）就说明了这一问题。对这些情况，村委会不论在事前及事后都没有以组织的方式、以法理为武器来维护自己的权益，导致村民最终只有默默地接受这样的现实。❸

5.4 立足于本土化与可持续的建造

梁思成先生曾说过："建筑之始，产生于实际需要，受制于自然物理，非着意于创新形式，更无所谓派别。其结构之系统及形制之派别，乃其材料环境所形成"。在传统农耕社会中，几乎所有扎根于地方的乡土建筑中都体现了这种本土精神。而在今天可持续发展、节约型社会、精明发展等当代科学发展思想的统领下，新农村建设也应当在"本土化"的基础上进行推进。在这一认识上，社会各阶层是没有疑义的。但具体到村落建造中，则应研究和阐明最基本的问题，即：什么是立足于本土化的村落建造？它包括哪些方面的内容？

5.4.1 基于本土环境资源的建造

在研究和诠释建筑的地区性及本土性时，应从三个方面入手，即：自然的、文化的、技术的，而在众多的因素中，最基本、最原生的当属自然生态与环境资源因素。法国年鉴学派代表人物弗

---

❶ 该情况为笔者所在的研究团队在当地与村民的访谈中所得。

❷ 该原则具体为："与当地经济发展相结合，与库区扶贫工作相结合，与库区小集镇建设相结合"、"以土为主，以农为主，以县内安置为主"、"土地开发先行，水利设施兴建先行，林果业发展先行"。

❸ 该情况为笔者所在的研究团队在当地与村民的访谈中所得。

南德·布罗代尔（Fernand Braudel）将历史过程分为三种类型，即：短时段、中时段和长时段。他认为：短时段的因素对认识历史无济于事；中时段的因素也不是决定历史发展的根本因素；对人类社会发展起长期的决定性作用的是长时段的因素，即一种隐蔽的结构。这种结构实际上是一种人与自然的互动体系，而处在这种结构最底层的就应该是自然生态因素，它们以一种无形的、长久的力量在制约着人类的历史进程和文明发展。

因此，基于当地的自然生态和环境资源的建造首先就成为村落本土化建造的基本内容之一。而在自然生态和环境资源因素中，更为具体的要素则为：气候、地理、生态、材料。

气候和地理是制约村落营造的两个客观的要素，它们构成了乡村聚落所依托的基本环境体系和生态体系。总的来说，云南少数民族地区有着不同于内陆地区的独特的气候、地理特点。如云南的地形地貌就有海拔高差大的特点；全省最高点是梅里雪山主峰卡格博峰，海拔 6740m，最低点是河口县，海拔 76.4m。这里高山峡谷，河流众多，既有大量的山地环境，也有低洼的湿地和山间平坝；云南一省兼有热带、温带、寒带三种气候类型，有"一山分四季，十里不同天"的"立体气候"之说；虽然气候多样，但大部分地区气候温和，夏无酷暑，冬无严寒，且大部分地区雨量充沛、雨季干季分明。

独特的地理气候造就了相应的生态特性和生态系统。西南地区多样的生态环境和种类繁多的生物世界，使这里成为了世界上有着最为复杂的生态格局的地区之一。表现出多级结构体系、复杂多样、空间上的聚积性以及脆弱性、敏感性等生态特征。

在气候和地理结合的基础上，构成了云南诸如这样一些种类的地理气候类型：

干热河谷地带：如金沙江、怒江、红河中上游的沿江区域以及滇中和滇南的部分地区。

湿热河谷地带：如澜沧江、红河下游的沿江区域以及沿云南南部及西部边境属南亚热气候带的地区。

高寒山区地带：如地处青藏高原余脉的横断山脉的滇西北地区和云贵高原乌蒙山脉的滇东北地区。

低纬山地原季风地带：主要为滇中地区。

简单地认识地理气候因素并非目的，关键则在于"村落建造共同体"的各方人员及各种角色能否对地理气候因素对乡村聚落及其建筑的关系形成辩证的认识，以及对特定地理气候制约下的聚落及住屋的模式是否有清晰的了解和认知。地区性建筑的形成不存在单一因素决定论，地理气候因素也同样如此。我们既反对单一的地理环境决定论的观点，但也要看到地理气候等环境资源要素在被融入人类文化过程中对人类聚落及建筑所产生的巨大的、潜在的塑造能力。可以这样说，真实的地区建筑都是结合了地理气候因素的（图5-26）。

在云南少数民族地区，传统聚落与住屋的类型体系的空间分布与地理气候的空间分布基本上是吻合的：土掌房住屋类型基本上分布在干热河谷地带；干阑住屋体系基本上分布在湿热河谷地

(a) (b)

(c) (d)

图5-26　一组生长于自然地理环境中的民族村落

(a) 西双版纳勐腊村落鸟瞰（图片来源：中国国家地理，2006（1））；(b) 四川乡城巴姆神山下的藏族村落（田捷砚摄）；(c) 中甸的藏族村落（震东摄）；(d) 中甸的藏族村落（晨亮摄）

带；井干房住屋类型基本上分布在高寒山区地带；而院落住屋类型基本上分布在诸如滇池、洱海这样气候较为温和的坝区。因此，这也从一个侧面证明了地理气候因素对本土建造活动的侵蚀及磨砺作用。

由于云南少数民族地区所独有的地理气候与生态条件，在各民族的长期挖掘和利用下，形成了各地区丰富多样的建筑材料，这些材料大致可分为两类，一类是木、土、竹、石、草、藤等天然材料（图 5-27），另一类是砖、瓦、石灰等人工材料。乡土材料既是自然的馈赠，也是人民在不断的建造过程中的选择；而更为可贵的是，在对材料的选择与使用过程中，本土乡民们发展并形成了一系列与结构、营造、空间、形式结合紧密的建造体系和工艺（图 5-28）。如彝族、哈尼族人民就是在使用"泥土"这种材料的经验基础上，发展形成了一整套建造体系与技艺，并最终成为"土掌房"的住居形式；傣族地区的竹楼、高寒山区的井干房也都是由最初特定材料的使用而最终达成了相应的建筑类型；大理白族地区、丽江纳西族地区房屋建造对块石、卵石性能的充分挖掘等。

另外，在云南少数民族地区，在聚落建造中对地形地貌的适应与利用，对太阳日照、风向的照应，对水资源的充分利用，

图 5-27　乡土建筑中对土、木、竹、石等地方材料的运用

对农耕生产副产品的利用（如：山草、麦秸、麻秆、谷壳甚至是牲畜粪便等）也都有极其丰富的经验和优秀传统。

在村落建造中，适应于地理气候的聚落模式与建筑形式、乡土材料及对其使用的经验和技艺、对各种资源有效的利用等均是极有价值的地方性知识和传统，对它们的认同和尊重是实现地方本土化建造的重要基础。

5.4.2 基于本土生活与族群文化的建造

对于乡村生活与族群文化的体认上，村落建造共同体内的各种角色是不一样的，而且是有很大差距的。村民更多的是从生活的切身体验并与城镇生活进行比较来看待这一问题的，是"由内向外"的；而村民以外的合作者们更多的则是从外部生活的感受来看待村社生活的，是"由外向内"的。常常听到

在云南民居的外墙材料使用上，常常可以见到充满着智慧的做法，如：木材和泥土的混合使用、夯土墙的砌筑工艺、用麦秸掺入土中作外墙饰面等。

图 5-28　民居材料运用与民间智慧

这样的说法："有学者或城里人在赞叹村落生活的宁静、清新、美好时，村里的农民则说，那咱们来交换一下如何？我到城里去，你到乡下来"。这就是角色不同而产生的距离。所以，首先需要强调的是，双方应将各自的认识变成一种互相学习的"学习文明"。城里人、领导不应俨然成为教化者，来推行一套教导文明；乡里人也不能成为拒绝者或是被动受教育者，而应主动积极地向外部学习。

在云南少数民族乡村，本土生活与族群文化已经成为了一整套地方性的文明体系和知识体系，这包括与地理气候、生态环境相适应的经验，进行农耕生产为主的各种生产与生活的经验，民风与习俗，宗教祭祀及其礼仪，以及将这些经验整合在一起的"完整的经验"。

　　为对这一点有更深一些的认识，这里不妨对西双版纳的傣族"竹楼"与西盟、澜沧、孟连一带的佤族民居稍事比较。两者都是干阑建筑，这与两地所处的湿热谷地是吻合的。就原始的早期生活来讲，这种最初来自于"巢居"，人处其上、畜产其下的屋舍在两地也是颇有共性的。然而，西双版纳地区很早就开始了以稻作为主的定居式的农耕生产，这里水田发达，农业耕种技术与工具均有较高的水平，因此，当地傣族干阑不但多临水以利生产，"其地下潦上雾，四时热毒，民多于水边构楼以居，间晨至夕，濒浴于水中"；❶且木构技术较为发达，木构架与类似"凤凰展翅❷"的悬山式屋面木构体系也较为成熟。同时，由于稻作农耕定居的需要，傣族民居一般做工较精细，空间也有堂屋、卧室、前廊、展台等功能之分。而佤族基本生活在山地与谷地，且长期从事着刀耕火种的"轮歇"式农耕；游动性大，耕种技术与生产工具均不够发达。因此，佤族干阑民居相对于傣族竹楼就总体显得较为粗放、简陋和临时一些，但也更加质朴一些。如佤族干阑屋面用当地茅草而少用瓦，空间内也少有房间划分等。另外，西双版纳傣族信奉小乘佛教，村落中的核心节点处不但有佛塔、佛寺；且村落中空间秩序清晰，村落环境讲究佛教境界中的"明净、远离尘埃"等。而佤族则多为自然崇拜，他们崇拜葫芦、洞穴，在佤族创世纪神话《司冈里》中就有佤族从洞穴中出世的描述。因此，佤族村寨布局更为粗犷、原生，空间布局的中心祭祀礼仪性明显，茅草干阑房也呈现出一种浑厚的气质（包括佤族民居屋面在侧屋面处的弧形处理等）。

　　农村社会的生活逻辑和乡土社会的一整套地方性知识让人们明白，所谓地方性也可以这样来看待：特定地域的现实与生活都有一定的内在规律，而这些规律是在一定的界限中存在的，如果越过了这个界限，这些规律就将不再成立。因此，这就提醒人们在村落建造中，不可做违背当地自然与生活规律的事情，更不能简单地将本土以外的文明、技术强行植入地方性的体系与规律之中。比如不能在根本没有工业、技术基础的贫困乡村使用钢结构及其技术。然而这些很简单的道理，却常常在实际操作中被漠视。

❶（明）景泰朝. 云南图经志书（卷四）[M].
❷"凤凰展翅"是在傣族地区流传的有关天神帕雅桑木底，根据凤凰启示而建造了一种能遮风避雨、防潮防兽的竹楼的传说。笔者注。

前些年，云南提出要消灭贫困山村的茅草房，其实要消灭的仅仅是屋面的茅草顶。几年下来，茅草房村落已寥寥无几，茅草屋面几乎被清一色的石棉瓦所替代，而屋檐下的少数民族兄弟们仍然贫困，生活依然如旧。其实，这不仅仅是简单解决茅草房防不防火、落不落后的问题，这是一个各村落族群乡民能否逻辑性地自我选择的问题，是一个行政政令是否已强硬地插入了多样化的族群村落和地方性体系之中的问题。

同时，另一种倾向也是要警惕的。这就是狭隘、怀旧、景观式的传统观和地域观。即过于重视"器物"层的传统及地域的景观特征、符号特征，不考虑乡村建设"之道"，无视乡村百姓在当代的生活逻辑，不思考地方性知识的发展、更新，不加选择地拒绝外来的知识与技术体系。这样的事情在由目前政府主导的村落发展与建设中是屡见不鲜的。在西双版纳地区，没有加上所谓"傣族三角坡屋面"造型的建筑设计（包括大量性的居住建筑）在有关部门的审批中是不会通过的。在丽江古城颁布的古城建筑维修与保护条款中，任何混凝土、钢构件是不允许出现的，这就苦了很多要增加或改造卫生间的古城百姓，因为现代生活中需要的防水、隔声、防火都几乎没有办法处理。而值得令人深思的是，一般来讲，村民反而并不会因一些机械的框框条条而拒绝外来的事物，他们只要看清楚新的事物、新的做法能够改善他们的生活和居住条件，就会乐于接受并去积极地去改变。

"原封不动不可能，推倒重来不可取"。❶看来，怎样认识"本土化"建造，如何辩证地看待"本土性知识"依然是问题的关键。在这一方面，村落营造"之道"与当代社会的发展"之道"是一致的。这就是："超越'传统'与'现代'、'本土'与'全球'的藩篱，总结、提升我们的经验，使之兼备传统、本土的品质，现代、普世的意义"（刘海平，2002）。

5.4.3 基于本土技艺的建造

乡村中乡土建筑的建造技艺是乡民们世代积累下来的技术经验；是乡民们按自己意愿及需要自建的（或请工匠建造的）、自己使用的民间建筑中的技术体系；是他们将本土地理气候、生态资

---

❶ 这里引用的是清华大学建筑学院单德启教授的相关谈话及观点。

源与生产生活糅合在一起并经过长期积累下来的知识结晶；也是一个在自然、社会、经济、文化、生活等各种因素相互交织的复杂化状态中被反复选择、反馈、筛选、调整的自组织系统。它们在村落营造及乡村地区人居环境可持续发展上有着重要的意义和价值。

　　长期以来，一方面，本土建造技艺在现代科学技术发展的背景之下被沦落成为了一种第二性的"应用学"，它们被视为是科学技术的"下里巴人"。对此，思想界认为大有商榷之处；如英国著名科学史家斯蒂芬·F·梅森就曾谈道："科学主要有两个历史根源。首先是技术传统，它将实际经验与技能一代代传下来，使之不断发展。其次是精神传统，它把人类的理想和思想传下来并发扬光大"（1977）[1]。但在另一方面，传统技艺的经验主义以及缺乏科学理论的建构确实在其演变过程中以及面对当代科学技术的蓬勃发展时显现出了突出的尴尬和不适应性。

　　村落建造共同体如何在村落建造中看待和运用本土建造技艺，笔者以为可以有如下几个视野：

　　第一个视野就是既不能将它们看成是落后的、绝对缺乏科学精神以至于今天无所作为的事物，也不能无视它们在科学精神建构方面的脆弱性。应当用真正的当代科学精神与理念去研究、分析乡土建筑建造技艺，努力揭示它们背后的科学规律，并力争将其提升和转换以为今天所服务。

　　第二个视野是乡土建筑建造技艺的许多优秀品质、技艺水平和科学精神并非完全体现在其物质形态之中，而是体现在整个建造的过程之中，体现在过程中乡民们对技术与材料的选择、对建造方法的把握、对具体问题解决中意识的渗入等。因此，虽然要认真详尽地研究这些建造技艺的构成、功能和细节等物质形态，但又不能仅仅将其看成为一种静止的、物质性的方法。

　　第三个视野是用人文的眼光和文化的视角来看待乡土建筑的建造技艺。庄子在《天地篇》里说："通于天地者德也，行于万物者道也，上治人者事也，能有所艺者技也。技兼于事，事兼于义，义兼于德，德兼于道，道兼于天"。这说明"技"与"道"是可以相通并有着有机联系的。不少学者愈来愈意识到传统技术与人文的关系，尤其是与人的关系。技术史学家索埃特萨·耶内吉在总结工匠们的经验时就曾说道："没有一个机器能和人的手相比。机器能给出速度、动力、完全的统一性和精确性，但不能给出创造性、适应性、自由性和复杂性，这些机器做不到的恰恰是人的优越性的表现，没有一个理性主义者可以否认这一点"。❶

那么，传统乡村村落及乡土建筑的建造技艺应包括哪些方面的内容呢？从以上视野出发，则除了物质性的建造技艺以外，还应有"建造过程与方式"方面和"经验与观念"方面的内容。这里，笔者依据自己的理解，尝试对云南本土少数民族乡村地区聚落及建筑的建造技艺进行一些总结和归纳。

1. 作为物质性的建造技艺

按使用工艺和材料的不同分：土工建造技术、木工建造技术、砖石建造技术、瓦工建造技术、构造技术、装饰技术、施工营造技术等。每一种还可细分，如土工建造技术还可分为：夯土技术、土坯技术等；木工建筑技术还可分为：木构技术、木作技术等。

按建筑部位的不同分：结构技术、屋面技术、墙体技术、场地技术等。

按建筑的结构及形态的不同分：井干式建筑技术、干阑式建筑技术、邛笼式建筑技术、天幕式建筑技术、院落式建筑技术。❷

我们甚至可以对工具进行一些分类及研究：器皿、器具、器械等。

2. 作为建造过程与方式的建造技艺

按对功能与生活方式的适应性可分为：适应于气候的建造技术、适应于自然生态的建造技术、适应于生活行为的建造技术、适应于生产方式的建造技术、适应于社会等级的建造技术等。

按建造过程的不同分：堪舆与择地的技术、组合与布局的技术、基本架构的技术、掩蔽与围合的技术、调整与装饰的技术等。

按建造方式方法的不同分：原初自建的建造技术、工匠的建造技术、模仿的建造技术、外来的建造技术等。

3. 作为经验与观念的建造技艺

按技术的经验属性分：经验法则（包括口传的和文字记载的）、技术准则（如《营造法式》和《清式营造则例》）、工匠的经验意识与手艺等。

---

❶ 转引自：邹珊刚主编. 技术与技术哲学 [M]. 北京：知识出版社，1987：259.
❷ 参见：蒋高宸. 云南民族住屋文化 [M]. 昆明：云南大学出版社，1997.

按技术的观念属性分：作为文化范式选择下的技术、作为宗教禁忌与社会制约下的技术、作为融入工匠情感与生命意识的技术、作为促进生产方式和社会变革的技术等。

5.4.4 渐进化过程的建造

5.4.4.1 一步步的建造

一个村落，一幢村民的住屋，肯定都是在一步步的建造过程中完成的。但问题是，应该用一种什么样的模式来完成建造的每一个过程。由于乡村的性质，它永远不可能像城市建设那样用大规模工业生产的方式来进行建造。

城市建筑，特别是城市中大量性的住宅的建造，往往采用的是依赖标准化的图集、标准化的构件以及标准化的工业生产。"住宅制造过程的实际建造阶段就已经变成了一个装配的阶段：一个把预先制作好的构件在现场装配起来形成完整住宅的阶段"（C·亚历山大等，2002c）[182]。这些工厂生产出来的构件在形态、尺寸等细节上都已作了精密的计算和考虑，因此建造过程就会变得机械和简单，而每一家每一户的不同需求、建筑工人现场的临机改变在这里都决无可能。而正是这样相同"模数化"的构件、房间、公寓、住区充斥在我们生活的城市之中。

对此，C·亚历山大曾做过这样的比较：

自然决不是模数化的。自然几乎充满了相同的单体（水波、雨珠、草叶），但尽管每种单体都在大的结构上相像，却没有哪两个是在细节上相像的。

（1）相同的大的特点保持一次次重复出现。

（2）在它们的细节上决没有哪两个大的特点相同。

一方面，所有橡树有同样的整体形状，同样厚实而扭曲的躯干，同样盘曲的树皮，同样形状的叶子，同样比例的树干、树枝和细枝。另一方面，没有两棵树完全一样。高度、宽度和曲率的准确组合本身决不重复，在其上我们甚至找不到两片相同的叶子（C·亚历山大，2002a）[113-114]。

因此，C·亚历山大认为："然而像生物学一样，现在清楚了，一个城市的结构可以由共同语言中个别建造行为的相互作用构成，这比蓝图或总图更深、更复杂"（C·亚历山大，2002a）[382]。应该说，亚历山大的认识是深邃的，观点是精辟的。与自然界的有机构成相比，他看到了当代城市建造的最大的问题。

回顾前面章节中所分析的云南村落的三种建造模式，可以看到，传统村落不论在聚落的整体营造上，还是在单体建筑的营造上，所采取的模式都不是强调"模数制"的，而是给定了一步步的实施步骤，明确了一步步过程中的内容，从而在共同语言的控制下一步步完成建造的。这里，可以再次来看看村落建造的"惹罗"模式，其过程和内容是：

认同大环境／选择寨基地／立贝壳占卜凶险吉祥／举行安寨大典／栽竹子，栽棕树／盖房子／找水源，找水井／开大田／祭寨神。

这确实是一种只规定操作步骤及内容的模式，这种建造模式是决不可能像城市一样去设定很多精确的模数与尺度的。因此，传统村落既不可能有统一宽度的道路，也不可能有统一划一的街坊，即便是在建造房屋时使用的模数也都是有极大的灵活性的。在今天，"惹罗"建造模式的故乡——云南红河哈尼族、彝族自治州到处都可看到大类型特点相同，但又绝对不会雷同的土掌房村落和蘑菇房村落。这些村落基本都是按"惹罗"模式一步步建造起来的，它们有序、生动，就如同生长在大地之上的生物有机体一般。

再比如大理白族民居的建造就大约有这样的基本营造程序：

（1）择时；

（2）择地；

（3）工匠根据主人的要求估算构件尺寸；

（4）开出构件清单、买料；

（5）备料，料的堆放，干燥处理，材料的粗加工；

（6）平整基地，房主与工匠现场协商开地盘、放线；

（7）下石脚，做基础，夯土筑半墙；

（8）木工进场，料的堆放，加工——标字，画线，做榫眼，柱的加工，梁、桁条、京片的加工，侧脚的制作，"升起"时柱子榫眼的制作；

（9）大木作的安装——定平、确定基准线，安放柱础，竖柱、上梁、检验、调整，其他木构件的安装；

（10）屋面的安装，椽子，瓦作；

（11）砌墙，合龙口；

（12）室内装修——地面，门窗，彩绘，雕饰；

（13）新房落成——念经，设宴待客。

在这些过程中，由于有大的经验的控制，房主和工匠并不会在细节上计较太多，相反他们会在每一个过程中关注出现的问题并在现场及时处理、调整。因此，尽管每一幢民居的建造过程是相同的，但其中解决的问题却各有不同。这就在过程中融进了不断的变化和创造（图5-29）。

因此，如果在当代村落建造中也能够明确一步步建造的步骤、

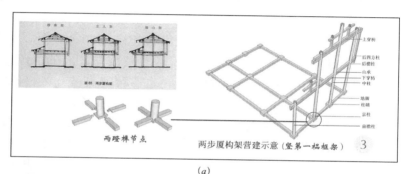

（a）

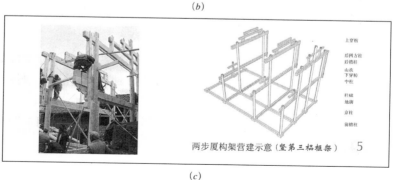

（b）

（c）

图5-29　丽江民居营建过程示意图（陆莹绘）
（a）过程3；（b）过程4；（c）过程5

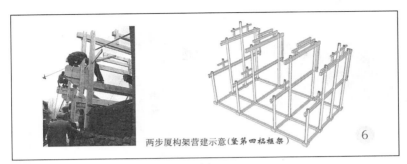

两步厦构架营建示意（竖第四榀框架）

(d)

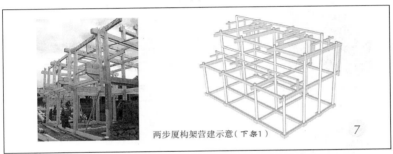

两步厦构架营建示意（下柔1）

(e)

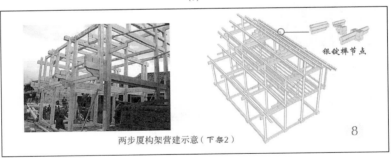

银锭榫节点

两步厦构架营建示意（下柔2）

(f)

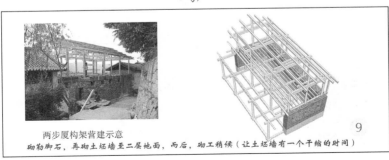

两步厦构架营建示意

砌勒脚石，再砌土坯墙至二层地面，而后，砌工稍候（让土坯墙有一个干缩的时间）

(g)

图5-29　丽江民居营建过程示意图（陆莹绘）（续）
(d) 过程6；(e) 过程7；(f) 过程8；(g) 过程9

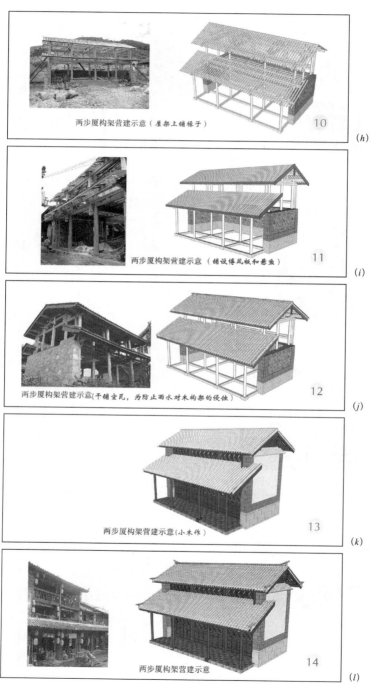

图 5-29　丽江民居营建过程示意图（陆莹绘）（续）

(h) 过程 10；(i) 过程 11；(j) 过程 12；(k) 过程 13；(l) 过程 14

内容及大的控制原则,则"村落建造共同体"中的成员(不论是村民、村委会干部、政府官员、规划设计人员、技术人员)就有可能在一种简单明了的共同语言下去从事各自的个别建筑的建造,从而既保证了共同的特征,又造成了丰富的个性和变化,同时也保证了村民们自己建造的可能性及必然性。

这就是 C·亚历山大所设想的"把装配构件的建造体制替代为一步步实施建筑操作的建造体制。每个步骤都能在施工现场对正拔地而起的建筑物作出直接的、低成本的、高效的、现场的调整……"(C·亚历山大等,2002c)[183]。其实,这种建造模式对村落建造是极其合适的,事实上,农村里的村民们一直就是这样做的。

5.4.4.2 小规模的建造

德国著名学者 E·F·舒马赫写过一本名著《小的就是好的》。其实,舒氏在书中的意思也并非是说凡是"小"的都是好的,而是倡导一种与事物发展相适应的规模和尺度。在我国农村,特别是云南少数民族地区乡村社会经济发展整体还比较贫弱的情况下,乡村建设就更应当注意恰当与适宜的规模,在具体的村落建造上,也应当倡导一种"小规模"的方法和模式。

应该在这样几个层面上来认识乡村中"小规模的建造"的重要性和功能意义:

首先,目前中国农村社会的典型问题是:"温饱基本不成问题,但农民们口袋中没有钱",农民购买能力弱小,农村消费能力差强人意。而在边疆少数民族地区,这一问题就更加突出。就拿云南农村来看,1995 年农民人均收入的增长速度既落后于 GDP 的增长速度,也落后于农村社会总产值收入的增长速度。从 1995 年到 2002 年的 8 年中,农民人均纯收入和人均总支出增长极为缓慢。如 2002 年,500 元以下年纯收入的农民占全省的 6.8%,501 ~ 1500 元的占 48.7%,这两项加起来就达全省农民的 55.5%。因此,2002 年农民年人均纯收入在全国仅列第 27 位。❶在云南边远农村,常常看到许多村落的农户里几乎没有什么财产,真可谓"家徒四壁"。在这样的村社中,根本无力进行大规模的建造。而只有小规模、渐进式的建造才适合于欠发达和贫困地区的乡村聚落,才能够与当地社会经济、乡土资源、本土技术实现最大的结合。而即便是那些

---

❶ 参见:郑保华主编. 2003 ~ 2004 云南农村发展报告[M]. 昆明:云南大学出版社, 2004:82—83.

富裕一些的乡村，小规模的建造也有助于形成节俭型村社。

其次，农村社区的建造或改造更为深远的意义在于其造就了社区文化的社会功能。"改造（社区）的可能性并不主要在于发展经济……而在于一种能培养对社区的责任感和奉献精神的、新的制度和新的市民文化的出现"（阿瑟·梅尔霍夫，2002）。但在这里的问题是，村民们必须保证对村社建设有足够的参与程度和自己建造的程度，否则，这种村落建造的社会工具作用是无法显现的。而大规模和大型的项目的工业化建造几乎无法在村社实现上述目标，因此，只有小规模的建造才能使村民的自建、参与成为现实可能，最终，也才能与和谐、健康的社区发展结合起来。

再次，村落是一个在长期的历史时间中人们对自然生态的反复适应、选择过程中而形成的活的有机体，因而，乡土村落都保持着与自然生态环境的紧密关系，也有蕴涵着深厚传统文化的村社历史街区及建筑遗存。因而，恰当的街坊密度、婉转曲折的街巷、尺度亲切的民居、精致的环境等都意味着一种控制上的"精"和"小"。因此，就延续村落的脉络、肌理来讲，小规模的建造则更宜于与自然山水、生态环境保持合适关系，更有利于在渐进的状态下而不是突变的状态下对传统街区、传统建筑进行更新和改造。

再有，只有小规模的建造，才有可能将国家、各级政府、民间、家庭投入的村落建设资金有效地结合在一起。

最后，传统乡村中的"小"的建筑虽然是适宜于小农经济社会的"农耕"尺度的建筑。但在当代乡村社会中，小规模的建筑更加易于定向、易于建立识别性、易于村落个性的展现和发展。因此，居住在低层，适宜密度的社区已成为现代人们的一种理想。

那么，在村落营造中，应该怎样去进行小规模的建造呢？虽然，在不同的村落中有不同的情况，小规模的建造都应该结合村落本土的具体而进行；但还是应该有一些普遍性的原则，这里，笔者尝试进行一些梳理和总结：

（1）在村落建造中，不宜搞投资高、规模大的项目，哪怕是生产性的项目。

（2）在村落建造中，不宜搞一次性的、成片的、统一开发的项目。即便是为了解决某一类问题而进行移民建寨，也不宜采用简单的"统建"的方式，而应考虑建造的多样性和时段性。

（3）在村落建造中，坚决反对那种将传统街区、老街坊全部拆除、一扫而光后再进行重建的建造方式。

（4）村社街坊应该有合适的规模和尺度，通常，这种规模和尺度应比城市的街坊更小。

（5）提倡做简单、朴实但实用的建筑，即便是村落中的公共建筑，也提倡用体量和尺度较小的单体建筑进行组合和连接，而不宜建造大体量的、集中布局的建筑。

（6）街道、广场、村落其他公共空间及场地都应有与传统街区相吻合的比例与尺度。不宜搞"类城市"的"宽马路"、"大广场"、"大草皮"、"大花坛"等。

（7）鼓励村社居民建造与生产、生活相适应的、恰当规模的住房，反对或采用某些制度限制那种无节制地建造大型、豪华宅院的建造行为。

（8）在村社环境景观营造中，应体现自然、朴实、精巧、灵活的原则，不宜搞几何状的"大草皮"、"大花坛"等，对建造所谓的"标志性景观"也应持谨慎的态度。

（9）在村落建造中，鼓励依托老的街区和老建筑合理、有序地加建具有新的功能的房屋。同时，在村落规划中，应为这种小规模的不断加建留有必要的空间余地。

5.4.4.3 可持续性的建造

一个村落，也许已存在了几百年，但它可能还会存在几百年并一直发展下去，甚至发展演变成为城镇。因此，村落的建造一定是长期的。那么，如何能实现乡村聚落可持续性的营造，就成为村落建造的重要方面。

对于云南少数民族欠发达地区乡村聚落而言，基本的定位应该是：打好基础，图谋发展。即：建立较为完善的基础设施和公共设施，提高居住环境质量，保护好周边赖以生存和发展的自然生态环境，形成一个在不久的未来能够快速发展的基础平台。在这样的定位下，综合时间和空间两个方面，结合乡土聚落的建造传统，笔者提出以下两个层面的可持续性建造的基本模式：结构框架节点的"可生长"建造模式、立体生态家园的"绿色"建造模式。

1.结构框架节点的"可生长"建造模式

由于现今云南少数民族乡村的社会经济发展现状，希望在一个较短的时间内就将农村建设以达到一个较完善的程度是不现实的。因此，村落建造实际上会是一个在相当长的时间内的建造，每一个历史阶段、每一个过程只可能完成某一部分工作。就这一点上来讲，村落建造显然应该是可持续性的。在现阶段，这些乡村地区的村落建造主要应该是打好"基础"。而打好基础最基本的工作就是建立村落的一个"结构性框架"，形成一个较为合理的村落空间结构体系、功能配套体系，为以后村落持续性的建造提供一个可生长的基础平台。这其中有几个关键之处应该在近期的建造中进行：

村落空间结构：这包括村落的主要道路交通体系及其所构成的网络体系、村落从中心到各部分以及外围边缘的空间秩序及格局（图5-30）。这项工作对具体的村落可能意味着不同层面上的工作，如有的村落是在原来的旧有格局及道路系统的基础上进行改造和更新，有的可能是对旧有格局及道路系统进行局部的调整，有的则可能是对旧有格局及道路系统进行调整与建立新的空间、

图5-30 元阳箐口村规划图

（图片来源：元阳箐口村保护及发展旅游规划）

规划中注重对基本空间结构与布局的整合，注意各区块的合理划分及空间肌理，注意重要节点的设计与建设。

道路格局的相互结合，但最终的目的都是一样的。同时，这一工作还必须在空间结构上建立村落的特色及其与地理环境的结合，如：是紧凑型布局还是分散型布局，是线形布局还是组团布局、或是中心发散布局，是近水的布局还是靠山的布局……

村落建造框架：这主要指的是村落中各功能区、各个街坊片区的合理划分，各街坊内的空间肌理构成以及建筑单体组合的模式等。像街坊内是几何状的，还是自由婉转状的等，这都应属于街坊内的空间肌理构成方面的内容。而建筑单体组合模式的确立非常必要，如是院落组合模式的，还是单幢分列式的，是行列式的，还是组团式的等。

村落节点：这主要指的是在村落网络构成上的一些重要的交汇点，这些交汇点其实也是村落重要的"功能点"和"公共活动空间"。这其中较为重要的有：村落入口或寨门、中心广场、庙前空地、集场、街坊内经扩大了的道路交汇点、歇闲场所、水井及水边等。

均衡的公建与基础设施：这主要指的是村落中公共建筑和基础设施的布局及建造，一定应考虑今后村落所有部分的整体发展而进行的项目内容的均衡、合理的设置与布置。

上述关键建造内容就如同一个有机体的基本骨骼和经脉，有了它们，就有了可持续建造的基础，今后就可以在上面灵活地添加"皮肉"和不断地"生长"。

2. 立体生态家园的"绿色"建造模式

村落可持续建造的另一个重要方面就是要逐渐形成建立在当地自然生态环境下的、生产与生活一体的绿色家园。这其中主要应包括两方面的内容：一是保持村落周边与外围的绿色生态环境，建构与本土生态环境相适应的绿色循环体系；二是建造以家庭院落循环经济为主的绿色住居。

村落绿色循环体系：这方面的内容主要是自然生态环境中的各种资源、各种内在的生态规律系统如何在不被肢解与破坏的前提下被聚落的生产与生活巧妙、有效地利用。换言之，就是人工聚落系统怎样有机地融入自然生态系统。同时，循环体系的含义是"利用农、林、牧、渔间的物质能量循环转化的网络结构，实现物质能量的多成分、多层次利用，以调节生态平衡，保护环境资源，提高农业生态系统生产，使之稳定持久"（赵学谦，2005）。

云南各少数民族在历史与自然的时空中，曾创造出了许多独具特色的原生性的绿色生态家园模式。如哈尼族村落的"立体三段式"的聚落建造模式❶、傣族村落的"干阑架空与绿色渗透"的聚落建造模式❷、干热及寒冷山区的"土掌房"的建造模式❸等。当代的村落建造应在这些模式的基础上，在现代科学技术的指导下，不断完善、更新、创造村落与本土生态环境相适应的绿色循环体系。

绿色家庭住居：这方面的内容主要是按照循环经济的原理，研究探讨将家庭生活与家庭畜养、庭院经济如何结合起来，并在此基础上进行家庭宅院的建造与改造，最终实现废弃物资资源化、生产高效化、宅院环境清洁化、家庭生活文明化的"循环型"的绿色家庭住居。

如像南方地区的"猪—沼—果"生态家园模式就是以农户为基本单元，利用房前屋后的场院，以"沼气"为核心，重点建设畜禽舍、沼气池、果园；使沼气池建设与畜禽舍、厕所三结合，形成养殖—沼气—种植三位一体的家庭庭院的经济格局；并以此形成生态良性循环和增加农民收入。又如寒冷地区的"四位一体"模式是在农户内建造日光温室，在温室的一端建地下沼气池，沼气池旁建猪圈和厕所，温室内种植蔬菜和水果。该模式的特点是以太阳能为动力，以沼气为纽带，种植业和养殖业相结合，以形成生态良性循环和增加农民收入（图5-31、图5-32）。

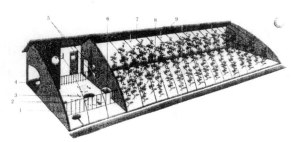

图5-31 "四位一体"生态模式示意图
1—猪圈；2—进料口；3—沼气池；4—厕所；5—通气孔
6—出料口；7—日光温室；8—菜地；9—沼气灯

（图片来源：赵学谦主编.农村生态建设与环境保护[M].成都：西南交通大学出版社，2005）

---

❶ 详见本书第3章中的3.1.2.1小节。

❷ 指的是云南傣族地区适宜通风和树木、花草种植的分散、几何有序的村落格局以及有利于人畜分开、生活与生产分开、防潮防兽的底层架空的干阑建筑——竹楼的建造方式。笔者注。

❸ 指的是云南红河地区以及川、藏、滇大三角地区利用当地泥土和夯土技术形成的有较好隔热、保温性能的生土建筑（当地称：土掌房），并由此而形成同质性村落的建造方式。笔者注。

另外，作为可持续的建造，住居还应不断调整平面和空间形态，改善屋面、墙体、地面构造，研究适宜于各个地区的"被动型"节能建造技术体系。

总之，可持续的村落建造要重在为今后不断的建造活动打下各种坚实的基础和

图 5-32　走向立体生态家园的农民新房

留有足够的余地，而不必追求一次性建设的表面效果。按照一个好的计划及思路，一点一滴地建设，不断地进行建设，这就是村落可持续建造的要义。

5.5　本章小结

（1）少数民族村落从"族群"社会走向现代"社群"社会的历史进程使村落营造也在发生着历史的转型，这种转型体现在这样几个方面：一是建造过程中更加强调合作；二是更加开放；三是有更多的法理及契约的支撑与保障。

（2）村落营造正从分散的、个体的、家庭的状态中逐渐摆脱出来。作为对现实情况的总结、提炼与提升，书中提出了"村落建造共同体"的概念机制，并讨论了其构成及其相关问题。在初现端倪的村落建造共同体中，一方面其开放性决定了它的构成与组织的多元；另一方面，村民应该是"建造共同体"的主体，而村落的各种精英及工匠在"建造共同体"中的作用也是极其重要和不可替代的。

（3）本书认为，在乡村社会合作建造以及"村落建造共同体"的基础上，乡村聚落及建筑的优秀历史传统可以被总结、抽象、提炼为三个方面的内容，即：合作建造、自主建造、过程建造。

（4）在云南少数民族村落的当代营造中，以"村落建造共同体"为视野，可以发现和总结出三种类型的建造共同体的动力机制，即：以内为主、外部支持；以外为主、内部配合；内外互动、共商共谋。

（5）村落营造不应简单地被视为一种技术行为及过程。从现实情况与经验看，村落建造都不可能与乡村社会整体的发展与建

设割裂开来。因此，笔者认为乡村营造应该与乡村社区建设结合起来，应该与乡村产业调整及发展结合起来，应该与乡村人文自然环境保护结合起来。

（6）村落营造有一个立足于本土化与可持续性建造的问题。而对于特定的云南少数民族村落而言，就更应该注重村落营造过程与本土环境资源、族群生活及文化、本土的建造技艺之间的密切关联。同时，在乡村社会，应倡导"一步步的建造"、"小规模的建造"以及"可生长性的建造"和"绿色生态的建造"的建造理念及技术方法。

族群、社群与乡村聚落营造

第6章 建筑师、乡村建筑
与村落营造

　　建筑学学科及规划师、建筑师们所面向的从来就应该是人类
"城"与"乡"聚居环境的营造。只是不知什么时候，规划师、建
筑师远离了乡村，只去关注城市了；建筑学似乎也仅仅是面向城市
的"建筑学"了。因此，走回乡村，在村落建造以及村落建造共同
体中找到自己的位置就成为一种历史的重建。同时，建筑学学科也
可以获得更大的空间，并因此使自己的学科得到延伸和拓展。

6.1　建筑师在村落营造中的渗透与角色定位

6.1.1　责任与定位

　　建筑师是知识分子；建筑师的规划设计工作不但是技术的，
同时还是社会经济发展的工具。因此，建筑师不应该仅只是技术
工匠，也更不应该仅只是画图匠。虽然建筑师的设计工作是具体的，
但建筑师却应该有自己的社会责任和对现实社会的批判精神，只
有这样，建筑师也才能够明白乡村建设工作的价值和意义，并主
动地参与到村落建造的工作中去。其实，当前我国的乡村建设与
国家民族未来的发展息息相关，与能否创造民族的新文化息息相
关，与城乡人居环境的可持续发展及城乡一体化息息相关，也与
建筑学学科的延伸和拓展息息相关。因此，关注乡村、协力乡村
建设、参与村落建造，与其说是建筑师工作的一部分，还毋宁说
是建筑师的一份责任。

　　近一个世纪以来，规划师、建筑师一直都在承担更多的社会
责任方面不断地进行调整和自省。1999年国际建协拟订的《北京

宪章》明显超越了传统建筑学的范畴，将建筑师的社会责任明确了下来："建筑师作为社会工作者，要扩大职业责任的视野，理解社会，忠实于人民，积极参与社会变革，努力使'住者有其屋'，包括向贫困者、无家可归者等提供住房。职业的自由并不能降低建筑师的社会责任感"。

其实，在中国当前"三农"问题的背景下，村落建造，特别是少数民族贫困地区的乡村聚落建造在某种意义上就是"为了平民的建造"、"为了穷人的建造"。在这其中，建筑师的社会责任更是责无旁贷。

作为"村落建造共同体"中重要的成员，建筑师应该清楚地认识自己在村落营造活动中的角色，明确自己的定位。总体地讲，建筑师所站的高度应该是全球的和国家民族的，但在村落建造工作中却是从属的和配角的；建筑师可以在村落建造的相关利益群体的斡旋中做很多综合性的工作，但却不应该成为村落建造的"主体"，更不能替代农户自己的建造。笔者认为，这种角色定位应包括这样几个方面：民间和工匠建造技术及其技术思想的学习者；乡土聚落及乡土建筑传统经验的梳理者；建筑学思想和现代建筑科学技术的引导者；村落建造活动的参与者；作为规划设计人而与村民以及各方人员进行沟通的交流者。

6.1.2 平民意识与情感

我的命运已经同这块土地紧紧地拴在一起了，我在这里度过了整个半个多世纪，甜的、酸的、苦的、辣的，什么味道都尝过，能说不喜欢这里吗？

——云南澜沧县惠民乡芒洪布郎寨布郎老人区金银

少数民族村民对自己的家乡和村寨的情感从来都是难以割舍的，但建筑师能否体会村民们的这种真挚、质朴的情感呢？不论从哪一个角度来讲，建筑师都不应该只为"有钱人"和"贵族"们服务，建筑师应该有更多的平民意识和对平民有更多的情感。有了这种平民意识及情感，建筑师才可能自觉地投入到村落建造的工作中去。

由于建筑师工作的性质，就建筑师群体看，他们在为城市服务、在为"富人"工作的同时，其实也在做着大量平民性的建筑。建筑师群体中的很多有识之士、热血之士、忧民之士的平民意识以及情感在他们"为了平民建造"的工作实践中都有着强烈的表现。且不说像哈桑·法塞、查尔斯·柯里亚这样的外国建筑师，就是在国内，这样的建筑师和学者也不在一二：

1996 年，西安建筑科技大学的王竹、刘加平和周若祁等学者承担了国家自然科学基金重点项目："黄土高原绿色建筑体系与基本聚居单位模式研究"。1995 年，当他们看到延安地区的窑洞民居时，呈现在他们眼中的是这样一种景象：洞内无一例外的光线黯淡，火炕、炉灶挤在一起，土豆、白菜，各种农产品堆得乱七八糟，窑洞内生活着贫困的村民，洞内环境可用四个字形容：黑、乱、脏、差。他们花了十年的时间，完成了枣园"绿色窑洞及其村落聚居单元"的实验与示范项目，其中所经历的酸甜苦辣让他们都很感叹。但强烈的平民意识让他们深深明白这一工作的价值和意义，也让他们在完成这项艰苦工作以后产生了由衷的自豪与欣慰。对此，王竹的感受是："当我们每次听到老百姓说，枣园的新窑洞民居不错时，我觉得这比自己设计了多少城市里的大型建筑都要感到自豪、幸福和骄傲"。

清华大学的单德启教授在从事广西融水苗族村寨木楼的改造工作中，对少数民族村落的贫弱和村民居住条件的落后及简陋有着深刻的体验。出于对乡民们的情感和对他们生活状况的忧虑，他认为村落中大量的传统民居是一定要进行改造的。对此，他这样说道："我们提出了民居二重性的论点，民居既是传统文化的历史遗存，又是当今亿万乡民居住的现实。专家、学者乃至旅游者往往看重传统民居的历史文化方面，希望保存是很自然的，而住户们却迫切要求改造自己的居住环境，他们关心住得舒服不舒服、卫生不卫生、安全不安全。民居二重性的论点必然导致少量保存、大量改造的结论……我认为，再生后的新民居不可能必然导致乡土传统和地方特色的丧失。秦砖汉瓦以后普及了黏土砖，不是仍然还有青砖、红砖、空斗砖、白粉墙、磨砖对缝、镶边砖块石墙这些五花八门的形制吗？各个地方的自然环境和社会文化环境是千差万别的，人们的生活要求和生产方式也不同。创造新时代各具特色的地方新民居，就看我们的努力了"。❶

---

❶ 见：张捷. 老房子 VS 新生活[J]. 南方周末，2003.

清华大学的陈志华先生是从乡土村落与建筑保护方面表现出他的乡土关怀的。最近一些年，他一直在做乡土聚落建筑资料的抢救性工作。他曾谈道："我希望从人的角度、社会的角度看建筑：建筑是人创造的，创造出来是为人用的。人又是社会性的，真正的建筑又是以社会单元为单位创造的"。❶ 他下面的这些话则更体现了一个学者的社会责任和对民间文化传统的情感："我们的抢救工作在很不如意的情况中进行。俗谚说，人生不如意事常八九。我们不敢奢望占那只有一二成的如意。不过，抢救乡土建筑或者它们的资料不是我们自己'人生'的事，难道就让乡土建筑和它们的资料，这样在不如意中完蛋大吉？……"❷

前文中提到的在大陆进行"乡村建造与协力造屋"实验的台湾建筑师谢英俊在河北定州、河南兰考等地不断为平民建造房屋努力着，他曾这样说道："我看这辈子出不去了（指大陆农村）。在建筑设计界那么多年，累积了一些经验，也略窥堂奥，在来日不多的建筑生涯中……不想针对个别设计案逞巧计之能，更希望能做些边缘效应大、经世致用的事。我们的思路是非常实事求是的，由现实出发，解决实际的问题，一点都不浪漫，更不是一般人认为的乡土情怀；不是采风和搞异国情调，也不刻意追求地域风格"。❸

在云南，20世纪中叶，陈谋德、王翠兰、饶维纯、顾奇伟等老一辈建筑师就怀着对少数民族兄弟、少数民族村寨、少数民族建筑文化的热爱，在极度艰苦和困难的条件下对云南少数民族村落及民居作了大量的田野调查和系统的理论研究。20世纪80年代以来，顾奇伟、朱良文等先生在少数民族聚落与建筑遗产的保护上与当时社会上大拆大建的急功近利之风作了不懈的斗争，为挽救这些乡村遗产付出了艰辛的努力。蒋高宸先生为了深入挖掘和研究云南建筑文化，抱病走遍云南的山山水水，在身体极度虚弱的情况下坚持调研工作，其精神令人感动……

6.1.3 对乡村社会的了解和认知

建筑师在参与村落建造工作中，另外一个重要的方面就是对乡村的了解和认知。不了解中国的乡村社会，或是了解得比较皮毛，

---

❶ 见：夏辰，石岩. 老农村原来如此的漂亮[J]. 南方周末，2004（26）.
❷ 见：张捷. 陈志华们的乡土建筑保卫战[J]. 南方周末，2003（23）.
❸ 史建，冯恪如. 谢英俊访谈[J]. Domus（国际中国版），2006（8）：增页5.

这都会对建筑师的工作，甚至对整个村落营造活动产生负面的影响。

这种认知可以建立在两个方面：一个是对理论上的认识，另一个是在现实中的认识。

在理论上的认识可以使建筑师从整体上把握中国乡村社会。在历史发展的纵向尺度上可以通过对"原始村落到传统农耕村落再到当代工业化和后工业化背景下的乡村村落"这一演变发展线索的研究来建立对中国乡村社会演变发展趋势的认知。而从横向的空间特征上，又可以通过"城市、城镇、乡村"的整体关系上来认知乡村社会对未来中国社会发展的战略影响以及发展规律及其发展趋势。同时，还可以从多学科的角度来比较和加深对中国传统与当代乡村社会的认识。如从社会学的角度可以认识乡村社会的人际社会网络、社会构成和社会组织；从人类学的角度可以认识乡村生活和乡村文化；从政治经济学的角度可以认识乡村社会的政治治理制度与经济发展的关系……

对于诸如云南这样的西南少数民族地区，民族村寨的历史、现实的整体状况就更需要规划师及建筑师对其与内地农村的相同及不同的方面有更多和更全面的了解。而这些了解可能触及到社会、经济、文化、生活的各个方面。比如云南大学在 2000 年代对云南民族地区进行的"跨世纪云南民族调查"中就从人类学与民族学的学科角度出发，设定了这样一些全面了解少数民族及其族群的调查方向，它们是：①历史沿革；②生态环境；③人口；④经济；⑤生活方式；⑥风俗习惯；⑦婚姻家庭；⑧社会结构；⑨政治；⑩法律；⑪宗教；⑫语言；⑬文学艺术；⑭文物古迹；⑮教育；⑯科技卫生；⑰信息传播；⑱族群关系；⑲民族心理；⑳伦理道德；㉑社会热点。这样的调查内容与方向其实也值得规划师、建筑师借鉴。同样是对云南少数民族地区，建筑学者则更多地从自然环境的复杂性、民族构成的多样性、宗教文化的多元性、历史发展的独特性等几个方面来认识和把握地域性，并在这样的背景下去研究乡土聚落与建筑的生成及演变。类似这样从理论上总体把握与认知的方法可以解建筑师对乡村发展之道的认识之"惑"；诸如"偏远民族地区乡村能否走'向城镇集中'的城镇化道路？村落中的政治治理系统和民间治理系统如何影响着村落的空间格局及其建造？"之类的问题也才有可能在高屋建瓴的层面上得到系统和整体的认知。

深入乡村现实对了解农村也尤为重要。东晋"田园诗人"陶渊明曾有"相见无杂言，但道桑麻长"的诗句来表明与农民之间有很多共同语言的亲密状态，虽然今天的建筑师不必像陶渊明那样隐居乡间，但直面乡村，到农村去，在现实中接触乡村、认识乡村则尤为重要。著名人类学家马林诺夫斯基的工作方式可以给建筑师以启示，他曾在新几内亚的特罗布里恩德岛与土著人共同生活，将自己的帐篷扎住在村子里土著人的茅草房之中。他认为偶然与当地人接触和真正地投入当地人中，其效果是完全不同的。他说："我能看到一天中工作的安排，人们从事各自的工作，男人群和女人群各忙于某些制作工作，他们争吵、玩笑以及家庭生活的情景，事情通常是琐碎的，有时是戏剧性的，但都是有意义的。"❶

早在 20 世纪的二三十年代，晏阳初先生在河北定县进行乡村建设实验时就提出这样的乡村建设思想：想要"化农民"，先必"农民化"。知识分子应到农村去，和农民一起劳动、生活。在此基础上，晏阳初先生还规定了从事乡村建设工作人员的九项守则：①深入民间；②与平民打成一片；③向平民学习；④与平民共同商讨乡村工作；⑤依农民知晓的开始；⑥在平民已有的上面建设；⑦不迁就社会，应改造社会；⑧不可零碎地做，而是整体连环进行；⑨不是救济，而是发扬。毛泽东也曾在《延安文艺座谈会上的讲话》中提出文艺工作者应深入平民生活，从生活中吸取创作源泉。而今日中国农村的现实境况依然错综复杂，建筑师渗透到相关的工作中，对农村作近距离的了解和观察则绝非是可有可无的。

通过在云南对少数民族地区乡村社会的调研，我们获得了不少实实在在的、比书本描述更为生动的认识。除了对偏远少数民族村寨的贫困程度及居住环境条件质量的简陋与原始、对村寨独特的民族风俗习惯、对近现代以来国家民族强势下地方族群的变化等从多方面的认识与直接体验外；作为建筑师，尤其看到了很多有关与乡土聚落、乡土建筑建筑学范式的理论研究和文本叙述所不同的，但却更加生动的东西——民间建造的智慧和道理。这里试举一二：

我们研究团队的成员在滇南可邑村落调研时，看到现在老百姓大量用砖盖房子，当问及为什么不用传统的土来造房子，造那

❶ 转引自：黄淑娉，龚佩华. 文化人类学理论方法研究 [M]. 广州：广东高等教育出版社，1996：110—111.

种传统的"土坯房"或是"夯土房"时，村民们告诉我们："土坯房要和泥、做模子，用模子来拓土坯砖，一个人一天最多能做一百多块，然后是脱模、晒干，还要削去周围不平的地方，工序太多，太麻烦了。同样，做夯土墙也要在泥土中加石灰和草筋，要做模子，要支模，夯土时要分时分层，不能一次做完，也非常麻烦和费工费时，而且，那种好的泥巴现在很难找到。咱们现在有现成的砖了（指在市场上可以买到的黏土砖），所以也就建砖和混凝土的房子了"。看来，当老百姓有了一定的经济实力的时候，他可以选择的建筑材料多了，就自然会产生比较。这时，建筑师们再讲土坯和夯土如何生态、如何有好的保温隔热性能、如何可以还原于自然、如何造价低廉几乎就是无济于事的。乡民们选择砖是因为这种材料所带来的建造的便利性和功效性。一句话，在村民们的眼里，砖比土有更多的优越性，而泥土比砖更好一些的保温隔热性能在他们看来并不是主要矛盾。这就给我们建筑师出了课题，你如果想让老百姓用"泥土"来盖房子，你就要改进土坯和夯土的工艺，让其有与黏土砖同样的、甚至是更好的建造效率及便利。

同样，在问到为什么不用当地盛产的石头来盖房子时，老乡们说石头太贵，这让人纳闷，当地到处是石头，为什么会贵呢？经乡民们指点，后来才明白原来当地原生石头尺寸太大，所以必须将其炸开并裁小，村里又没有爆破装置，就是这一项有关石头的工序，在当地就会使成本和造价上升许多。而且砌石头用的砂浆要比砌砖多。还有，石头砌的房子相对于砖房而言比较阴冷，原因是这里的石头易吸水，而水分却又在石头中不易蒸发，所以夏天多雨时石头房很潮，而冬天阴雨或无太阳时又很阴冷。因此，人们更多地用石头铺砌村里的道路、砌筑院墙，而不会太多地用它来盖房子。这也似乎让人明白了一个道理：什么叫"因地制宜"。尽可能多地使用当地原生的乡土材料，这是理论和书本上的"因地制宜"，但未必就是乡土村落中真正的"因地制宜"。显然，在村落生活中，真正的"因地制宜"还有着更多的内涵和意义（图6-1、图6-2）。

在农村，需要大量的储藏空间，像在高寒山区，几乎一年的食品都要靠储藏，柴草、茅草、牲口饲料也需要储藏，每一季收下的麦子、谷子、玉米、蚕豆、红豆晒干后也需要存放，而且必须干燥和通风。因此，这是和城里人居住的房子的最大不同之处之一。而

图6-1 可邑村民建新房更愿意选择黏土砖（刘肇宁摄）

图6-2 可邑村民用石头铺路而不用做砌墙

图 6-3　土掌房屋面的充分利用

图 6-4　佤族茅草房上的竹筒
"水箱"

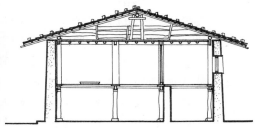

图 6-5　中甸藏族民居的双层屋面

（图片来源：云南民族住屋文化 [M]. 昆明：云南大学出版社，1997）

我们建筑师为农民设计的住宅总是不太明白这一点，总喜欢把平面和空间弄得特别紧凑，其他地方又没有这样的储藏空间，难怪农民常常嫌这样的房子不好用。可是，土掌房就利用平屋面解决了这个问题，在土掌房村落中，村民们几乎一半以上的家庭活动、晾晒、存放都放在了用木楞、木椽子做骨架、面上夯土的屋面上。而在中甸，由于气候寒冷，当地人则在土掌房平屋顶的基础上又加了一个缓坡木构瓦屋面，两者之间的空间内同样可以用于储藏（坡屋面两侧山面不封死，便于通风），但同时因多了一层屋面，所以有效地加强了房屋的保温性能（图 6-3 ~ 图 6-5）。

在村落中，乡民们用牛粪抹墙，用麦壳掺入到灰浆中作粉刷，将竹筒内注满水放在茅草屋面上准备火灾时扑救之用……

这样一些民间与乡土的智慧和道理充满了生活的逻辑理性和知性，很多是我们这些城里人和城里的建筑师们所无法想象的。然而就是这些智慧和道理很可能就是在当代村落建造中特别需要重视和挖掘的。因此，我们需要不断地了解和认知。

6.2 设计观念、方法的更新与理性批判

6.2.1 尊重民间和向民间学习

　　建筑师及建造共同体中的其他成员在村落与建筑的营造中最重要的是尊重当地人的生活和文化，这是人文社会所必须的。

　　对当地人生活的尊重包括一个事物及两个方面。这一个事物就是培植、保护、发扬乡民们的民族与民族文化自信心。而两个方面则是：一方面应保持和继承过去传统中那些有生命力的生活方式和文化模式；二是必须让乡民们具有享受现代生活的权利并真实地步入现代生活。这两个方面看似是二元的，其实是一个统一体。要发扬过去的文化传统和建构时代的地域文化，就必须让乡民们进入现代生活，而要让乡民们真正进入属于他们自己的现代生活，就必须尊重地域的乡土文化和传统文化。任何忧伤于传统文化的失落而排斥农村新生活的狭隘的民族主义情绪以及借实现现代生活之口实来消解和摧毁传统与地域文化的行为在这里都被认为是机会主义的、危险的和应加以批判的。

　　此外，对村落以外的人员们来讲，来乡村总有一种"扶贫"的感觉，他们总希望农村能尽快在技术上现代化。然而，从更哲学的角度上来看现代化与本土化的关系，现代化则不是目的，只是手段。现代化是使自己能以国际、别人能够明白的方式及语言来讲述本土自己的事情。因此，除了在物质层面上整体提高村落人居环境质量以外，更重要的是建筑师应努力用"当地人的观点"（native's point of view）来引导乡民如何选择与自己生活、生产力条件、文化相适合的技术，如何用文化的武器来改造这些技术以为自己所用，如何延伸、改良、生成自己的现代居住与营造文化及其话语并与外界平等地对话；而不是以自己占有的所谓"科学技术"优势来形成对老百姓的"技术强势"和简单的"技术推销"；更不是将自己带有城市痕迹的所谓"先进文化"去一古脑儿地塞给那些乡间社区的"下里巴人"们。

　　我们曾就贫困民族地区村落与建筑的营造做了一些工作。当我们拿着在工作室里画好的民居图纸来到农村百姓家，但却看到了乡民们摇着头起身离去的身影的时候；当我们在为乡民们设计了房子并在施工中坚持所谓建筑师的"构想"，而与乡民和工匠们

那困惑、迷茫、异样、不理解的眼神相对视时；当我们在村里给村民进行建筑技术知识授课中，看到他们热切、渴望的目光时；当我们看到村民们被组织起来，为自己的村子做规划蓝图过程中那热烈、积极、生机勃勃的场面时；当我们看到在用当地石材铺砌自己村中道路的工匠们熟练的技巧和眼中闪现出的自信的目光时，我们似乎有点儿明白自己应该干什么了。这里，可以借用C·亚历山大在他的著作《俄勒冈实验》中所说的一句话："如果是一个开放的有机的规划，它就应该是在社区自身的努力中逐渐成形的"。

建筑师在从事村落营造中，应该向民间学习和向工匠学习，这是为什么呢？

首先，从科学技术的角度看民间技术和工匠传统，我们并不能将它们完全归贬为非科学，而应将其视为早期科学技术的源头之一。因此，问题的实质并不在于民间技术和工匠传统是否有其科学性，而在于为什么它们在历史的进程中未能演化成为现代科学技术的一部分和在今天如何使之发展成为现代科学技术的一部分？而这，恰恰是向民间学习和向工匠学习的意义所在。

其次，民间技术和工匠传统是一种长期的历史积累，这其中的意义在于它们已经从为了对付物理的和生物的环境而发展成为可以传承和寄托情感的文化传统。相对于现代工业技术，它们在这方面的特质对人类文明而言则更有着重要的价值。建造者或工匠们在建造时的操作与技艺在感觉运动中与头脑、躯体、情感甚至是生命结合了起来。因此，相对于本土而言，在"建造"的层面上，它们所能达到的创造性、适应性、自由性和复杂性是不言而喻的。另外，村落中民间建造技术和工匠传统的指对性是很强的，它直接应对着明确而具体的使用者和非常生活化的使用功能，这里建造者和生活者是没有分离的，因而建造与使用也是无法分离的。这些技术中的相当一部分就出自于生活和劳作中；因此，就当地的乡民们而言，这些技术是真实的、有效的和符合逻辑的。

笔者以为，建筑师至少应该在以下几个方面向民间和工匠学习。

1. 物质性的营造技术

这是在物质层面上的技术，也是相对成熟和成体系的技术，其中蕴涵了丰富的民间经验和智慧。比如：木构技术、屋面技术、墙体技术、夯土技术、装饰技术等。

2. 过程与方式的营造技术思想

相对而言，这是一类更加灵活和有变化性的技术，这类技术本身虽然也是物质性的，但却有着更为凸现的地域性和文化性。比如：适应于气候与自然生态的建造技术思想、适应于生活行为以及社会等级的建造技术思想等。

3. 民俗与观念的营造技术规则

这类技术表现出更多的观念与文化选择，它们往往是一种约定俗成、一套禁忌规则或是一类村规民约。比如：口传和文字记载的建造经验法则，有关宗教禁忌的建造规则，有关社会角色和聚落邻里关系的建造规则，建造中礼仪和仪式方面的规则等。

6.2.2 联络引导型设计

所谓"联络"，就是在几个事物或是在几种人群角色中进行联系，并将他（它）们串在一起。而所谓"引导"，就是在某一个群体的前面就某一个方向不断指引，并使这个群体能沿着正确的方向和道路前进。因此，与传统建筑学观念中的"设计"相比，所谓"联络引导型设计"则是在联络各种角色，协调各方利益以及在专业技术上对相关群体进行引导基础上的规划设计工作。

在近现代，随着世界范围内城镇社区思想及社区发展思想的兴起，在呼吁居民参与和协力建造的声音愈加高涨的背景下，有关针对住区与住宅的规划设计的"联络引导型设计"更是成为建筑理论与实践进行探索的一个重要方向。在建筑规划学界，对建立在现代资本主义经济以及大工业基础上的"现代建筑"设计与建造方法的追问、质疑和批判一直就未曾中断。问题一直集中在作为居住者和使用者的"人"、"人性"以及生活的多样化、个性化被统一、集权、强制性的设计、建造所压制和泯灭这个方面上。再进一步的追索则牵涉到城镇及建筑建造中的国家行为、房地产开发商、建筑制造商这样的建造体制上。在建筑界，随着这种批判和反思，其理论和项目实践也越来越丰富。

在这些理论思想中，C·亚历山大的思想无疑最为经典，他的《建筑的永恒之道》、《建筑模式语言》、《俄勒冈实验》、《住宅制造》、《城市设计新理论》全面叙述了建筑与规划的新观点，试图将人的生活的本质逻辑性与一种更加开放的设计模式结合起来。在《住宅设计》一书中，他用了这样一段话对当今那种集权式的建造方式进行了批判："如果我们考虑当今世界上存在的那些住宅制造体制，我们就会发现几乎所有这些体制都缺少任何人类社会所必须包含的两个基本条件：首先，认识到每个家庭和每个个人都是独特的，只有明确这种独特性才能明确和保持人类的尊严。其次，认识到每个家庭和每个个人都是社会的一部分，需要与其他人交往和联谊，简言之，需要在社会中有个能在其中与别人交流的场所。当今的住房几乎完全缺少这两个互补的条件。一方面，住宅完全是相同的，机器般的，模子做出来的一样，几乎完全不能表达家庭的个性……另一方面，这些住宅也完全没有给人们一个当地的小型集会场所。它们被无名氏选址和建造，体现的是孤独、缺乏友谊，对于创造让人们感觉他们是其中一部分的那种人与人之间的联谊没有起到任何帮助的作用"（C·亚历山大等，2002c）[13-14]。在此基础上，亚氏提出了住宅建造的七个管理原则，并认为它们将构成一个合理的建造体制的核心，这七个原则及其含义如下：

1. 什么类型的人负责建筑物的经营？

亚历山大反对官员、工程师、建筑师、承建商只顾自己的工作的分离状态，提倡一种新型的设计建造师，直接全面地对住宅和住户负责。

2. 建筑公司、当地社区对建筑物的责任与关系怎样？

亚历山大反对那种由官员、大型联营公司集权的建造体制。提倡每个社区与工地联系起来，建造控制权与社区人群需要的自然发展联系起来。

3. 谁规划和管理住宅之间的公共用地并对建筑空地和住宅占地进行分配？

亚历山大反对公共用地被政府官员控制、管理，并交给绘图员去画图的设计方式。提倡住户成为小组以团队方式进行工作，相互交流并达成共识，管理和设计他们自己的建筑空地。

4. 谁设计个人住房的平面图？

亚历山大反对在当今建造体制中个人住房由那些与住户关系疏远的建筑师进行统一僵硬的设计的模式。倡导在某些必须的基础准则的约束下，由住户们自己设计住宅或公寓。

5. 建造体制是否建立在标准成分的组装上，或者建立在运用标准程序所进行的创造行为上？

亚历山大反对住宅设计与建造仅仅是标准构件的组合与集成

的模式。提倡一种技术上更为先进的方法，即所要进行的规范化是那些"操作"的规范化（比如：搭瓦、砌砖、油漆、喷涂、切割等），而所建住宅的实际尺寸和具体形状是根据不同的建筑物所需求的不同的氛围和需要而发生变化的。

6. 住宅成本是怎样被控制的？

亚历山大反对所谓详细而僵化的成本控制方法。提倡从地方精神出发，使用一种仅控制大的预算的灵活性方法，从而使每个住户住房的建造能有所不同。

7. 在建设过程中，施工现场的日常生活情形怎样？

亚历山大反对那种现场仅仅是照图施工和"完成工作"的被动方式。提倡建房应成为日常生活的一部分，让住户按照自己的意愿为建房作出贡献，使建房过程成为一个"塑造住宅"的过程。

在上面对 C·亚历山大理论的叙述中，可以强烈地感受到，如果亚氏的这种新的建造体制能够实施的话，那么，建筑师可能就真的需要成为那种亚氏所说的新型的"设计建造师"，并且真的就应该使用"联络引导型设计"。另外，由于乡村社会相对城市而言，可以远离那种"国家行为、房地产开发商、建筑制造商"的集权建造体制，因此，"联络引导型设计"的方法在村落建造中就显得更加适宜和必要。

笔者认为，就"村落建造"中建筑师的"联络引导型设计"而言，其主体内容可以由两个大的方面来构成：

第一是在对村民的"教化"与"被教化"之中形成与村社百姓的联络和相互引导。这主要是一方面向村民灌输现代建筑观念和科学的建造技术；另一方面则是向村民学习当地民间和传统的建筑文化和建造技艺。这方面的内容这里不再展开。

第二是在规划设计和建造过程中与各方，尤其是与村民的协调、讨论、相关事项的组织等"联络引导"性质的工作。其中主要包括这样几项内容：

（1）与村民、建造共同体的各方就村落规划设计进行形式灵活多样的研讨，这包括在规划设计前期、中期和后期，通过不断的研讨、反馈、修改、调适，使规划设计方案能够最大限度地体现村民的意愿和生活情趣。

（2）对村落进行诊断，列出村落的所有病状，提出"问题的定义"（王路，2002）。在村落建造中，建筑师最应该做的是农民们不能做的事情。因此，有一定文化高度和专业知识的建筑师在这方面就应发挥最大的作用，以科学理性的精神和方法来对村落中的问题进行归纳和梳理。例如，下面列出的某假定村庄有关环境卫生方面问题及性质的列项，就类似这里所说的"问题的定义"：

供水

1. 自来水管道老化或严重老化，导致管渗漏或严重渗漏。自来水系统已经崩溃，人畜饮水发生严重困难。

2. 完全没有自来水，仍然是挑水。

3. 无法按照《生活饮用水卫生标准》(2.2) (4.3) 的要求办事。

4. 饮用水源已被村民自己污染。

排水

5. 没有下水道和污水处理系统。

6. 没有集中的化粪池，未按《粪便无害化卫生标准》对粪便作无害化处理。

7. 90%的农户仍然使用传统的家庭粪坑。

8. 已改厕农户数占被调查总户数的10%；53%的被调查农户没有改厕记录。

交通

9. 村庄被过境干道和支路穿过，而且道路交通管理设施不齐全。

10. 没有与道路交通相关的设施，如停车场等。在村庄里，村民机动车辆停泊在门前和院内，既存在交通事故隐患，也堵塞了村民逃离火灾的通道。

消防

11. 在公共消防设施和消防装备上的投资为零，没有标准的消火栓。

12. 近3年里发生的火灾，都碰到了消防水源问题，用人力救火。消防队也未能在30分钟内到达火场。

13. 83%的农户庭院中都存在大大小小的消防障碍：如在村庄街坊里随意搭建的建筑物，堆放的柴草，尤其是晚间停泊在院落内外的各种车辆，堵塞了消防通道。

14. 村庄与消防站的距离已远远超出了消防站10 km^2 责任区的标准。

环境和公共卫生

15.98%的生活固体垃圾，在没有处理和至少在没有对垃圾进行分类的情况下，填埋在未经过地质条件论证的土坑里，或者填埋在不适当的地方，如水源地沿岸、泄洪道里、村庄内外的池塘里、村庄居民点的边缘。

16.97%的地表水、地下水和土壤受污染。

17. 养殖场没有执行《畜禽养殖业污染物排放标准》，没有对畜禽粪便进行无害化、减量化和资源化处理的设施，生产污水渗漏到养殖场里或流到场外的排水沟里。

18.100%的家庭养殖户的生产污水与生活污水混流随意排放出院。

19. 在村庄内未发现：村集体具有消除蚊蝇、老鼠、蟑螂等各种鼠害和病媒昆虫的设备和药物，村域范围内的人畜粪便、污物和无害化处理的公共设施，村集体具有针对可能存在病原体的环境、物品、动物、媒介昆虫等采取的防疫措施，或对可能受病原体威胁的村民采取的防疫措施。

20. 在村庄多处可以见到：滋生蚊蝇的环境，如人畜混杂，房前屋后的垃圾；适合于老鼠栖息生存的条件，如家庭粮食饲料仓储，堵塞的沟渠；蚊蝇和老鼠把疾病传播给村民的机会，如缝隙超出0.6cm的门窗、开放的茅坑、没有用直径大于0.6cm的铁丝网封闭的沟、井。

21.50%的农户存在不同程度的人畜混杂的问题。

22. 村庄中没有公共厕所。

23. 村庄中没有专职的保洁员。

24. 村庄中没有公共浴室。

25. 村庄公用设施年度运行费用困难。❶

（3）协调政府、投资方、非政府组织、各技术工种，积极进行样板房的设计、建造和实验工作，为农户作出好的示范。乡村百姓最讲究"耳听为虚、眼见为实"，很多乡村建造成功的事例说明，实验和示范的方法是极为有效的（图6-6）。

---

❶ 以上25条根据：叶齐茂. 用村庄规划正确引导社会主义新农村建设[J]. 小城镇建设, 2005（8）：9—10中的"某农村基础设施与公共服务设施突出问题一览表"改编。

（4）帮助村社在立足于长期的"过程建造"的观念下，制定一些适宜的、与村落建造习俗尽可能衔接的、可操作性强的"导则"或"实施细则"。比如：宅基地及建筑物之间的关系的计划规则、村落中为使用者喜爱的各种空间和设施的习俗规则、针对本

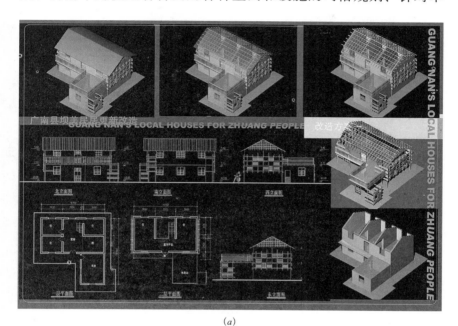

(a)

(b)

图6-6　本书作者及其团队所做的一组村落民居改造设计及示范
(a) 广南县坝美民居改造设计；(b) 楚雄彝族土掌房更新改造

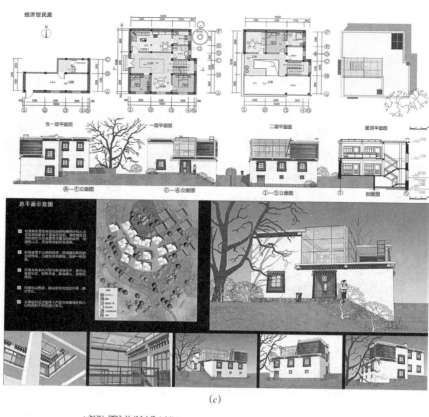

(c)

(d)

图 6-6　本书作者及其团队所做的一组村落民居改造设计及示范（续）
(c) 德钦藏族新民居设计；(d) 弥勒可邑村寨门意向设计

土气候特征的气候设计与建造规则，形式的、视觉的构造比例规则，色彩、材料的使用规则等。

(5) 在对具体农户负责的基础上为他们设计和建造住屋，解决相关的技术问题，增强农村住宅建造的规范性、安全性、合理性，并在结合当地传统建造技艺的基础上，推荐和引进各种新技术。如：新的设计与建造体系、新的结构体系、新材料及构造、绿色生态住宅建造技术等。另外，针对少数民族贫困地区，应该研究并引进那些适合当地技术水平的、便于农民操作的、尽可能简单的技术。

(6) 在更为宏观的农村人居环境建设的层面上制定一些有普遍指导意义和引导作用的导则、规范和相关标准图集等。如：国家"十五"科技攻关计划项目"小城镇科技发展重大项目——小城镇住区规划设计导则与住宅建设标准化研究"中针对部分乡镇地区的传统特色小城镇住宅国标图集等。

6.2.3 地域技术思想与模式的挖掘与整合

"建筑学是地区的产物，建筑形式的意义来源于地方文脉，并解释着地方文脉。但是，这并不意味着地区建筑学只是地区历史的产物。恰恰相反，地区建筑学更与地区的未来相连。我们职业的深远意义就在于运用专业知识，以创造性的设计联系历史和将来，使多种倾向中并未成形的选择更接近地方社会。"

——国际建协．北京宪章 [Z]．北京，1999.

建筑师除了参与和从事具体的村落建造工作以外，另外一项最为重要的工作就是对存在于传统乡土聚落、乡土建筑中的优秀品质、民间智慧和建造技艺进行在地域技术思想层面上的挖掘和整合。

本土传统的地域技术是乡间的使用者与建造者们被动地、适应性地结合自然环境、地理气候而在村落与建筑营造中创造出来的技艺体系。这些体系及其中的内容有些是显性的、清晰的，有些则是隐性的、模糊的，或是散见于民间的。因此，这就需要建筑师站在地区建筑学和地域主义思想的高度上，对这些传统地域技术进行梳理、归纳、总结和提升，使其向地域技术思想转化，并最终成为本土地区建筑学中的重要来源及其组成部分。另外，传统地域技术的总结和提升在村落营造中则更具有现实意义和价值：这就是，保护、延续、发展地域技术既是少数民族欠发达地区社会发展的政治、经济、技术策略，也是在乡村实现公共参与、互助合作、社区发展的重要的技术保障，同时，也为村落、住屋的当代营造提供了直接的技术支持。

从空间地理看，不论我国的乡村地区，还是次一级区域的乡村地区，都存在着不同于其他地区的特质；从历史发展的纵向来看，每个地区在中华民族发展的大线索下又有着自己民族、族群的多元化发展。这两个基本方面共同影响了人类聚落及其建筑的存在，共同塑造着这些聚落、建筑的空间格局、物质形态和形式表现。因此，每一个地区与建造相关的地域技术思想都应该得到分类的整理和系统研究。

在云南少数民族聚集地区，其乡土聚落与建筑中的原生地域技术不论从哪一个方面看都极其丰富，它们浩如烟海、博大精深，值得人们长期探索和研究，从已有的西南地区的学者及建筑师对地域技术思想的梳理、研究的整体线索来看，大约有这样几个层面：

第一个层面是从聚落整体选址、规划、布局到场所营造等方面技术思想的研究。如徐思淑和周文华先生在有关"云南城镇人居环境的传统经验与继承发展的研究"项目中，着力于从人居环境选择与建构以及山水生态环境与景观两个方面去总结和挖掘传统城镇的技术思想及其方法；黄光宇先生有关山地城镇建造的研究等。

第二个层面是从文化地理的角度切入，对乡土聚落与乡土建筑进行分类，并对其中的建筑特点和建造技艺进行梳理和总结的研究。如蒋高宸先生在《云南民族住屋文化》一书中提出的云南乡土建筑的五大谱系：天幕谱系、板屋谱系、邛笼谱系、干阑谱系和合院谱系；以及对与后四种谱系相对应的木楞房、土掌房、竹楼、合院建筑的形式类型特征的比较和分析。

第三个层面是从建造的角度在对乡土建筑在结构、构造、材料、空间、形式等多方面进行综合分析的基础上，所提出的有关地域技术思想的研究。

如李兴发先生早在 20 世纪 80 年代就用测试、图像与数据分析的理性方法对昆明及滇中地区一颗印民居进行了相关研究，并提出了极有价值的有关认识一颗印民居的见解和理论成果，可以被认为是一颗印民居建造技术思想方面的研究成果（图6-7、图6-8）。它们主要包括：檐廊（当地称"游春"，在堂屋前）——冬季家庭生活较好的活动空间；三间两耳（或三间四耳）所形成的天井——较好的日照、温度、通风、换气、隔声；厚重土墙——较好的保温、隔热、隔声性能（李兴发，1992）。

又如毛刚先生在《生态视野·西南高海拔山区聚落与建筑》一书中分析、归纳了当地传统建筑九个方面的地域技术。包括：①日照与实多虚少的围护；②遮阳·避雨·檐廊灰空间；③干阑——湿地自然生态的回应；④干热与蒸发制冷；⑤昼夜温差·空气间层·框套空间；⑥通风屋顶——保护与自我保护；⑦冰雪相变与墙身构造；⑧合院·中庭——气候与写真；⑨干旱区覆土建筑的价值。在此基础上，研究者又总结了一些在西南高海拔山区有现实价值的传统的"模式语言"，它们是：①集中空间——框套空间；②内向的布局；③厚重墙体——开小窗；④高窄的合院中庭；⑤遮阳、避雨、灰空间；⑥干阑——坡地干阑；⑦庇荫的户外空间——绿荫院加水院；⑧通风屋顶，敞间；⑨风管加地道风系统；⑩黏土加植物纤维的屋面构造——抵御温差的构造；⑪覆土建筑——地下

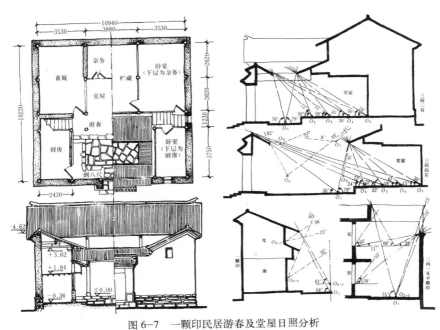

图6-7 一颗印民居游春及堂屋日照分析

(图片来源：李兴发．一颗印的环境，中国传统民居与文化（第二辑）[M]．北京：中国建筑工业出版社，1992)

彝族建筑建构——构造部分（一）

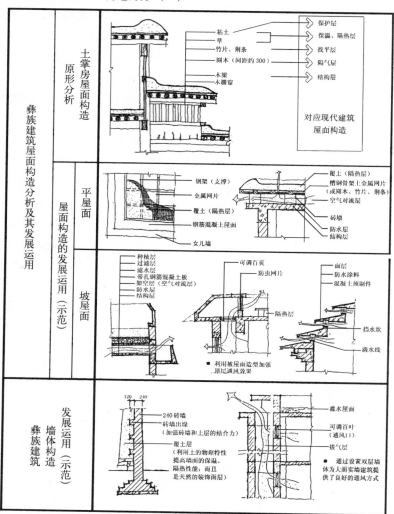

图6-8　楚雄彝族传统建筑结构与构造技术思想提炼

空间利用（毛刚，2003）。

　　同样，戴志中、杨宇振先生在《中国西南地域建筑文化》一书中在邛笼、干阑、合院三种建筑谱系的基础上，针对其回应于自然的地形、气候等方面，提出了"厚重邛笼"、"轻盈干阑"、"文化合院"的概念，并进行了有关西南地域建筑建造技术思想与策略方面的剖析（戴志中等，2003）。

第四个层面是就乡土建筑的某一个方面所进行的有关传统技艺体系中的专项研究。如何俊萍教授在其国家自然科学基金"可持续发展的云南地方建筑技艺体系研究"项目中，就有意识地对木构架、墙体、门窗进行了专门的研讨，并形成了"云南地方传统建筑梁柱木构架的构成及其特征"、"云南传统民居墙体营造意匠"、"云南民居门窗技艺体系的构成及其特征"等专项研究报告。

但就村落的营造与建造而言，特别是就建筑师渗透到村落建造的规划设计工作中并与乡民们交流的时候，这第一和第三个层面的工作（即：相对宏观的聚落及场地规划营造方面的地域技术思想研究和微观层面的建筑地域技术思想研究）相比较而言则更为重要一些。

6.3 实践中的思考与反思中的实践

6.3.1 可邑建房——困惑与解惑

在理论上，建筑师在村落营造中作为学习者，积极向民间学习，向工匠学习，学习民间和传统的建造技艺是符合逻辑的，也是不会有疑义的。然而，在建筑师真正进入到村落营造的过程中时，各种问题、矛盾、尴尬接踵而至，习惯了在城市状态和在"建筑学范式"下工作的建筑师往往不能适应。这表明，建筑师融入、参与乡村营造从理论到实践都还有很长的路要走，这需要我们有更多的思考、行动、探索、创造……

可邑村——这是一个位于云南红河州弥勒县西三乡的彝族村落。村中有 200 多户人家，居民主要是彝族的阿细支系。可邑村虽距弥勒县城不远（25km），距昆河国道也只有 5 km，但由于这里是典型的西南喀斯特地貌偏僻山区，缺水且土壤贫瘠，所以社会经济并不发达。2003 年村民人均纯收入为 1182 元，2004 年也只有 1565 元。但境内奇峰异石林立、重峦叠嶂，森林覆盖率达80%。村里有着深厚的彝族历史传统文化底蕴，至今还保持着古朴的民风、民俗。这里是"阿细跳月"的故乡，还有密枝节、阿细祭火祭龙、摔跤、斗牛等传统民族活动和节日。可邑村自然资源并不丰厚，但近些年来用宏扬民族文化来恢复村民们的自信心，并以此来形成村落中的内发力量，同时，在此基础上大力发展旅游事业，建设民族文化生态村，社会经济因此得到良性发展。值得注意的是，由于其发展模式为大量性的少数民族贫困村落的发展显现出了一种可能性和启示作用，因此，可邑村受到了包括政府、学术界等社会各个方面的关注。弥勒县政府已将可邑村作为县"生态旅游示范村"进行建设（图6-9）。近年来，云南大学发展研究院西南边疆民族经济文化研究中心的学者们也将云南省院省校教育合作项目"云南旅游文化资源开发研究"中的彝族旅游产品开发项目放在了可邑村。为了提高村民建设和管理村庄的能力，云南大学的学者们带领村里的骨干外出考察，努力提高村民的旅游意识，增强民族文化的自觉性与自信心。这样，在可邑，就形成了村民、政府、学者这样一个三位一体的村落共同体。在这样的背景下，2004年云南大学正式将可邑村作为其民族学等学科的研究基地，并投入资金进行基地硬件建设——一幢300多平方米的小房子。

这幢房子的功能主要是为研究者们在可邑村提供一个兼顾工作和生活的地方，所以其房间内容也就是客厅、卧室、餐厅、厨房、会议室、资料室等，相当于城市里的一套办公公寓。建筑将由本地的施工队施工，老百姓参与建造。作为受邀建筑师，我们开始了这个基地（一个小房子）的设计工作。

建房子的场地位于离村委会不远的地方，算是在村里较为中心的位置了。场地不大，也就能盖一幢两层的房子而已。场地前面临一条村中的主要道路，后面有一约2.5m高度的石坎，而且石坎中石头的形状很好看。在我们看来，自己所做的设计方案已经很"简约"了，平面、空间、结构、材料都是极其节俭的。当然，其中还是有一些建筑师的表现，如：适当变形的廊子、檐廊一侧方格状的木隔栅、山墙外小巷处的砖砌拱券门、屋角处高出屋檐的竖向标志杆等。而在这之后发生的两件事件却使我们陷入理性的思考之中。第一个事件是在建造的过程中，工匠和参与建造的村民们认为方案中带有建筑师表现的"精彩之处"没有必要，再加上云南大学的学者们也由于经费的尴尬而对工匠的想法表示赞同，最后，这些"建筑师的表现"在继续下来的方案中和现场施工建造中被全部取消，留下的都是最实用的。第二个事件同样出现在建造过程中。我们在现场提出建筑的后墙可与背后的石坎拉开一个空间距离，在这个空间里可以种植一些竹子、树木和花草，建筑后墙也可开一洞口或花窗，这样可以从屋内通过洞口来观赏

图 6-9　可邑村的环境和风土人情

墙外的竹、木、山、石的景观。可这一想法遭到工匠们和云大教授的反对和否定。他们反对的意见主要有三条：一是这样做必然要增加造价，二是如此做房间面积将会有所损失，三是这一室外空间上部一侧小路上行走的村中老少妇孺以及牲畜都会有掉下去的危险。最后，工程显然没有按照我们的想法实施（图 6-10）。

其实，类似的事情在我们为丽江古城设计的一个民间小客栈中也曾发生过，当时由于设计方案对两幢建筑之间屋檐滴水必须

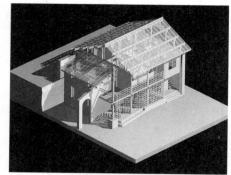

図 6-10 云南大学可邑研究基地设计
与建造过程
(a) 研究基地最初设计方案;
(b) 研究基地最初设计方案平面;
(c) 研究基地经大为简化后的最终设计方案

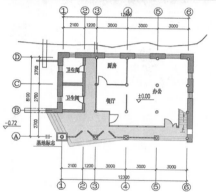

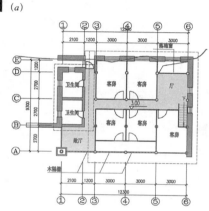

一层平面图

二层平面图

(b)

可邑村接待站设计2

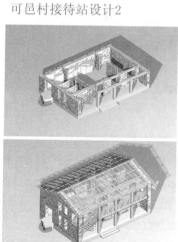

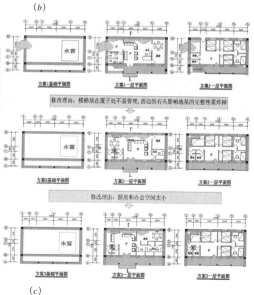

(c)

图 6-10　云南大学可邑研究基地设计与建造过程（续）

(d) 研究基地的建造过程场景一；(e) 研究基地的建造过程场景二；(f) 研究基地最终建成效果

留够 1m 的民间建造的规矩没有予以充分的重视，使施工放线出现混乱并最终导致设计方案的重大改动。为何在可邑又出类似的问题呢？虽然迄今为止，我们都没有否认上述设计方案中建筑师"表现之笔"的建筑学层面的意义，也为这些想法没有在建造中实现而感到遗憾。但是，这样的事件却使我们不得不对自己在村落建造中的设计观进行反思，必须去思索在乡村建造中，建筑师到底应该怎样做？

过去，我们向民间学习、提出"民居是创作的源泉"等设计观念主要还是局限在传统建筑学的角度上，停留在建筑师设计创作的层面上。因此，建筑师在观察和认识乡土村落和乡土建筑时，对静态的空间、类型、形式、景观关注过多，对这些形式特征的历史生成及其演变关注过多，而对于当代乡村社会生活关注太少，对真正的民间建造关注太少，对建造中乡间的技艺体系和制度体系关注太少。建筑师群体从根本上说还没有对农村的生活、农民的情感、农民的价值需求产生认同。我们还不知道农民们到底想要什么？真正需要什么？所以，建筑师总是会习惯性地、不由自主地想去进行自己所谓的"表现"，而忽略了为老百姓真正地解决问题。

因此，在这里，笔者的观点是：在当前中国乡村的村落建造中，建筑师群体还远未成为真正的"学习者"，他们在"学习者"的道路上还有很长的路要走。

6.3.2 丽江新民居图集——标准化与非标准化

在很多西南地区的乡村聚落中，由于长期的社会经济发展缓慢、生活贫困和教育落后等原因，村民们的文化高度、技术知识等相对而言是较为欠缺的，其思想观念也相对较为陈旧，不少村民们都存有这样的生产经营态度和生活态度："忙时做庄稼，闲时寻钱花，冬季买柴草，四季干零工，挣钱不挣钱，落个肚儿圆"；"糊汤杂面不断，天天能吃饱饭，不求两转一响，只求瓦房一间"。在村落房屋营造与传统技艺的传承上，一方面，优秀的传统和智慧在时间的长河中被"父业子袭"的方式保持和发扬下来；而在另一方面，这些优秀的传统技艺、建造经验及智慧却不能上升到科学理性的层面上而成为真正的"建造科学技术"。因此，就村落建造而言，将乡土聚落及乡土建筑传统经验进行梳理，同时将现代建筑学思想和现代建筑科学技术引入乡村是非常重要的。在实际工作中，建筑师就可以是这种梳理者和引导者。

2003 年 1 月至 2005 年 12 月，中国建筑标准设计研究院承担了由科技部、建设部组织的国家科技攻关计划课题："小城镇住区规划设计导则与住宅建设标准化研究"。课题中一项重要的研究内容是"对我国具有代表性的地方传统民居建筑进行全面的分析、提炼和总结，深入研究与现代社会、环境、经济、技术的结合，并将研究成果转化为应用技术，编制可直接用于设计选用和施工的构造详图，实现典型传统特色小城镇住宅的标准化设计"。❶在这其中，我们承担了云南丽江地区纳西族民居的研究工作，分课题名称为"传统特色的小城镇住宅技术研究——丽江民居"。其重点内容是编制适应当前生活居住模式，应用新材料、新技术，延续和保持民居类型特色的"传统特色小城镇住宅设计与构造"图集。

与过去的研究有所不同，首先，我们在前人学者研究的基础上重点总结和梳理了丽江纳西族民居在建造过程中的技术思想，它们包括如下几个方面。

1."内容、类型"标准化与构件标准化的结合

丽江纳西族民居并不简单地采取构件的标准化。除了在开间、进深、构架、屋脊升起与落脉等方面约定俗成的模数尺寸外，更重要的则是建造内容与类型的"标准化"。各家各户建造时，正房、厢房、过厅、倒座、门楼、照壁、院落、围墙基本是必不可少的、标准的基本内容；而一坊房、两坊房、三坊一照壁、四合五天井则是其平面布局及院落的标准基本类型。另外，建造过程中也有几乎同样的建造材料和技术。这样，同样的建造内容、空间模式、材料技术以及相同的建造方法形成了纳西民居建造的同质性。因此，可以这样认为，在纳西民居的建造过程中，更加重要的是建造内容、类型的"标准化"，它与构件的标准化是互为结合的。

2.基本单元与组合秩序

正房、厢房、过厅、倒座、门楼、照壁、院落、围墙等都可视为纳西民居中最基本的单元要素，利用这些有限的基本单元，组合成丰富多变的院落，是丽江民居的一大特色。然而，在当地

---

❶ 见：中国建筑标准设计研究院．国家科技攻关课题任务书"小城镇住区规划设计导则与住宅建设标准化研究"[Z]．

民居的建造中，单元之间的组合必须遵循一定的组合规则和方法。这些规则和方法主要要求整体规整，突出正房的主体地位，强调主天井的形态和尺度。在组合方法上，对正房与其左右厢房的轴线关系的处理，常用"正位"和"错位"两法。所谓正位组合法，即厢房的前檐柱轴线和靠近正房一端的山柱轴线，分别与正房同侧的山柱轴线和前檐柱轴线完全对齐，错位组合则上述轴线并不对齐，而是错开一段距离。遵循上述组合规则和方法，形成六种模式化的格局，在当地普遍流行，这六种格局是："两坊拐角"、"三坊一照壁"、"四合五天井"、"前后院"、"一进两院"、"多院组合"。

3. 厚重墙体与南墙开放

在丽江以及所属的滇西北高海拔地区，冬季气候干冷，春夏季太阳辐射强烈，早晚温差很大，这就使当地民居在建造中必须考虑冬季保温和春夏季隔热的问题。因此，当地民居在院落建筑的北向、西向、东向多使用由夯土、土坯、石材砌筑而成的、保温和蓄热性能较好的厚重墙体。而在面向院落的南向（一般多为正房），则因冬季吸收阳光的原因而用木门、窗扇形成较为开敞的围护墙面。

4. 气候与檐廊空间

丽江纳西民居家家都有宽大的檐廊（也称厦子）。同样由于气候原因，冬季较小的太阳高度角使日照基本覆盖檐廊，从而使这里成为一处温暖的空间；而在夏日，太阳高度角加大、阳光较为垂直，檐廊又正好成为遮蔽阳光最好的去处；因此，檐廊就成为当地民居建造最重要的组成部分之一。檐廊的宽度在 1.8～3m 不等，通常以能放一桌酒席为最小宽度。檐廊具有供吃饭、会客、休息、副业、手工业生产等多种功能，它与纳西人的生产和生活紧密结合在一起，同时也成为了纳西民居及建造中的一个重要的建筑类型与形式特征。

5. 尺度适宜的院落构成

丽江纳西民居中的院落与太阳的日照和正房、厢房的开间与尺寸都有着密切的逻辑上的关联，因此，其院落空间比例匀称、尺度适宜。再加上檐廊和照壁精美的装饰、院落中图案鲜明的铺地以及潺潺流水和花草树木，使院落也同样既成为纳西百姓家庭生活必不可少的场所，也成为其建筑及其建造中的一个重要的类型与方面。

族群、社群与乡村聚落营造

6. 纵向空间的下实上虚

丽江纳西民居有着强烈的下实上虚的形态与形式特征。从适应气候的角度看，建筑下部厚实、封闭对保温和隔热极为有利，而上部较为虚空则利于空气的流通。从使用功能来讲，主要的生活房间都布置在室内物理环境较好的底部，同时也有利于和院落、檐廊形成密切的空间系统。而上部空间则多为粮食、柴草、杂物的储存和堆放之处，这既有利于所堆放之物的干燥和通风，也在屋面和底部房间中形成了一个有利于保温、隔热的空气间层。而从建筑结构与材料上看，下实上虚也是其逻辑之必然。因此，下实上虚的形式感使丽江纳西民居显得既坚实、稳重，又富于极其精巧的变化。

7. 功能与审美结合的形式建构等

丽江纳西民居在建造中表现出一种辩证、理性的驾驭形式建构的特点。

在屋面轮廓造型上，纳西民居纵向屋脊的"起山"和屋面的"落脉"做法，使得屋脊两角略为起翘，屋面纵横向皆形成微微的反拱曲线；外墙墙角在建造中采用"见尺收分"做法，使墙体渐上，向里略为倾斜，这样就使每组民居建筑在稳重中显出几分秀丽和飘逸，在厚重中显示出一些柔和与优美，颇有唐代中原建筑之风韵。纳西民居外表面常见的是石砌的勒脚，抹灰粉白的墙面，有的在墙角处镶贴青砖（俗称"金镶玉"），青灰色筒板瓦屋面，外观朴实生动。二层楼房的后墙面上下分段比例良好，下部为厚重围护墙体，上部或设一排局部开窗的木板墙，或土坯墙到顶并在上段外表面镶贴青砖。山墙立面的处理则更为生动，山墙下段的围护墙与上段的山尖两部分通常以"麻雀台"分界和转换，极富想象力和表现力。博风板、悬鱼板钉于悬挑的檩条端部，深厚的阴影反映出生动的造型。

而上述形式风格独特、审美情趣很高的形式处理没有哪一处不是与结构、材料、建造等因素紧密相关的。因此，可以说，丽江纳西民居在建造中既没有将审美意识在建筑形式上作无度的宣泄和夸张，也没有将结构、构造、材料等技术问题简单化，而是将这些技术问题的处理与审美以及艺术表现有机地结合起来。

梳理丽江纳西民居的技术思想仅仅是建立一个基础，而编制标准图集的工作则更为艰难。其中涉及的矛盾很多，但都集中在传统与当代如何实现结合的方面。这时，编制标准图集实际上是要对传统民居建造的优秀品质与引进的新理念、新功能、新技术、新结构、新材料的结合上做出一种"引导"和"示范"作用。换言之，在编制标准图集中，我们自己的角色定位应该是一个"引导者"。因此，我们认为：标准图集并不一定是要给农民一套"硬标准"，而是要给他们一套结合了传统、引进了现代建筑思想和当代科学技术的"引导联络性的导则"（图6-11、图6-12）。

在上述指导思想下，我们在图集的编制中做了这样一些工作：

（1）在充分研究丽江传统建筑院落组合的基础上，结合现代功能需求，总结出组合平面的"基本要素"，即：正房、厢房、倒座、厨房、卫生间、楼梯间和入口。提出用"基本要素"进行多种组合的方法，并提供各要素灵活组合的多种模式，以满足使用者不同的生活需求和不同的选择。

（2）探索适应当前生活居住的模式，在平面功能与空间上结合传统民居的类型、优秀品质及技术思想进行更新设计，力图对当前生活居住方式有所满足和回应。

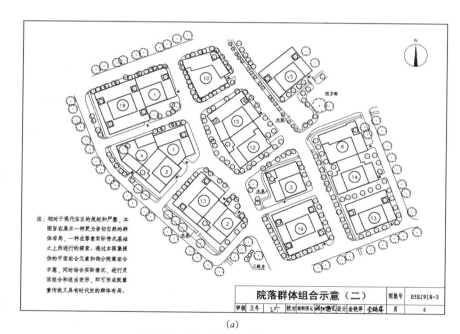

(a)

图6-11　丽江新民居图集部分图纸（一）
(a) 院落组合示意01

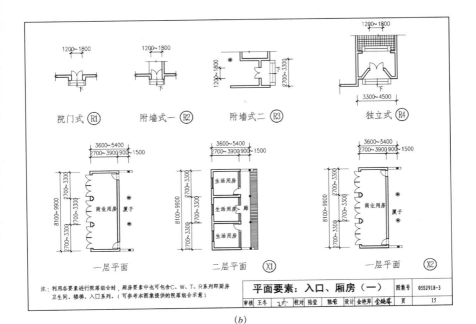

(b)

(c)

图 6-11　丽江新民居图集部分图纸（一）（续）
(b) 平面要素01；(c) 平面要素02

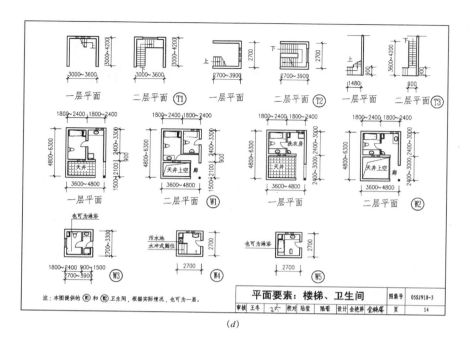

(d)

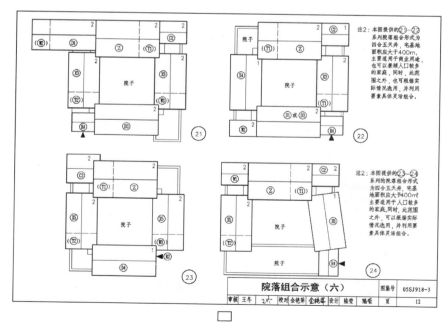

图6-11 丽江新民居图集部分图纸（一）（续）

(d) 平面要素03；(e) 院落组合示意02；

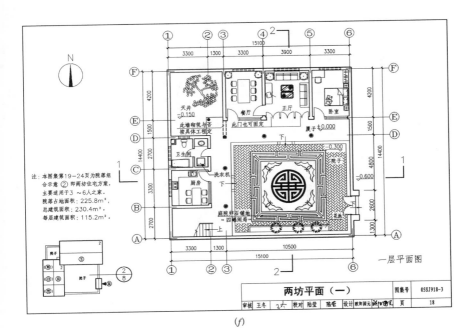

(f)

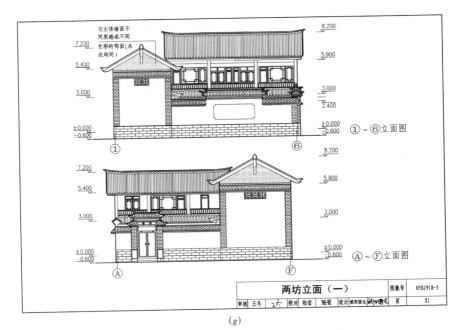

(g)

图 6-11 丽江新民居图集部分图纸（一）（续）
(f) 两坊房平面；(g) 两坊房立面

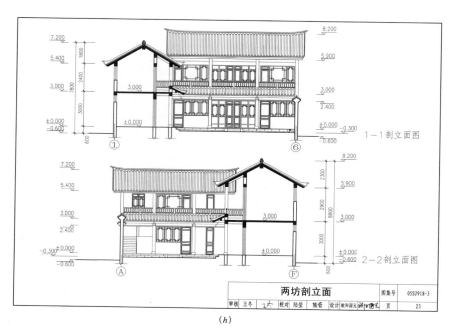

(h)

图 6-11　丽江新民居图集部分图纸（一）（续）

(h) 两坊房剖面

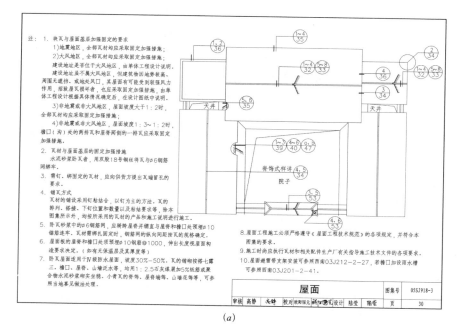

(a)

图 6-12　丽江新民居图集部分图纸（二）

(a) 屋面

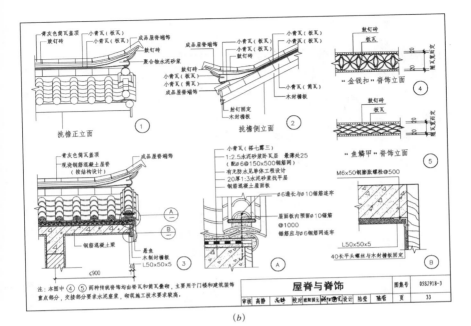

挑檐正立面 ①

挑檐侧立面 ②

"金钱扣"脊饰立面 ④

"鱼鳞甲"脊饰立面 ⑤

注：本图中④⑤两种传统脊饰均由普瓦和筒瓦叠砌，主要用于门楼和建筑装饰重点部分，交接部分要求水泥座浆，砌筑施工技术要求较高。

屋脊与脊饰	图集号	05SJ918-3
审核 高静 校对 欧阳田园 设计 陆璧	页	33

(b)

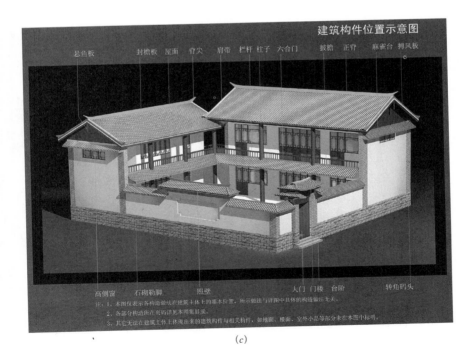

建筑构件位置示意图

悬鱼板　封檐板　屋面　脊尖　肩带　拦杆　杠子　六合门　披檐　正脊　麻雀台　搏风板

高侧窗　石砌勒脚　照壁　大门 门楼　台阶　转角码头

注：
1. 本图仅代表各构造做法在建筑主体中的基本位置，所示做法与详图中具体的构造做法无关。
2. 各部分构造所在页码详见本图集目录。
3. 其它无法在建筑主体上体现出来的造价构件与相关详图，如地面、楼面、室外小品等部分未在本图中标明。

(c)

图6-12　丽江新民居图集部分图纸（二）（续）
(b) 屋脊与脊饰；(c) 构件示意图

(d)

图6-12　丽江新民居图集部分图纸（二）（续）

(d) 局部形式及构造集萃

（3）在构造节点与做法上引入新材料、新技术，在与传统构造做法及其形式风格特色实现有机结合的基础上对传统构造做法去粗取精，进行适宜性的改造。

具体而言，图集包括了这样一些内容：①住宅院落和群体组合类型及组合平面图；②住宅单体平面类型及平、立、剖面图；③立足于当代地方社会的建筑材料与结构形式；④传统风格与现代材料、结构、技术相结合的节点构造及细部做法详图；⑤其他辅助设施详图（院落、门楼、照壁等）。

该标准图集的编制工作已经完成，但一本标准图集在现实的建造中能起多大的作用是一个很不确定的问题。因为，一本标准图集根本无法替代乡镇丰富多彩的聚落与建筑营造，也无法包容那些浩如烟海的民间建造智慧和技艺。但也不能就因此而认为标准图集没有价值、没有用处。这是一个问题的两面；对于建筑师来讲，能够对传统建筑的优秀品质、技术思想作出总结和梳理，能够对乡村建造的关键问题（如：新与旧、当代与传统等）作出自己力所能及的引导，这才是最为重要的。

6.3.3　佤族大曼糯村——斡旋于村民与政府之间

在当代及未来的中国，建筑师远离乡村建设与营造都是不可想象的事情。在乡村建造的过程中，建筑师除了以上所阐述的"学习者"、"梳理者"、"引导者"以外，他们还必然地成为村落建造活动的"参与者"、作为规划设计人而与村民以及各方人员进行沟通的"交流者"。在这一方面，我们在"云南孟连县大曼糯村佤族文化生态区规划设计"项目的工作过程中有着深刻的体会和感受。

云南孟连县大曼糯村是一个自然生态景观绮丽、民族文化积淀深厚、佤族风土人情神奇的佤族村寨。大曼糯村有着几乎是原生态的佤族村落景观，是当地已所剩无几的"原汁原味"的"茅草房"村寨之一。当地政府为了发展本土旅游经济，决定在未来的一段时期内对大曼糯村糯岛片佤族寨进行保护性的旅游开发与村落建设。

大曼糯村糯岛片佤族寨，位于云南边陲的孟连傣族拉祜族佤族自治县西北部的富岩乡。这里距乡政府 17.5km，西与缅甸第二特区隔南卡江相望，北与西盟佤族自治县翁嘎科乡接壤；寨子东边是安里（佤语：大山），南边是公鸡山，界河南卡江从其西北边流过，国境线长 4km。大曼糯村糯岛片是大曼糯村的下半部分，占地 5km²，下辖英西、英克、英密三个佤族自然村；三个寨子依山就势建在半山坡上，英克在坡顶，英西和英密在坡中，周围被 20 多株根茎发达的大叶榕树环绕，寨子下面是香蕉林和台地，南卡江边是大片的橡胶林。该片区有 5 个村民小组，共有农户 87 户，人口 389 人。

大曼糯村糯岛片属于典型的南亚热带山地少数民族村寨，有着良好的自然生态资源、森林植被和气候条件。这里山高坡陡，没有像样的农田水利建设，村民人均耕地面积约为 3 亩，且主要为旱地。村中主要传统农副产业有稻谷、玉米、小饭豆、茶叶、小红米、兰花烟、草烟、蔬菜等，以及饲养鸡、猪、鹅、旱鸭、火鸡、水牛、黄牛等。近年来村民开始种植脱毒香蕉、茶叶等经济作物。人均纯收入 522 元，人均口粮 482kg（2004 年的统计）。由于禁止砍伐树木，因此没有林业，但有许多竹子可以加工。传统手工业有家庭纺织业、编织业、冶铸业、土制火药等。

大曼糯村建寨年代始于清代，传说该寨人祖先从"司岗里"（出人的洞）走出后几经迁徙，来到此地先种下大榕树、苦竹以卜能否居住，结果它们成活且枝繁叶茂，寨人得以定居栖息，该寨名佤语意为"神树下的寨子"。

民族语言属东南亚语系孟高棉语族佤德语支，无文字，生产、生活中尚需刻木结绳记事，少量人懂汉语和汉字。村民信奉万物有灵的原始宗教，部分原有宗教活动场所如木鼓房等已不存在。衣、食、住、行文化尚遗存有东南亚古文化的特质，其部分传统制度文化仍在婚姻家庭、社会组织中运行并发挥作用，节庆、丧葬、礼仪等佤族传统风俗习惯保持完整。

由于地处边远山区，交通不便，当地与外界长期封闭隔离。因此，大曼糯村在经济、生态、文化、社会等方面处于整体发展滞后的状态。具体表现为：

（1）生态环境比较脆弱：由于历史原因土地开发利用过度，自然环境遭到一定破坏，自然生态系统对村民的馈赠日渐减少，在大曼糯村除神山外，成片的森林保留已不多，村民日常生活必需的薪材、建材日益匮乏。

（2）经济发展缓慢、生活水平低下：由于经济收入主要依赖传统农业和家庭养殖业，加之生产条件较差，产出无保障，使得村民收入水平低下，生活贫困。

（3）自我发展能力较差，长期以来需要政府救助。

（4）社会问题开始出现：前些年一部分青壮年村民变成橡胶产业工人而离开村落，再加上长期的经济落后导致外出打工的年轻人很少愿意回来建设家园。因此，大曼糯村已进入老龄化社会；近年来年轻女子外出后多数远嫁他乡，男女性别比例上已开始失调，族群延续面临危机，社区活力减弱。

（5）民族文化开始面临丧失的危机：近年来随着村中青年人的迁出，民族凝聚力逐渐涣散，民族文化保护、传承的主体人群正逐渐流失。

而在村寨建设与住屋营造方面，大曼糯村糯岛片则存在着这样一些问题：

①基础设施薄弱。②公共设施匮乏。③道路条件差，道路系统有待完善。④民居老化，居住条件不能满足村民现代生活的需求；民居防火等方面的问题急待解决。⑤环境卫生亟待整治。

作为承担规划设计的规划师和建筑师，一方面，我们不能用自己主观的判断、想象甚至经验去替代村民对自己村寨的规划和建造；另一方面，我们也必须意识到，自己手中的规划之笔是有主宰作用的，一着不慎，就将给整个村寨的未来带来重大的负面影响。因此，规划是否能代表村民的意愿，是否能代表他们的权益，是否能真正成为村寨建造中的一部分，是我们必须审慎考虑的。而这一切的前提，首先在于我们对自己有一种什么样的定位。在大曼糯村的规划中，除了向当地聚落和民居的优秀传统和建造智慧学习外，我们将自己视为村寨建造的参与者。这样一种配属的姿态，将有利于我们真正地走入到村民之中。

作为"参与者"，我们这一规划设计团队数次到寨子中（前后15人次，最大的一次为6人8天），深入到佤族村民家中进行观察和访谈，了解他们的生活状况，听取他们的想法和意愿，尽可能地贴近佤族村民的内心世界。这种近距离的、直面的观察和访谈给设计团队成员带来了极其深刻的印象，并使大家的情感获得了极大的震撼。例如，佤族村民家中普遍缺衣少药，基本生活条件恶劣，多数村民家中除简单的锅碗瓢盆等生活物品以外就没有其他器物，几乎可以称得上是家徒四壁。这使大家清楚地意识到，尽管在未来的住屋建造中政府将有所补贴，但民居改造设计方案必须考虑村民有限的经济能力。再比如，访谈中村民们对改造他们的居住条件表现出强烈的渴望和意愿。他们的要求很简单、很实际，能住得好一点儿，甚至就是他们一生中最大的幸福和满足。当面对村民这样的希望时，建筑师的责任感变得异常神圣，而个人的创作表现欲望相比之下则显得是那样的微不足道（图6-13）。

规划既要保证原住居民最大的权益，又要兼顾资源和社会

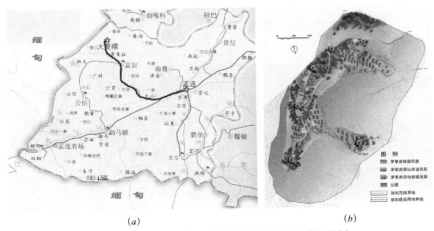

(a)　　　　　　　　　　　　　(b)

图6-13　大曼糯村糯岛片区佤族民族文化生态村规划

(a) 区位示意图；(b) 规划总平面图；

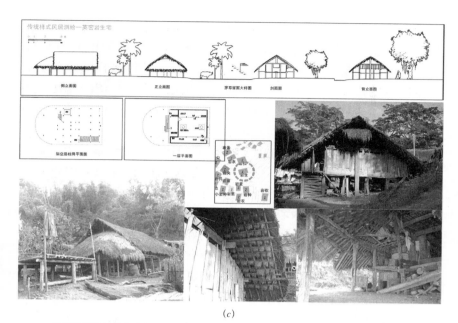

(c)

茅草房保留民居修建与维护导则

1、按传统样式保留的建筑是指规划图纸指定的所有保留建筑，包括保留下来仍然作为居住的建筑，保留并功能置换为其他用途的现有居住建筑。

2、按传统样式保留的建筑，其翻修整治与维护，以及重建工作，都要严格按照传统的样式、格局来进行，修建过程中，建议采用传统的建造程序与建造风俗礼仪等，以利于传统建造文化的传承，也有助于增强社区凝聚力。

3、传统住宅平面特点：住宅平面从几何形体上分为两大块，一是矩形的居住主体空间部分，二是半圆帽形"帽子顶"下的半圆形入口空间。

矩形的居住主体空间之下，一般用比较密集的木柱架空，用于堆放杂物、薪柴、关养家禽或者牲畜。

居住主体空间内部，一般是个开敞的大空间，没有墙体做分隔，或是用布帘、木板等材料做不封闭的简易分隔，内部空间基本上是沿墙使用，中间是交通空间和活动空间，室内临山墙中柱设置的火塘是住宅的精神中心，是重要的活动场所，是重要的信息交流、传播场所。

4、传统住宅立面特点：半圆帽形"帽子顶"及其下面的半圆形入口空间；茅草双坡屋顶；主体架空；立面在纵向基本上有架空段和坡屋顶两个部分，墙体所占比例甚少，有的住宅侧面甚至完全看不到墙面。

5、传统住宅的结构主要是木构梁架式，传统住宅的结构特点：传统住宅的结构主要是木构梁架"干阑"式。木柱、木梁架；竹片墙或木板墙，也有见竹片拼凑编墙的；木板楼板；竹(木)檩条，茅草顶。传统住宅所用材料主要是木材、竹子、茅草、少量用土，甚少使用石、砖石的使用多见于柱脚填垫。

(d)

(e)

(f)

图 6-13　大曼糯村糯岛片区佤族民族文化生态村规划（续）

（c）部分民居测绘图；（d）民居修建与维护导则之一；

（e）规划设计人员与村民交流；（f）规划设计人员与村干部交流

296

各方利益的合理分配。在大曼糯村的规划设计中，设计团队遇到的最大问题是村民与政府对项目开发目的和意愿上的差异。政府的目标是以点带面，争取通过开发大曼糯村的旅游来进一步推进全县的旅游势头。因此，政府相关部门更多关注的是如何保留住"茅草房"的特征（包括留下茅草屋面），如何发掘村落景观，如何尽快形成村寨的整体风貌。而村民则更多地考虑如何通过该项目的实施来改善自己的房屋状况和居住条件，提升自己的居住质量。因此，他们更在意住屋的更新和改造。面对村民与政府不尽相同的开发指向甚至是一种博弈的状况，规划团队意识到规划工作必须在两者之间建立沟通，必须承担两者之间"交流者"的角色。

这里，设计团队有意识地做了两个层面上的工作。第一个层面是在规划设计过程中，充当政府与村民之间的"交流者"。一方面，将村民们对改善住屋居住条件的强烈愿望等信息反馈到政府相关部门那里，并使这些部门意识到，村寨中每一幢民居的改造都与整个村寨整体保护改造项目的成败密切相关；另一方面，也将政府的整体计划和长远目标向村民们进行说明和宣传，使村民们认识到村落整体面貌的改善其实关乎各家各户的利益。❶第二个层面的工作则是在规划设计方案中将政府和村民不同的要求做到有机的结合。这一工作其实也是一种"交流"，即让各方面不同的想法通过建筑师的规划设计在方案文本中得到交流并实现整合。

例如，对于寨子原有的佤族"茅草房"，政府的要求是茅草屋面能够保留下来，但他们并不特别关注茅草房的整体更新问题。而多数村民对此不以为然，甚至希望有较为彻底的更新和改造。这是因为：第一，茅草房的防火问题始终是一大隐患；第二，茅草房的围护结构不理想，四面漏风，室内物理环境极其低下；第三，当地茅草的来源已经较为匮乏；第四，茅草房室内缺乏房间的空间分割，功能混杂；第五，茅草房缺乏厨房、卫生间等必要的功能设施。对此，设计团队认为，必须以整体改善的理念和方式来进行旧的茅草房的更新改造工作；必须辩证地理解和把握政府与村民的各自不尽相同的要求；因此，规划设计及民居单体设计在如下方面进行了有针对性的处理。

---

❶ 这些工作在规划设计的中期和后期通过分别与政府相关部门和村民进行沟通来完成。

1. 区分保护民居和改造民居的策略和方法

把英西村村口至其神山的十栋木结构干阑式茅草顶传统民居作为保留民居加以保护，并对其进行功能置换，形成大曼糯"佤族文化传习馆"。作为文化传承的物质载体，在保持佤族民居"原真性"的同时，分别在不同保护民居中展示传统的酿米酒、织布、制作弩等具有民族特色的民俗活动。保留民居产权仍归属于原住户，并由其管理和经营，政府将为其另择宅基地建造住房。这样既满足了政府有关部门的希望，为发展旅游留下了重要的"茅草房"的资源，同时，也解决了村民居住质量低下的问题。

2. 在改造民居中引入"复合"的概念、原则及方法

我们以为，既要保持佤族传统建筑的风貌与韵味，又要对其进行整体全面的更新改造，最有效的办法是各种要素"复合"的原则和方法。这其中包括空间的复合、材料的复合和结构的复合。

空间的复合：保留原佤族民居已有的空间层次，增加卧室空间和厨房空间，还有储藏室和挑台形式的卫生间。在丰富空间层次的同时改善了房屋的使用性能。卫生间提倡采用干湿分离即大小便分开收集的厕所。

材料的复合：使用两种以上的复合材料来解决建筑某一方面的问题。例如用瓦、石棉瓦和茅草的不同组合来综合解决屋面的问题；用木墙板和土墙相结合来解决墙体的围护问题；以及用木楼板、夯土土掌和混凝土来综合解决地板防潮的问题等。

结构的复合：虽然当地的木材资源已濒临枯竭，但考虑当地传统佤族民居的建构文化与建造的技术现实，所以在改造方案中仍提倡使用一部分木（竹）构架体系，这是一种"架构"的体系。但在此基础上引入"砌筑"体系——夯土墙、土坯墙，并使两种体系有机结合。这样就改变了当地佤族传统民居只有"架构"结构体系而没有"砌筑"体系的状况，并为造就较好的室内居住条件打下了良好的结构基础。

3. 改造民居具体方案及处理

（1）民居改造设计方案一——外架内筒：建筑由两种结构体系组成，即外部用木结构干阑体系，内部用砌体结构体系。减少木材的用量的同时可以减少火灾的发生。而且四周的木结构干阑体系使建筑呈现出传统佤族民居风貌。屋顶采用石棉瓦上铺茅草或瓦屋面的做法，既能保持茅草房的风貌，又改善了建筑的防火性能。墙体采用夯土的做法，这既能带来健康舒适的室内环境，而且价格便宜，

环保生态,"土"应当成为这里最主要的建筑材料之一。此外,如今后有条件,也可以用土坯砖、黏土砖和空心砖。室内空间的分隔打破了佤族无分隔的传统室内空间,这是基于当地人的需要而作的改进,也是当地村民参与建筑设计过程后的结果。此外,还设计了一个半室内半室外的平台,丰富了建筑的空间层次,并且将厕所也整合于平台中,改善了居住条件(图6-14)。

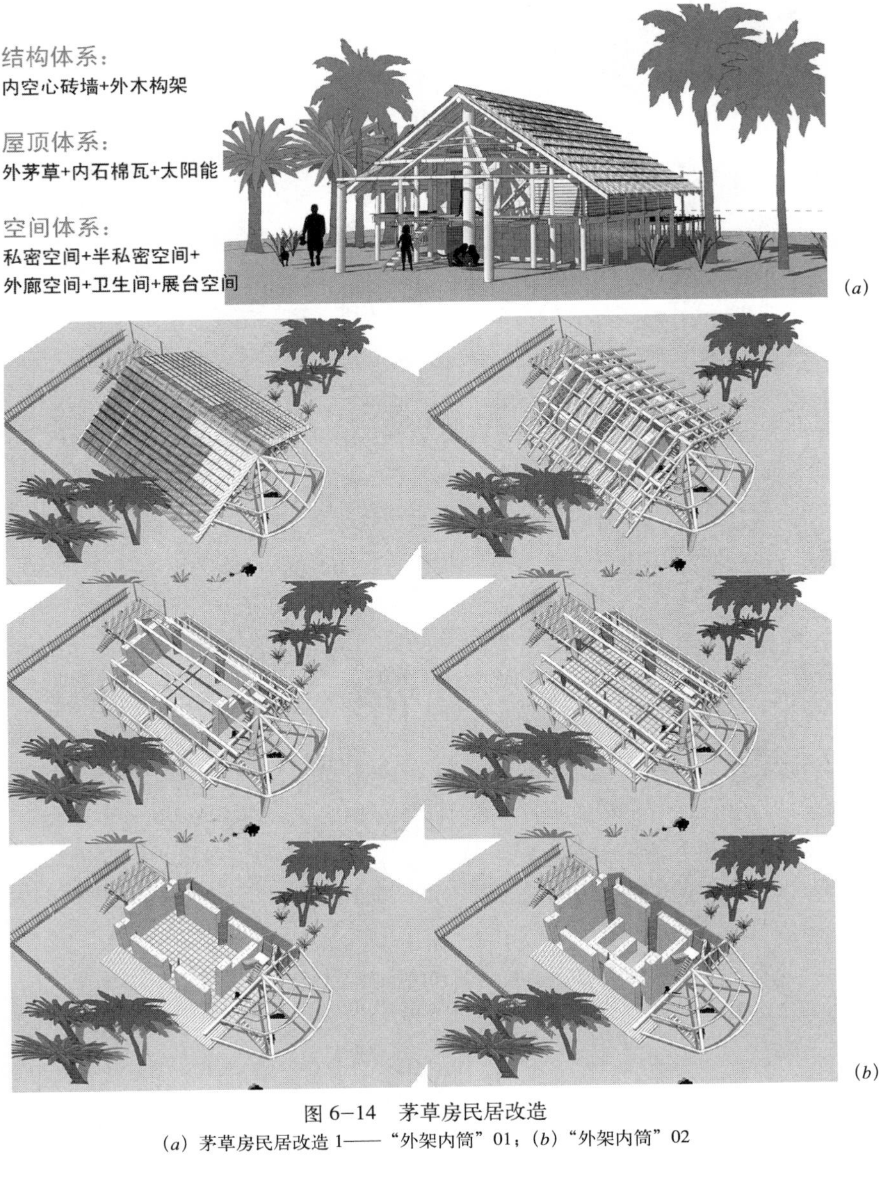

结构体系:
内空心砖墙+外木构架

屋顶体系:
外茅草+内石棉瓦+太阳能

空间体系:
私密空间+半私密空间+
外廊空间+卫生间+展台空间

图6-14 茅草房民居改造
(a) 茅草房民居改造1——"外架内筒"01;(b)"外架内筒"02

结构体系：
木构架

围护体系：
卧室夯土墙/土坯砖墙
＋客厅木板墙

屋顶体系：
外层茅草＋内层石棉瓦

空间体系：
私密空间+卫生间空间+
半私密空间

(c)

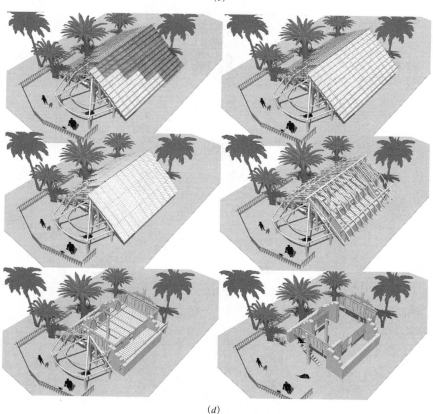

(d)

图 6-14　茅草房民居改造（续）
(c) 茅草房民居改造 2——"前架后筒" 01；(d) "前架后筒" 02

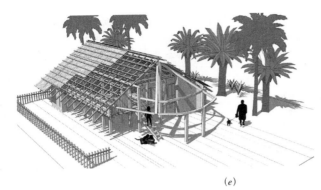

结构体系：
木构架

围护体系：
夯土墙或土坯墙+木板墙

屋顶体系：
外茅草＋内石棉瓦

空间体系：
私密空间+半私密空间

(e)

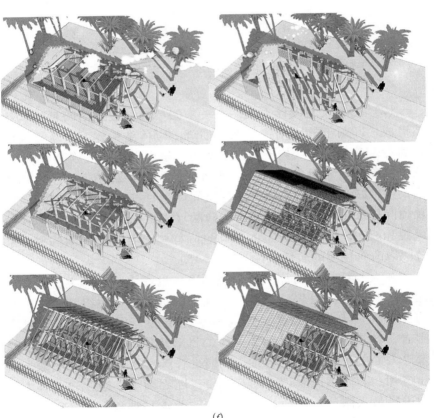

(f)

图6-14　茅草房民居改造（续）
(e)"前架后筒"03；(f)"前架后筒"04

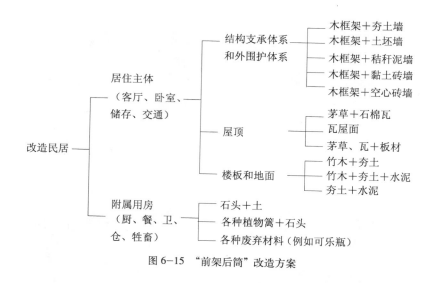

图 6-15 "前架后筒"改造方案

　　（2）民居改造设计方案二——前架后筒：建筑由两种结构体系组成，即前部的木结构体系和后部的砌体结构体系。从建筑的正面看，前部的木结构干阑体系使建筑呈现出传统佤族民居风貌。该方案除减少木材的用量外，还将厨房和卧室都纳入砌体结构体系，不但减少火灾的发生，而且夜间休息时有较温暖的室内环境。屋顶同样采用石棉瓦上铺茅草的做法（或直接用瓦屋面），以保持风貌和改善防火性能。室内空间也同样强调各功能房间的划分和分隔以改善住屋的居住条件（图 6-15）。

　　在大曼糯村糯岛片的整个规划设计过程中，这样类似的工作还有一些。在项目告一段落后，我们的很多认识也得到了进一步的深化。最大的体会是：作为村落建造的"参与者"而不是主宰者，建筑师应为以村民为主体的村落建造提供布局、空间、技术等方面的可能性和可行性。同时，作为村落建造的"交流者"，建筑师在有"平民意识"的基础上，还必须主动地在建造各方之间进行最大限度的沟通，以使各方的要求与利益——最终实际上是乡村社会的整体利益得到尽可能公平的实现。

6.4　本章小结

　　（1）在当代乡村社会合作建造以及"村落建造共同体"的平

台下，建筑师应主动地融入村落营造的工作中。因此，建筑师应具有乡村建设的责任，应有"为了平民建造"的社会理想，应更多地了解乡村社会，深刻体会"因地制宜"的丰富内涵及意义。

（2）笔者认为，在村落营造中，建筑师的角色定位应包括这样几个方面：学习者、梳理者、引导者、参与者和交流者。在这样的前提下，建筑师可以在这样一些方面进行积极的工作：一是学习民间建造技艺并进行此时此地的再创造；二是研究和实践"联络引导型"的设计方法和工作方法；三是从建筑学的学科角度对乡村地域技术思想与模式进行挖掘和整合。

第7章 结语

7.1 社会结构与乡村聚落营造模式演变

7.1.1 社会结构与营造模式

　　族群在一定的历史时期一定会形成特定的社会结构，而社会结构与聚落营造又有着塑造与影响的相互关系。本书的上篇从云南民族地区的实证研究入手，解析了血缘族群、地缘族群、业缘族群对聚落建造模式的根本塑造并提出了对应的三种历史上的村落建造模式，即：惹罗模式、元—本主模式和公本芝模式。本书在研究和阐释中都试图体现这样的思想，即物质形态意义上的村落建造模式的生成与演变一定与特定的历史时期的社会结构有着紧密的关联关系，甚至是因果关系，村落建造模式的演变及其被塑造其实是对应着族群社会结构形态的演变的。我们固然需要从物质空间形式、技术系统上去关照和研究传统建造模式，但我们更应该从原始农业时代和传统农业时代存在的族群形态之角度及视野来研究村落建造模式，这样，也才能够从更大的历史跨度和社会形态高度来清晰地把握"村落建造"的内在规律和整体全貌。遵循同样的思路，本书的下篇以现实实证为依托，讨论了当代乡村社会从族群形态向社群形态演变的背景下，村落建造模式必然的转型。书中试图阐明这样的思想：当代村落建造一定是在"后业缘"社会的社区意义上的营造。这是一种开放性的营造，是一种基于乡村社区自主并与社会共同体相结合的共同建造，更是一种在社会关系与空间环境的整合中走向更加和谐、多样、丰富、生态的整体建造。

　　为了更加清晰地把握全书的整体线索及其脉络，更好地认识"村落建造的当代转型"与"族群社会"不可分割的历史渊源关系，笔者试图对云南民族地区乡村聚落建造模式之纷繁复杂的演变进行抽象、融贯和整合，并形成如下表述：

社会结构：血缘族群—地缘族群—业缘族群—后业缘族群（社区）
聚落形态：一致性　—密致化　—多样化　—整体性
　　　　　匀质化　　个性化　　类别化　　生态性
　　　　　　　　　　层次化　　等级化　　和谐型

7.1.2　历史启迪与当代洞察

从原始社会、农耕社会的族群到当代社会的社群，乡村聚落的建造自然是演进的、变化着的，是向前发展的。但是，如果把社会结构以及相对应的聚落建造视为一种文化，那么，就如同很多文化人类学家所指出的那样，文化是不能简单地被看成一种进化过程的，也是不能被简单地进行优劣之分的。因此，以这样的文化视野来看，血缘族群、地缘族群、业缘族群所对应的村落建造模式虽然衍生在原始社会及农耕社会，但其中的很多传统，今天被认为仍然有着优秀的品质和重要的价值。如书中前述总结的"合作建造、自主建造、过程建造"的乡村聚落建造传统就对当代社群背景下的乡村社区营造有着重要的启示作用。

从另一个角度上看，随着社会形态的演变，一个地区的村落建造模式当然会有所变化。但新的形态从来不可能完全替换旧的形态，而更多的却是一种渐变、一种传承，甚至是一种交叉。就这一意义而言，当代乡村聚落营造模式一定是"旧"向"新"的转换，在这种转换中，过去的传统依然存在并时常还起着重要的作用。事实上，不仅仅在云南民族地区，就中国当下更多地区的乡村聚落而言，传统建造模式的大量存在仍然是一种现实。因此，这里要表达的思想是，不论人们是否愿意，乡村建造传统对后世而言永远都是难以彻底抛弃的。

当下中国农村并非是简单的现代化发展的问题，乡村聚落营造也并非是单纯的技术问题。从历史的回顾当中我们看到，中国乡村社会长期落后和贫弱的根本原因在于长期停滞于家庭小农经济的农耕生产当中。这使得乡村社会长期自我封闭，不与外界交流和博弈，最终导致其自身发展能力的低下。因此，当下中国的乡村建设更应该是一场社会改造运动，是一场从分散的、个体的小农经济家庭向集体的、合作的社区形态的转变。在这种社会结构中，人与人之间的社会关系不再是族群意义上的，而是社群意义上的。乡民们在保证享有民主权益与个人自由的基础上进行全方位的合作、再集体化并以此达到整个乡村社区的重塑和再造，这应该是当下中国乡村社会走出困境的关键所在。

在这种背景下，"合作建造、自主建造、过程建造"的乡村聚落建造传统可以在当代乡村社会"族群与社区"的语境中得到新的诠释并获得新的生命力。而基于社区共同体之上的"村落建造共同体"也有可能就此形成，并在乡村人居环境建设以及社区营造上发挥重要的作用。

7.1.3 合作建造与自主建造

本文所提出的云南民族地区历史上三种村落建造模式（惹罗模式、元—本主模式、公本芝模式）所蕴涵的精神的、物质的、技术的资源和传统虽不尽相同，但三种模式均发生于前现代时期（也即：原始农业时期和传统农业时期），因此，三种模式必然有着一定的共性以及共同的精神内核。依笔者看来，在前现代时期，乡村聚落有着以族群为主的社会关系，是一个以熟人为主的乡土社会。因此，乡村聚落中住屋、公共设施、公共环境的营造一定是在村民们的共同协作、互帮互助中完成的。换言之，"共同建造"就是这三种建造模式共同的共性及精神内核。如前文所述，在"共同建造"的核心下，这些优秀传统具体可表达为三个方面的内容，即：合作建造、自主建造、过程建造。

在上述三方面的内容中，"合作建造"与"自主建造"最为重要，没有这两者作为前提，"过程建造"也难以进行。

若去除纷纭复杂的历史及社会迷雾，回归聚落"建造"的原初，理性的人们不难发现：一方面，乡村聚落的建造从来都离不开一个群体，如同蚂蚁挖穴、蜜蜂筑集一样，"建造"本质地就是聚落的共同行为，这不仅仅是群体的力量更大的问题，这本来就是一种社会的本能，更是一种人类文明的跨文化现象。因此，时至今日，被现代社区集合起来的人们难道不应该更加自觉地践行"合作建造"的文化吗？另一方面，乡村聚落的建造者从来也是聚落的使用者，作为建造的主人，乡民们从来都具有足够的智慧将房屋和聚落按照生活、生产的逻辑营造出来。同样，在更加和谐的现代乡村社区中，"建造"难道不也应该是社区居民们自己做主、自己行动、自我参与的事情吗？

同时，笔者更相信，"合作建造、自主建造"除了对当下新农村建设有重要作用外，也将对建筑学的主流理论产生撬动作用并丰富建筑学的基础理论。

7.2 乡村地区村落营造研究的相关问题

"少数民族地区村落营造研究"是"村落营造"中的一个部分；而"村落营造"又应该是一个整体的研究体系。尽管本书只是从民族地区族群向社群演变过程这样一条主线索来研究了一些建造层面上的局部问题，但笔者意识到，有很多问题是需要更多的研究者在学科的高度上进行全方位的研究的；因此，对于村落营造的整体研究建构，笔者有以下浅见。

7.2.1 研究的基本观点

以人居环境营造为核心的观点。营造是一门有关如何建造的知识体系，因此，村落营造的研究应该以建筑学学科作为基本平台，紧紧围绕乡村人居环境营造这一核心内容来展开各个维度及层面的研究。尽管研究必须考虑乡村的自然、历史、社会等背景而与地理学、生态学、历史学、人类学、社会学等学科发生密切的交叉；但研究还是应把握"乡村建造"的主体内容，而避免偏离自己研究的主线索。

以现实问题为导向的、辩证唯物的观点。面对当今中国农村的复杂状况，村落营造的研究一定应建立在对"关键问题"的发现、剖析和解决之上。如何看待农村和怎样研究农村，在哲学上说就是存在和思维的关系问题。是前者决定后者，还是后者决定前者，其实意味着研究是否能从乡村社会的实际出发和理性地发现客观规律。按照辩证唯物论的观点："物质生活的生产方式制约着整个社会生活、政治生活和精神生活的过程。不是人们的意识决定人们的存在，相反，是人们的社会存在决定人们的意识……我们判断一个人不能以他对自己的看法为依据，同样，我们判断这样一个变革时代也不能以它的意识为依据；相反，这个意识必须从物质生活的矛盾中，从社会生产力和生产关系之间的现存冲突中去解释。"❶ 因此，研究农村问题不能凭主观臆断，更不能空中楼阁和天马行空。反之，研究的内容一定是来自于乡村物质生活及其生产力和生产关系的相关问题的，一定是来自于乡村社会现实存在的。

以村民为中心的观点。研究乡村人居环境营造的目的是为了广大的农民群体，也即是为了这个"人群"的需求。而乡村营造的行为也是由"人群"来执行和完成的，乡村聚落历史的演变实际上就是人们居住行为和建造行为的演变。同时，在建造过程中的"人"也并不是生物个体意义上的人而是社会中的人，这种"社会人"使建造行为的功能和意义更加超越于个体而被定格在集体的层面上，正是这样，族群、村庄、聚落、社区等也才可以成为重要的研究内容。因此，尽管建筑、建造是村落营造的主要研究对象，但人——而非物却是研究的逻辑起点，也是最后的归宿。

系统和综合的观点。当前中国农村问题的复杂性、艰巨性、差异性以及乡村社会快速和巨大的变化都要求我们必须用整体和综合的策略和方法去研究问题和解决问题。所谓系统，就是相互联系、相互作用、相互影响、相互制约着的若干要素的复合体。所谓综合，就是在系统的层面上把握全局的问题和从整体的角度切入问题、解决问题。在研究此村落的时候，不能忘记彼村落；在研究聚落的时候，不能忽视区域整体；在研究建造技术的时候，不能脱离其生产方式和社会文化的背景；在研究住屋的时候，不能割断与人的联系……

社区的观点。社区的观点有两层意思。第一层意思是农村社会不同于城市社会，在于它是一个历时很长，以农业生产与生活为主的社区，我们可以将农村看成是一个个乡民们聚集生活在一起的小的"社区"。而"社会"的概念是相对抽象的，但"社区"则是比较具体的和易于进行实证观察的。因此，研究农村社会及其建造就应落实到"社区"，落实到具体而又生动的村落社区上；通过社区内部的各种可观察的"事件"以及与外部区域的互动来获得对农村的细致入微的认识。另外，通过对一个个不同的村落社区进行"比较"的研究，也可以认识其差异性及其共性，以便得到对乡村社会全面而整体的认知。第二层意思是相对于原始村

---

❶ 马克思恩格斯选集（第 2 卷）[M]. 北京：人民出版社，1995：32—33.

落和农耕村落的"族群"而言，"社区"更意味着村落向现代法理社会和现代性的转变。因此，以社区的观点及视野来研究乡村及其建造的问题，则更有利于以当代农村的现实问题和"现代性"问题作为核心来展开学科的综合性研究。

城乡互动的观点。乡村是人类社会的晨曦，乡村孕育了城市。人类社会发展到一定阶段，有了剩余的劳动和剩余劳动产品，才会出现交换和社会分工，才会出现集市并逐渐发展成为城市。城市在人类发展史中更多地表现为文明的进步，而相形之下，农村则逐渐落后并越来越被边缘化。但人类作为一个和谐的整体，应共同发展、整体发展；在人类新的文化中，更应关注乡村社会发展的机会和权利。事实已证明，只有城市的单极化发展、只有单向的"城市化"进程是不利于社会的全面与深度发展的，人类应将城市和乡村作为自己共同的归宿。而在现实当中，城市与乡村从来都是互动着的、有千丝万缕联系的，中国"长三角"地区和"珠三角"乡村社会的快速发展和迅速崛起对当地城市化进程的巨大推动作用就说明了城乡互动的意义。我们既不能在研究中抛弃和遗忘乡村，也不能被农村的现实"一叶障目"而在研究中忘却城乡整体。因此，城乡一体化和城乡互动的思想对于乡村地区村落营造的研究是不可或缺的。

直面乡村社会的观点。在少数民族地区村落营造的研究中，必须强调对农村社会进行面对面的观察和调查，只有在这样的基础上的研究才有真实有效的意义。而对农村社会现实问题的认知或解决又要在这样两个方面予以注意：一是要有冷静、理性的态度，即对农村社会的落后、贫困、凋敝等问题要有清醒的认识和判断。只有这样，建筑师等技术人员的技术工作才会有明确的作用方向和技术路线。二是在用现代工业文明、城市文明看待农村和农民时，必须有同情、理解、尊重、学习的态度，不能简单地视农村为"落后、保守、顽固"。毛泽东曾对下乡工作的干部说道："没有满腔的热情，没有眼睛向下的决心，没有求知的渴望，没有放下臭架子、甘当小学生的精神，是一定不能做，也一定做不好的。必须明白：群众是真正的英雄，而我们自己则往往是幼稚可笑的，不了解这一点，就不能得到起码的知识。"❶

---

❶ 毛泽东农村调查文集 [M]. 北京：人民出版社，1982：16—17.

7.2.2　研究的主要领域

对于广义的"村落营造"来讲，可以将其划分为城乡区域、乡村地域、村落社区、聚落建筑、聚落景观等实态类型进行分类研究，也可以就农村社区的规划与建筑的建造去研究村落的规划设计、建筑设计以及建造技术，还可以从乡村聚落的历史演变中去挖掘、梳理、总结乡村营造的规律、思想、方法和技术……虽然一门学科的研究领域可以因不同角度与视野而显示出不同的研究走向和研究重点，但这门学科的主要研究领域却是相对明确和相对稳定的。笔者以为，村落营造研究的基本领域可以包括以下几个层面：

（1）乡村聚落、建筑的发展演变。这主要是从历时性的角度，研究乡村聚落、建筑营造在历史长河中的起源、发展、演变；通过这种研究，把握其内在的发展规律，挖掘其中的思想精髓，构成其中的优秀传统。

（2）乡村聚落、建筑与乡村社会。这主要是从共时性的角度，从乡村社会的横剖面来研究乡村聚落、建筑营造与社会各个方面的互动及整体关系。这种研究的主要内容是将聚落、建筑的营造放入大的社会结构中，研究各种社会要素对建造行为的制约、影响，其目的是寻找建造技术及其机制与社会形态的最好的契合。而这些社会要素则包括：农村社会组织与结构、农村社会生产与生活、农村社会政治与经济、农村社会的文化与习俗等。

（3）乡村聚落、建筑与产业结构调整。在当代，乡村产业结构的调整正从原来以传统农业为主的产业结构向着"第一产业为主，二、三产业整体推进"的现代农业的产业结构演变。生产方式及生产关系的改变对空间、环境、建筑的演变的影响一定是深刻的和全面的，其中的对应关系也是有内在规律的。因此，这主要是从产业结构、生产方式的改变方面来研究其与乡村建造的互动及整体关系。

（4）乡村聚落、建筑与城乡互动。这主要是从城乡一体化、城乡共同整体协调发展的角度来研究村落社区、建筑与区域、城镇、城市的整体结构关系，从而更好地把握乡村社区人居环境当前及未来的发展，并形成更有前瞻性的营造策略和行动计划。

（5）乡村聚落、建筑与自然生态。这主要是从自然地理、生态资源、环境气候等方面去研究村落社区、建筑的营造。其实，自然生态的因素对于乡村聚落、建筑的塑造具有更加长久和更为本质的影响作用，不论社会发展到何种阶段，自然地理对人类居住所产生的制约和影响几乎就是永恒的。因此，这方面的研究也是乡村建筑学中很基础的部分。

（6）乡村聚落、建筑的营造及建造技术。这是整个村落营造研究的核心内容。其中包括三方面的内容：一是乡村社区、建筑建设的建造模式，尤其应着重研究基于乡村建造共同体的、乡民作为建造主体的、自建与合作建造结合的新型的建造模式；二是面向当代发展的科学、理性的村落社区、建筑的规划设计；三是村落社区、建筑营造的各种建造技术和技艺体系。

对建筑学学科而言，在上述六个层面的研究体系中，最后一个层面的研究：即乡村聚落、建筑的营造及建造技术是体系中的核心，其他五个层面的研究内容都是围绕这一核心而建构形成的。

7.2.3　研究的问题与困惑

在这里，本书的内容将要结束了，一项研究、一本书仅仅是在很小的一个范围内探讨了一些很局部的问题，研究的广度和深度都是很有限的，这一点，笔者深有体会。但在研究过程中，一些有关乡村人居环境发展方面的问题却总是萦绕在头脑中挥之不去，剪不断，理还乱。这很无奈，因此，仅希望提出来能求教于有识之士和相关学者：

（1）城市化、城镇化应该是手段而不是目的，现代化和百姓的富裕才是真正的目标。显然，在西南少数民族贫困地区简单地提"城镇化"并追求其百分比指标是缺乏真正意义的，城市、小城镇、乡村的一体化发展以及农业产业的现代化才是其中的关键。但问题是，在少数民族贫困地区发展的现阶段，农村、小城镇、城市的发展谁重谁轻？一个时期内绝对的均衡发展可能吗？农村问题到底应该被放在一种什么样的权重上？

（2）"工业反哺农业、城市支持农村"没有问题，其中"帮扶"的意思是明显的。这里的问题是，在整个社会都在"帮扶"农村的时候，怎样去建立农村的现代社群结构和培植农村自组织的内发力量？这里是否有一个帮扶什么、怎样帮扶的问题？

（3）前文已经谈过，乡村建造与村落营造有技术问题，但更本质的却不在于技术问题而是复杂的农村社会经济问题。因此，作为建筑学学者来讲，将自己的工作融于这一大的社会经济背景下是非常必要的。但在理论性的学术研究层面上，乡村建造的研究应在多大层面上、何种深度上将建筑学的范式与其他学科的范式结合起来？乡村建造会不会对传统建筑学的学科理论产生冲击和产生多大的冲击？比如传统的建筑学基本上是建筑师的建筑学，而当乡村营造中的主人与设计建造者都是村民自己时，"建筑学"在乡村中还有功用吗？其功用何在呢？

（4）西南少数民族乡村地区与内地、沿海发达地区的乡村社会经济发展的差异是巨大的。对于那些更为广大的、一般的甚至是极度贫困的民族村寨而言，以产业结构带动整个农村社会经济发展并进而带动乡村人居环境建设的发展似乎还是遥不可及的事情。因此，在这些少数民族贫困地区的村落中，组织村民自我建造、合作建造，将村落人居环境的营造作为将来村落经济快速发展的基础，将村落建造视为一种参与改变社会的能量是否应该是一种不同于经济发达地区乡村建造的道路选择？这种道路的选择在学术上、在实践上是否是有意义的？

乡村曾经是人类的摇篮，乡村曾经孕育了人类的文明，乡村也曾经是人类的晨曦和黎明，乡村可能会有日暮，甚至会有黑夜；但乡村还会是人类新的晨曦和黎明，她也必将孕育人类社会新的文明。让我们为了乡村的曙光和光辉灿烂而共同努力吧！乡村永远都应该是美好的！

2008 年 12 月于昆明理工大学新迎苑

参考文献

中文部分

[1] [英] 爱德华·泰勒. 原始文化 [M]. 连树声译. 桂林：广西师范大学出版社，2005.

[2] [英] 爱德华·泰勒. 人类学：人及其文化研究 [M]. 连树声译. 桂林：广西师范大学出版社，2004.

[3] [英] 阿诺德·汤恩比. 历史研究 [M]. 刘北成，郭小凌译. 上海：上海人民出版社，2000.

[4] [美] 阿瑟·梅尔霍夫. 社区设计 [M]. 北京：中国社会出版社，2002.

[5] 包亚明主编. 后现代性与地理学的政治 [M]. 上海：上海教育出版社，2001.

[6] 包亚明主编. 现代性与空间的产生 [M]. 上海：上海教育出版社，2001.

[7] [美] 彼得·盖兹编著. 新都市主义社区建筑 [M]. 张振虹译. 天津：天津科学技术出版社，2003.

[8] [英] G·勃罗德彭特. 建筑设计与人文科学 [M]. 张韦译. 北京：中国建筑工业出版社，1990.

[9] [美] 查尔斯·詹克斯，卡尔·克罗普夫编著. 当代建筑的理论和宣言 [M]. 周玉鹏，雄一，张鹏译. 北京：中国建筑工业出版社，2005.

[10] 车震宇. 旅游开发背景下传统村落的形态变化研究 [D]. 广州：中山大学 [博士学位论文]，2005.

[11] 陈薇. 木结构作为先进技术和社会意识的选择 [J]. 建筑师，2003（6）：70-88.

[12] 谌玉华. 关于族群、民族、国籍等概念的翻译与思考 [J]. 读书，2005，320（11）：148-149.

[13] 程同顺. 中国农民组合化研究初探 [M]. 天津：天津人民出版社，2003.

[14] [英] 大卫·路德林，尼古拉斯·福克. 营造21世纪的家园 [M]. 王健，单燕华译. 北京：中国建筑工业出版社，2005.

[15] 戴志中，杨宇振. 中国西南地域建筑文化 [M]. 武汉：湖北教育出版社，2003.

[16] 董棣主编. 云南经济发展报告 [M]. 昆明：云南大学出版社，2004：202.

[17] 杜吟棠主编. 合作社农业中的现代企业制度 [M]. 南昌：江西人民出版社，2002.

[18] [美] 伊利尔·沙里宁. 城市：它的发展、衰败与未来 [M]. 顾启源译. 北京：中国建筑工业出版社，1986.

[19] 范霄鹏. 文化品质——民族性与地区性环境意向的研究 [D]. 北京：清华大学 [博士学位论文]，2003.

[20] 费孝通. 乡土中国 [M]. 北京：北京大学出版社，1998.

[21] [美] 费正清. 美国与中国 [M]. 北京：商务印书馆，1987.

[22] [美] 费正清. 中国：传统与变迁 [M]. 北京：世界知识出版社，2002.

[23] 弗·恩格斯. 家庭私有制和国家的起源 [M]// 马克思恩格斯选集（第四卷）. 北京：人民出版社，1966.

[24] 高发元主编. 云南民族村寨调查（系列丛书）[M]. 昆明：云南大学出版社，2001.

[25] 高化民. 农业合作化运动始末 [M]. 北京：中国青年出版社，1999.

[26] 高进. 传播学视野下的乡土建筑营造 [D]. 昆明：昆明理工大学 [硕士学位论文]，2006.

[27] 高力士. 西双版纳傣族的历史与文化 [M]. 昆明：云南民族出版社，1992.

[28] 高娜. 景观生态学视野下的乡村聚落景观整体营造初探 [D]. 昆明：昆明理工大学 [硕士学位论文]，2006.

[29] 高芸. 中国云南的傣族民居 [M]. 北京：北京大学出版社，2003.

[30] 格桑顿珠，纳麒主编.2003 ~ 2004 云南民族地区发展报告 [M]. 昆明：云南大学出版社，2004.

[31] 郭大烈，和志武. 纳西族史 [M]. 成都：四川民族出版社，1994.

[32] 郭东风. 彝族建筑文化探源 [M]. 昆明：云南人民出版社，1996.

[33] 郭欣. 云南地方传统建筑梁柱木构架的构成及其特征 [D]. 昆明：昆明理工大学 [硕士学位论文]，2003.

[34] 韩明谟主编. 农村社会学 [M]. 北京：北京大学出版社，2002.

[35] 贺雪峰. 新农村建设与中国道路 [J]. 读书，2006，329（8）：92-99.

[36] 贺业钜. 中国古代城市规划史 [M]. 北京：中国建筑工业出版社，1996.

[37] 红河哈尼族彝族自治州民族语文古籍研究所编. 木地米地 [M]，1985.

[38] 红河哈尼族彝族自治州民族古籍整理出版办公室编. 哈尼阿培聪坡坡 [M]. 昆明：云南民族出版社，1986.

[39] 黄淑娉，龚佩华. 文化人类学理论方法研究 [M]. 广州：广东高等教育出版社，1996.

[40] 黄宗智. 制度化了的"半工半耕"过密型农业 [J]. 读书，2006，323（2）：31.

[41] 季富政. 中国羌族建筑 [M]. 成都：西南交通大学出版社，2000.

[42] 贾东. 中国传统民居改造实践及系统观 [D]. 北京：清华大学 [硕士学位论文]，1993.

[43] 蒋高宸主编.云南大理白族建筑 [M].昆明：云南大学出版社，1994.

[44] 蒋高宸.云南民族住屋文化 [M].昆明：云南大学出版社，1997.

[45] 蒋高宸.丽江——美丽的家园 [M].北京：中国建筑工业出版社，1997.

[46] 蒋高宸.建水古城的历史记忆 [M].北京：科学出版社，2001.

[47] 蒋高宸.和顺 [M].北京：生活·读书·新知三联书社，2003.

[48] [美] 杰拉尔德·A·波特菲尔德，肯尼斯·B·霍尔·Jr.社区规划简明手册 [M].张晓军，潘芳译.北京：中国建筑工业出版社，2003.

[49] 金蕾.云南传统民居墙体营造意匠 [D].昆明：昆明理工大学 [硕士学位论文]，2003.

[50] 金艳萍.丽江地区院落式民居的当代演变 [D].昆明：昆明理工大学 [硕士学位论文]，2005.

[51] [英] A·R·拉德克利夫-布朗.原始社会的结构与功能 [M].潘蛟，王贤海，刘文远，知寒译.北京：中央民族大学出版社，1999.

[52] [美] 拉普普.住屋形式与文化 [M].张玫玫译.台北：明文书局，1987.

[53] 蓝宇蕴.都市里的村庄——一个"新村社共同体"的实地研究 [M].北京：生活·读书·新知三联书店，2005.

[54] 兰勇.西南历史文化地理 [M].成都：西南师范大学出版社，1997.

[55] 李春龙主编.云南史料选编 [M].昆明：云南民族出版社，1997.

[56] 李东，许铁铖.空间、制度、文化与历史叙述——新人文视野下传统聚落与民居建筑研究 [J].建筑师，2005（3）：8-17.

[57] 丽江纳西族自治县史志丛书.丽江府志略 [M].

[58] 李昆声.云南艺术史 [M].昆明：云南教育出版社，1995.

[59] 李昆声.云南考古学论集 [M].昆明：云南人民出版社，1998.

[60] 李立.江南地区乡村聚居形态的演变 [D].南京：东南大学 [博士学位论文]，2002.

[61] 李蓉蓉.冲突与转化——传统民居走向现代化途径初探 [D].北京：清华大学 [硕士学位论文]，1989.

[62] 李兴发.一颗印的环境 [M]//陆元鼎主编.中国传统民居与文化（第二辑）.北京：中国建筑工业出版社，1992：176-186.

[63] 李子贤，李期博主编.首届哈尼民族文化国际学术研讨会论文集 [M].昆明：云南民族出版社，1996.

[64] 梁思成.中国建筑史 [M].天津：百花文艺出版社，1998.

[65] [美] 琳恩·伊丽莎白，卡萨德勒·亚当斯编著.新乡土建筑——当代天然建造方法 [M].吴春苑译.北京：机械工业出版社，2005.

[66] 刘敦桢.建筑史论著选集 [M].北京：中国建筑工业出版社，1997.

[67] 刘敦桢.中国住宅概说.台北：台湾明文书局，1981.

[68] 刘海平主编.文明对话：本土知识的全球意义 [M].上海：上海外语教

育出版社，2002.

[69] [美] 刘易斯·芒福德.城市发展史 [M].倪文彦，宋俊岭译.北京：中国建筑工业出版社，1989.

[70] 刘致平.中国建筑类型及结构 [M].北京：中国建筑工业出版社，1987.

[71] 刘致平.中国居住建筑简史——城市、住宅、园林 [M].北京：中国建筑工业出版社，1990.

[72] 刘肇宁.建筑师·乡土建筑·现代营造 [D].昆明：昆明理工大学 [硕士学位论文]，2005.

[73] 龙建民.市场起源论 [M].昆明：云南人民出版社，1988.

[74] 罗德·哈克尼.社区建筑 [J].建筑学报，2002（2）：4-5.

[75] 罗平汉.农村人民公社史 [M].福州：福建人民出版社，2003.

[76] 陆元鼎主编.民居史论与文化 [M].广州：华南理工大学出版社，1995.

[77] 陆元鼎主编.中国传统民居与文化（第二辑）[M].北京：中国建筑工业出版社，1992.

[78] 陆元鼎.从传统民居建筑形成的规律探索民居研究的方法 [J].建筑师，2005（3）：5-7.

[79] 陆元鼎主编.中国民居建筑年鉴（1988—2008）[M].北京：中国建筑工业出版社，2008.

[80] 陆学艺主编.内发的村庄 [M].北京：社会科学文献出版社，2001.

[81] [美] 路易斯·亨利·摩尔根.古代社会 [M].杨东莼，马雍，马巨译.南京：江苏教育出版社，2005.

[82] [美] 路易斯·亨利·摩尔根.美洲土著的房屋和家庭生活 [M].李培荣译.南京：中国社会科学出版社，1985.

[83] [澳] 马尔科姆·沃特斯.现代社会学理论 [M].杨善华等译.北京：华夏出版社，2000.

[84] 马戎.民族社会学——社会学的族群关系研究 [M].北京：北京大学出版社，2004.

[85] [美]I·L· 麦克哈格.设计结合自然 [M].芮经纬译.北京：中国建筑工业出版社，1992.

[86] 毛刚.生态视野——西南高海拔山区聚落与建筑 [M].南京：东南大学出版社，2003.

[87] 孟雷编著.从晏阳初到温铁军 [M].北京：华夏出版社，2005.

[88]《民族问题五种丛书》云南省编辑委员会编.傣族社会历史调查（西双版纳之二、四、六、七、八、九、十）[M].昆明：云南民族出版社，1983～1988.

[89]《民族问题五种丛书》云南省编辑委员会编.西双版纳傣族社会综合调查（一）[M].昆明：云南民族出版社，1983.

[90] 木丽春.丽江古城史话 [M].北京：民族出版社，1996.

[91] 纳麒主编.2003～2004云南文化发展蓝皮书 [M].昆明：云南大学出版社，2004.

[92] 纳日碧力戈.现代背景下的族群建构 [M].昆明：云南教育出版社，2000.

[93] [挪威] 诺伯格·舒尔兹.存在·空间·建筑 [M].尹培桐译.北京：中国建筑工业出版社，1990.

[94] [挪威] 诺伯格·舒尔兹.场所精神：迈向建筑现象学 [M].（台湾）施植明译.台湾：田园文化事业有限公司，1995.

[95] [美]R·E·帕克，E·N·伯吉斯，R·D·麦肯齐.城市社会学 [M].宋俊岭译.北京：华夏出版社，1987.

[96] [美] 乔治·瑞泽尔.后现代社会理论 [M].谢立中等译.北京：华夏出版社，2003.

[97] 覃彩銮.壮族干阑文化 [M].南宁：广西民族出版社，1998.

[98] 秦佑国.从 Hi—Skill 到 Hi—Tech[J].建筑学报，2002（2）：21.

[99] 饶维纯，饶阳.白族的本主崇拜与本主庙 [J].云南建筑，2006（1）：32-45.

[100] 单德启.融水木楼干阑民居的改建 [Z].广西壮族自治区城乡建设委员会，清华大学编印，1992.

[101] 单德启.乡土民居和野性思维——关于中国民居学术研究的思考 [J].建筑学报，1995（3）：21-23.

[102] 单德启.中国传统民居图说——徽州篇 桂北篇 [M].北京：清华大学出版社，1998.

[103] 单德启等.中国民居 [M].北京：五洲传播出版社，2003.

[104] 单德启，王小斌.传统聚落空间整体特色与发展研究的当代意义 [J].建筑师，2003（4）：42-44.

[105] 单德启主编.小城镇公共建筑与住区设计 [M].北京：中国建筑工业出版社，2004.

[106] 单德启.从传统民居到地区建筑 [M].北京：中国建筑工业出版社，2004.

[107] 单军.建筑与城市的地区性——一种人居环境理念的地区建筑学研究 [D].北京：清华大学 [博士学位论文]，2001.

[108] 单军.传统乡土的当代解读——以阿尔贝落贝洛的雏里聚落为例 [J].世界建筑，2004（12）：80-84.

[109] 单军.批判的地区主义批判 [J].建筑学报，2000（11）：22-25.

[110] 单军.城里人、城外人——城市地区性的人文解读 [J].建筑学报，2001（11）：20-23.

[111] 沈克宁.批判的地域主义 [J].建筑师，2004（5）：45-55.

[112] 史军超.哈尼族文化精神论 [M]// 李子贤，李期博主编.首届哈尼族文化国际学术讨论会论文集.昆明：云南民族出版社，1996.

[113] 石克辉，胡雪松编著.云南乡土建筑文化 [M].南京：东南大学出版社，2003.

[114] 舒净.西南多民族地区乡土建筑创作研究 [D].重庆：重庆大学 [硕士学位论文]，2003.

[115] [英] 斯蒂芬·F·梅森.自然科学史 [M].上海：上海人民出版社，1977.

[116] 宋海庆.人民公社兴亡录 [M].乌鲁木齐：新疆青少年出版社，2000.

[117] 苏力.法治及其本土资源 [M].北京：中国政法大学出版社，1996.

[118] 宋兆麟.走婚的人们 [M].北京：团结出版社，2002.

[119] 孙君，王佛全编著.五山模式——一个建设社会主义新农村的典型标本 [M].北京：人民出版社，2006.

[120] 谭丽华.民居变迁与世界遗产开发——以丽江束河为例 [D].广州：中山大学 [硕士学位论文]，2005.

[121] 汤铭潭等主编.小城镇发展与规划概论 [M].北京：中国建材工业出版社，2004.

[122] [日] 藤井明.聚落探访 [M].宁晶译.北京：中国建筑工业出版社，2003.

[123] [德]F·滕尼斯.共同体与社会 [M].林荣远译.北京：商务印书馆，1999.

[124] 汪大海，孔德宏编译.世界范围内的社区发展 [M].北京：中国社会出版社，2005.

[125] 汪芳编著.查尔斯·柯里亚 [M].北京：中国建筑工业出版社，2003.

[126] 汪宁生.云南考古 [M].昆明：云南人民出版社，1992.

[127] 王春光.中国农村社会变迁 [M].昆明：云南人民出版社，1996.

[128] 王翠兰，陈谋德主编.云南民居：续篇 [M].北京：中国建筑工业出版社，1993.

[129] 王东昕.衣食之源——云南民族农耕 [M].昆明：云南教育出版社，2000.

[130] 王沪宁.当代中国村落家族文化——对中国社会现代化的一项探索.上海：上海人民出版社，1991.

[131] 王晖，肖铭.广西融水县村落更新实践考察 [J].新建筑，2005（4）：12-14.

[132] 王建国，高源.世界乡土居屋和可持续性建筑设计 [J].建筑师，2005（3）：108-115.

[133] 王军.黄土高原沟壑区传统山地聚落"生存基因"探索 [J].建筑师，2003（4）：56-59.

[134] 王路.根系本土——印度建筑师 B·V·多西及其作品评述 [J].世界建筑，1999（8）：67-73.

[135] 王路.农村建筑传统村落的保护与更新——德国村落更新规划的启

示 [J]. 建筑学报, 1999 (11): 16-21.

[136] 王路. 村落的未来景象——传统村落的经验与当代聚落规划 [J]. 建筑学报, 2000 (11): 16-22.

[137] 王铭铭. 中国社会人类学的社区问题研究 [M]// 中国博士后社科前沿问题论集. 北京: 经济科学出版社, 1997.

[138] 王铭铭. 走在乡土上——历史人类学札记 [M]. 北京: 中国人民大学出版社, 2003.

[139] 王明贤. 空间为什么被人忽视 [J]. 读书, 1997 (10): 29.

[140] 王颖. 新集体主义: 乡村社会的再组织 [M]. 北京: 经济管理出版社, 1996.

[141] 魏江苑. 生态群落对乡村人居环境建设的启示 [D]. 西安: 西安建筑科技大学 [硕士学位论文], 2003.

[142] 吴良镛. 世纪之交的凝思: 建筑学的未来 [M]. 北京: 清华大学出版社, 1999.

[143] 吴良镛. 广义建筑学 [M]. 北京: 清华大学出版社, 1989.

[144] 吴良镛. 人居环境科学导论 [M]. 北京: 中国建筑工业出版社, 2001.

[145] 吴相湘. 晏阳初传——为全球乡村改造奋斗六十年 [M]. 长沙: 岳麓书社, 2001.

[146] 夏建中. 文化人类学理论派别 [M]. 北京: 中国人民大学出版社, 1997.

[147] [美] E· 希尔斯. 论传统 [M]. 傅铿, 吕乐译. 上海: 上海人民出版社, 1991.

[148] 西双版纳傣族自治州民族事务委员会. 哈尼古歌 [M]. 昆明: 云南民族出版社, 1992.

[149] 徐皓. 建构学与云南本土建筑创作 [D]. 昆明: 昆明理工大学 [硕士学位论文], 2003.

[150] 徐千里. 全球化与地域性——一个 "现代性" 问题 [J]. 建筑师, 2004 (3): 68-75.

[151] 徐思淑, 周文华. 城镇的人居环境 [M]. 昆明: 云南大学出版社, 1999.

[152] 薛力. 城市化进程中乡村聚落发展探讨 [D]. 南京: 东南大学 [博士学位论文], 2001.

[153] [美] C· 亚历山大. 建筑模式语言——城镇·建筑·构造 [M]. 王昕度, 周序鸿译. 北京: 知识产权出版社, 2002.

[154] [美] C· 亚历山大. 建筑的永恒之道 [M]. 赵冰译. 北京: 知识产权出版社, 2002.

[155] [美] C· 亚历山大. 城市设计新理论 [M]. 陈治业, 童丽萍译. 北京: 知识产权出版社, 2002.

[156] [美] C· 亚历山大. 俄勒冈实验 [M]. 赵冰, 刘小虎译. 北京: 知识产

权出版社，2002.

[157] [美]C·亚历山大等 . 住宅制造 [M]. 高灵英，李静斌，葛素娟译 . 北京：知识产权出版社，2002.

[158] 杨雅彬，王康 ."社会"大百科之一，社会学卷，中国社会学 [EB/OL]，2002-07-28.http:// www.4343.net .

[159] 杨昌鸣 . 东南亚与中国西南少数民族建筑文化探析 [M]. 天津：天津大学出版社，1997.

[160] 杨大禹 . 云南少数民族住屋——形式与文化研究 [M]. 天津：天津大学出版社，1997.

[161] 杨大禹，李正 . 和顺 [M]. 昆明：云南大学出版社，2006.

[162] 杨福泉，段玉明，郭净主编 . 云南少数民族概览 [M]. 昆明：云南人民出版社，1999.

[163] 杨阳 . 人文地理学视野下的乡土聚落研究 [D]. 昆明：昆明理工大学 [硕士学位论文]，2006.

[164] 杨宇振 . 中国西南地域建筑文化研究 [D]. 重庆：重庆大学 [博士学位论文]，2002.

[165] 杨政业 . 白族本主文化 [M]. 昆明：云南人民出版社，1994.

[166] 杨知勇 . 哈尼族"寨心"、"房心"凝聚的观念 [M]// 李子贤，李期博主编 . 首届哈尼族文化国际学术讨论会论文集 . 昆明：云南民族出版社，1996.

[167] 尹绍亭 . 云南物质文化·农耕卷（上、下）[M]. 昆明：云南教育出版社，1996.

[168] 尹绍亭主编 . 云南民族文化生态村暨地域文化建设论坛 [D]. 昆明：云南大学，2003.

[169] 尤中 . 云南民族史 [M]. 昆明：云南大学出版社，1994.

[170] 俞可平 . 社群主义 [M]. 北京：中国社会科学出版社，2005.

[171] [日] 原广司 . 世界聚落的教示 100[M]. 于天祎，刘淑梅，马千里译 . 北京：中国建筑工业出版社，2003.

[172] 袁牧 . 国内当代乡土建筑理论研究现状及评述 [J]. 建筑师，2005（3）：18-26.

[173] 云南省编辑组 . 白族社会历史调查（二）[M]. 昆明：云南人民出版社，1986.

[174] 云南省编辑组 . 白族社会历史调查（三）（四）[M]. 昆明：云南人民出版社，1988.

[175] 云南省设计院《云南民居》编写组 . 云南民居 [M]. 北京：中国建筑工业出版社，1986.

[176] 张德文，纳麒主编 .2003 ～ 2004 云南民族地区发展报告 [M]. 昆明：云南大学出版社，2004.

[177] 张宏 . 性·家庭·建筑·城市——从家庭到城市的住居学研究 [M]. 南

京：东南大学出版社，2002.

[178] 张红宇. 城市化、工业化、农业现代化三张牌不可分 [J]. 小城镇建设，2005（7）：17.

[179] 张乐天. 告别理想——人民公社制度研究 [M]. 上海：东方出版中心，1998.

[180] 张祺. 传统民居改造的思考与实践 [D]. 北京：清华大学 [硕士学位论文]，1992.

[181] 张增祺. 滇国与滇文化 [M]. 昆明：云南美术出版社，1997.

[182] 张昕，陈捷. 权力变迁与村落结构的演化——以静升村为例 [J]. 建筑师，2006（5）：75-79.

[183] 赵若炎. 芜湖城乡交接带农村聚落转型——调查·研究·实践 [D]. 北京：清华大学 [硕士学位论文]，2003.

[184] 赵霞. 云南民居门窗技艺体系的构成及其特征 [D]. 昆明：昆明理工大学 [硕士学位论文]，2003.

[185] 赵学谦主编. 农村生态建设与环境保护 [M]. 成都：西南交通大学出版社，2005.

[186] 赵之枫. 城市化加速时期村庄聚集及规划建设研究 [D]. 北京：清华大学 [博士学位论文]，2001.

[187] 郑宝华主编. 2003 ～ 2004 云南农村发展报告 [M]. 昆明：云南大学出版社，2004.

[188] 郑大华. 民国乡村建设运动 [M]. 北京：社会科学文献出版社，2000.

[189] 郑凡，刘薇琳，向跃平. 传统民族与现代民族国家——民族社会学论纲 [M]. 昆明：云南大学出版社，1997.

[190] 周凌. 建筑的现代性与地方性——现代建筑地区化研究 [D]. 南京：东南大学 [硕士学位论文]，2000.

[191] 周小兵. 乡村建筑与文化变迁 [D]. 天津：南开大学 [博士学位论文]，2003.

[192] 周毅. 西部反贫困研究 [M]. 兰州：甘肃人民出版社，2001.

[193] 中国社会科学院农村发展研究所组织与制度研究室. 大变革中的乡土中国：农村组织与制度变迁问题研究 [M]. 北京：社会科学文献出版社，1999.

[194] 朱德普. 傣族神灵崇拜觅踪 [M]. 昆明：云南民族出版社，1996.

[195] 朱汉国. 梁漱溟乡村建设研究 [M]. 太原：山西教育出版社，1996.

[196] 朱良文. 丽江古城与纳西族民居 [M]. 昆明：云南科学技术出版社，2005.

[197] 朱玲. 阅读杜老 [J]. 读书，2006，323（2）：23.

[198] 朱晓明. 古村落保护发展的理论与实践 [D]. 上海：同济大学 [博士学位论文]，2000.

[199] 邹珊刚主编. 技术与技术哲学 [M]. 北京：知识出版社，1987.

英文部分

[1] Alison Hoagland S. Constrcuting Image, Identity, and Place[M]. Tennessee: The University of Tennessee Press, 2003.

[2] Andrea Oppenheimer Dean. Rural Studio: Samuel Mockbee and an Architecture of Decency[M]. New York: Princeton Architecture Press, 2002.

[3] Angela M.Dean. Green by Design: Creating a Home for Sustainable Living[M]. Salt Lake City: Gibbs Smith, Publisher, 2003.

[4] Bernard Rudofsky. Architecture without Architects[M]. New York: Doubleday & Company Inc., 1964.

[5] Bill Steen, Athena Steen , Eiko Komatsu. Built by Hand: Vernacular Buildings Around the World[M]. Utah: Gibbs Smith, Publisher, 2003.

[6] Colin Rowe, Fred Koetter. Collage City[M]. Cambridge: The MIT Press, 1978.

[7] Edited by C. Richard Hatch. The Scope of Social Architecture[M]. New York: Van Nostrand Reinhold Company Inc., 1984.

[8] David Robson. Geoffrey Bawa: The Complete Works[M]. New York : Thames & Hudson, 2002.

[9] Edited by Daniel A.Mazmanian, Michael E.Kreft. Toward Sustainable Community[M]. Cambridge and London: The MIT Press, 1999.

[10] Enrico Guidoni. Primitive Architecture[M]. New York: Rizzoli International Publications Inc., 1987.

[11] Frances Hesselbein, Marshall Goldsmith, Richard Beckhard, Richard F.Schubetr, eds. The Community of the Future[M]. San Francisco: Jossey-Bass Publishers, 1998.

[12] Friedrich Ragette. Traditional Domestic Architecture of the Arab Region[M]. American University of Sharjah, 2003.

[13] Hassan Fathy. Natural Energy and Vernacular Architecture: Principles and Example with Reference to Hot Arid[M]. Chicago :The University of Chicago Press, 1986.

[14] Hassan Fathy. Architecture for the Poor: An Experiment in Rural Egypt[M]. Chicago: The University of Chicago Press, 1976.

[15] Henry Glassie. The Vernacular Architecture[M]. Indianapolis: The Indiana University Press, 1999.

[16] James Steele. An Architecture for People[M]. London: Thames and Hudson Ltd., 1997.

[17] Jean-Louis Bourgeois. A New Appreciation of Traditional Desert Architecture[M]. Salt Lake City: Gibbs Smith Inc., 1983.

[18] J.M.Richards. Hassan Fathy[M]. London and Singapore: Concept Media Pte Ltd., 1985.

[19] Joel M. Charon. The Meaning of Sociology[M]. New Jersey: Prentice-Hall Inc., 1980.

[20] John Connell. Homing Instinct: Using Your Lifestyle to Design and Build Your Home. New York: The McGraw-Hill Companies Inc., 1998.

[21] Nabeel Hamdi. Housing without Houses: Participation, Flexibility, Enablement[M]. New York: Van Nostrand Reinhold Company, 1991.

[22] N.Wates, C.Knevit. Community Architecture: How People Are Creating Their Own Environment[M]. London, 1987.

[23] Paul Oliver. Encyclopedia of Vernacular Architecture of the World, Volume1, Volume2[M]. Cambridge: Cambridge University Press, 1997.

[24] Paul Oliver. Dwelling—The House across the World[M]. Oxford: Phaidon Press Ltd., 1987.

[25] Paul Oliver. Dwelling：The Vernacular House World Wide[M]. Oxford: Phaidon Press Ltd., 2003.

[26] Paulina Wojciechowska. Building with Earth[M]. Vermont: Chelsea Green Publishing Company, 2001.

[27] Roxana Waterson. The Living House: An Anthropology of Architecture in South-East Asia[M]. New York: Oxford University Press, 1990.

[28] Sofia Behling, Stefan Behling. Sol Power-The Evolution of Solar Architecture[M]. Munich and New York: Prestel Verlag, 1996.

[29] Susan Denyer. African Traditional Architecture: An Historical and Geographical Perspective[M]. London: Heinemann Educational Books Ltd., 1987.

[30] The Aga Khan Award for Architecture. The Changing Rural Habitat, Volume Ⅰ Ⅱ [M]. London: Concept Media Pte Ltd., 1982.

本文中图片来源，除在文中标出引用出处的图片之外，其余皆为笔者以及笔者所在的工作团队拍摄或绘制。

致 谢

本书主要是以自己的博士论文为主，经适当修改而成稿的。因此，感谢自己的博士生导师单德启教授，他是一位谦和儒雅、思维敏锐、具有社会责任感的先生。本书从构思到架构、再到写作，无不渗透着先生的心血，感谢他对自己的传道和解惑。

感谢清华大学建筑学院的诸位教授与先生对本书写作的帮助和对自己思想的启迪。他们是：李道增院士、秦佑国教授、左川教授、栗德祥教授、朱文一教授、王路教授、单军教授。

感谢杜白操、业祖润、朱良文等先生对本书提出的宝贵意见。我想，这不但是对自己的帮助，其中更包含了他们对西部、云南的一份情感及其未来发展的一份希冀。

感谢中国建筑工业出版社的李东女士以及那些未曾谋面的编辑们，是她（他）们对书稿的发现、认同、肯定以及所付出的大量的、艰辛的、细致入微的编辑工作，才使得拙稿得以面世。在此，对她（他）们优秀的职业精神和职业操守表示深深的敬意！

感谢我所任教的昆明理工大学建筑工程学院、建筑学系的各位领导和同事们。感谢为本书后期工作付出心血的昆明理工大学建筑学系的研究生们。

本课题承蒙国家自然科学基金"少数民族贫困地区乡村社会建筑学基本理论研究"（项目批准号：50768005）、"作为方法论的乡土建筑自建体系综合研究"（项目批准号：51168017）资助，特此致谢。

族群、社群与乡村聚落营造